教育部职业院校文化素质教育指导委员会组织编写

中华优秀传统文化

王春 编著

中国人民大学出版社
·北京·

前言

QIAN YAN

中华优秀传统文化博大精深，从广义上看，它是中华民族五千多年来创造的物质文明和精神文明的总和；从狭义上看，它指向意识形态、上层建筑领域，如儒法墨等诸子百家的优秀文化，其内容包罗万象，不一而足。

在今天，大力弘扬中华优秀传统文化有着十分重要的现实意义。一方面，对于中华民族来讲，文化是思想与精神动力之源，在当今社会思潮、价值取向多元化情况下，对优秀传统文化中道法自然、天人合一、知行合一、厚德载物、经世致用、家国情怀、自强不息等正能量因子的挖掘和弘扬，有利于统一价值认知，增强学生的爱国精神、奉献精神、实干精神等在当代需要重点培育的精神；另一方面，对于人类来讲，文化是解决人类生存与发展所面临的诸多问题的思想原则与方法之源，今天人类所面临的问题仍然可以从中华优秀传统文化中找到答案，中华优秀传统文化已成为全人类所关注的焦点。中华优秀传统文化中深刻的哲学思想与“和而不同”“己所不欲，勿施于人”等处世、交往的观念，具有经久不衰的普世性，对相关内容的挖掘和学习对于“讲好中国故事”，促进人与人之间、群体与群体之间、国家与国家之间的理解与认同具有重要价值。

弘扬中华优秀传统文化，提升青年学生的文化素养、文化自信，促进青年学生的文化思考、文化实践，是本书的编撰初衷。考虑到传统文化内容过于丰富，编者便有选择性地着重介绍和阐释了中华优秀传统文化中的代表性内容，从“工匠精神与传统文化”“智慧与信仰”“美德与修为”“文明与交流”“艺术与美感”“建筑与意味”“民俗与风情”“传承与发展”八个章节，引导青年学生关注、学习、传承中华优秀传统文化，并在这个过程中汲取前人智慧，提高自身文化艺术和思想道德水平。

在当今世界，文化问题正成为各个领域关注的焦点，我国的文化也正处于转型时期。习近平总书记要求重视对中华优秀传统文化的学习、借鉴和运用，他的许多讲话中也大量引用传统文化经典中的名言、名句，涵盖了从微观到宏观、从思想到实践、从个人到社会与国家等多个层面。“要认真汲取中华优秀传统文化的思想精华和道德精髓，大力弘扬以爱国主义为核心的民族精神和以改革创新为核心的时代精神，深入挖掘和阐发中华优秀传统文化讲仁爱、重民本、守诚信、崇正义、尚和合、求大同的时代价值，使中华优秀传统文化成为涵养社会主义核心价值观的重要源泉。”为了进一步促进青年学生对于习近平总书记“用典”的了解和对优秀传统文化精髓的学习，本书特意在每章结尾设置了“经典领航”部分，便于同学们结合我国现实问题和新时代的党政思想，深化对传统文化中特定内容在传承性和现实性方面的思考。

面对源远流长、博大精深的中华优秀传统文化，一本教材远不能描绘其全貌，但编者希望以本书为切入口，引导青年学生接触和学习中华优秀传统文化，把握其发展脉络与突出特征，体会中国古代文人的文化追求和艺术品位，进而培养对传统文化的兴趣，积极主动地展开研读和探究。本书每章后的“学思之窗”模块也正体现了编者的这一愿望。

尽管对本书倾注了很多心血和期待，但由于诸多现实因素，本书在撰写过程中仍存在一些不足和遗憾，望读者体谅和包涵。希望本书带给读者的不仅是传统文化基础知识的普及，更有对中华优秀传统文化的喜爱和崇敬，对中国精神的自信和骄傲。

编者

2021 年 6 月

目 录

MU LU

第一章 工匠精神与传统文化

教学目标

知识目标：了解工匠精神传统的认知与把握世界的方式，工匠精神的审美构造，工匠精神的德业担当意识，工匠精神的传承与创新。

能力目标：把握工匠精神的实践模式。

素质目标：理解新时代中国“工业文化”的核心内涵是工匠精神的传承与创新，在文化案例中把握工匠精神的精神实质，在职业认知中赋能工匠精神。

导学提示

文化，是一种包含精神价值和生活方式的生态共同体。它通过积累和引导，创建集体人格。可见，文化的内涵实际上就是人格，工业文化的内涵便是工业从业者的集体人格。在中华民族的血脉之中，就一直流淌着“工匠精神”的基因；在中国人民的精神家园里，到处矗立着“工匠精神”的丰碑，为具有数千年文明史的中国留下了灿烂辉煌的篇章。先秦时代的哲人提出了工匠精神的核心内容，包括思维方式、审美构造、德业担当、传承创新等，由此铸造了中华民族工匠精神的精髓，即“匠心思维”“匠心设计”“匠心品质”。

引例导入

考工记[①]（节选）

国有六职，百工[②]与居一焉……审曲面势，以饬五材，以辨民器，谓之百工。

知[③]者创物，巧者述之，守之世，谓之工。百工之事，皆圣人之作也。烁金以为刃，凝土以为器，作车以行陆，作舟以行水，此皆圣人之所作也。天有时，地有气，材有美，工有巧。合此四者，然后可以为良。材美工巧，然而不良，则不时，不得地气也……天有时以生，有时以杀；草木有时以生，有时以死；石有时以泐[④]；水有时以凝，有时以泽；此天时也。

凡攻木之工七，攻金之工六，攻皮之工五，设色之工五，刮摩之工五，抟埴[⑤]之工二。攻木之工：轮、舆、弓、庐、匠、车、梓；攻金之工：筑、冶、凫、栗、段、桃；攻皮之工：函、鲍、韗、韦、裘；设色之工：画、缋、钟、筐、㡛；刮摩之工：玉、楖、雕、矢、磬；抟埴之工：陶、旊。

…………

凡察车之道[⑥]，必自载于地者始也，是故察车自轮始。凡察车之道，欲其朴属[⑦]而微至[⑧]。不朴属无以为完久[⑨]也，不微至无以为戚速[⑩]也。轮已崇，则人不能登也，轮已庳[⑪]，则于马终古[⑫]登阤[⑬]也，故兵车之轮，六尺有六寸，田车之轮，六尺有三寸，乘车之轮，六尺有六寸。六尺有六寸之轮，轵[⑭]崇三尺有三寸也。加轸与轐[⑮]焉，四尺也。人长八尺，登下以为节[⑯]。

…………

画缋[⑰]之事杂[⑱]五色[⑲]。东方谓之青，南方谓之赤，西方谓之白，北方谓之黑。天谓之玄[⑳]，地谓之黄。青与白相次[㉑]也，赤与黑相次也，玄与黄相次也。青与赤谓之文[㉒]，赤与白谓之章[㉓]，白与黑谓之黼，黑与青谓之黻[㉔]，五采备谓之绣[㉕]。土以黄，其象方，天时变；火以圜，山以章，水以龙，鸟，兽，蛇。杂四时五色之位以章[㉖]之，谓之巧。凡画缋之事，后[㉗]素功[㉘]。

【注释】

①《考工记》成书于战国晚期，是古代科技名著，记述了先秦时期木工、金工、皮革工、染色工、玉工、陶工共6大类30个工种。该书不仅涉及手工业各个工种的设计规范和制造工艺，还记载了一系列的生产管理和营建制度，后被列为《周礼》“冬官”篇，成为儒家经典的一部分。在中国科技史，工艺美术史，文化史，手工业生产技术、资料等领域占有重要地位。②百工：周代职官名。指主管营建制造等事的官。在其他场合，百工可指各种工匠。③知：通“智”。智者，聪明、有才能的人。④泐（lè）：岩石由于热胀冷缩，依其纹理而裂开。⑤抟埴：抟，拍击。埴，黏土。抟埴，以黏土制成陶器之坯。⑥道：事理。⑦朴属：指附着坚固貌。⑧微至：指车轮正圆，着地面积小。⑨完久：坚固。⑩戚速：疾速。⑪庳（bì）：低矮。⑫终古：常常。⑬登阤：上坡。⑭轵：轮子外侧的车轴端中心。⑮轐：车轸下分左右安置的长方形木块，用革带捆缚于轴上，也名伏兔。⑯节：适度。⑰缋：通“绘”。此处专指在丝织物上画纹样。⑱杂：混合，错杂。⑲五色：指

青、黄、赤、白、黑。⑳玄：呈红的黑色。㉑次：排比，排列。㉒文：对青色与赤色杂陈的命名。㉓章：对赤色与白色杂陈的命名。㉔黻：古代礼服上绣的黑白相间如斧形的花纹。㉕绣：刺绣。引申画缋具备五彩，也称为绣。㉖章：通“彰”，彰显。㉗后：最后。㉘素功：素，白色；功，完成。在丝织物上画缋，会有晕渗现象，故画完之后须用白色修整，才算完成。

知识精讲

第一讲　匠心思维：工匠精神传统的认知与把握世界的方式

人们常说的木匠、铁匠、皮匠、钟表匠，甚至教书匠等，都带着一个“匠”字。俗话说：“匠人易得，匠心难练，以匠修心，以心练技。”中华优秀传统文化所蕴含的中国特有的思维方式和行为准则滋养了工匠精神，工匠不仅要具有高超的技艺和精湛的技能，还要有严谨、细致、专注、负责的工作态度，精雕细琢、精益求精的工作理念，以及对职业的认同感、责任感、荣誉感和使命感。中华传统文化的思维方式建构了工匠精神，把握着工匠精神形成合力的方向。

人作为主体在认识客体对象时，往往存在用不同思维方式来获得认识的途径和结果。但在实践活动中，人所创造的一切物质财富和精神财富，都是通过智力活动，即思维活动来进行的。思维是人认识世界、认识人生的主观来源和心智活动能力。人的思维方式并不限于一种，每一种思维方式都具有自身丰富的内涵。从思维的活动方式角度，传统思维科学常常将人的思维分为两种基本形式——抽象思维和形象思维。

一、抽象思维

如果说文化是民族的血脉、人民的精神家园，承载着引导社会进步与提升文明程度的重要功能，那么科学技术便是人类关于自然、社会、思维的知识体系及其实践。抽象思维（也称科学思维或逻辑思维）的整个思维过程，是通过对客观对象的分析、比较、综合、抽象等环节，以求从个别、具体中提炼普遍、一般，从纷繁的现象中抽取本质，将表象转化为概念，并根据事物的不同性质，构成相对应的逻辑体系，从而揭示出对象世界的本质和规律特征。从思维发展史的角度来看，无论是中国还是希腊，抽象思维都有着悠久的历史。在古希腊，毕达哥拉斯、赫拉克利特、德谟克利特、苏格拉底、柏拉图和亚里士多德，都已经自觉地用朴素的逻辑思维来认识世界；在中国古代的老子、孔子、庄子、荀子、墨子等人的著作中，在天文、历法、算术、医药、农学等领域的古籍中，也都体现出较深刻的抽象思维。由《诗经》《尚书》《礼记》《易经》及其他相关典籍可以看出，中国人的这些基本思维模式，到此时大致定型，后世通常仍在利用这些思维模式进行思考。总的说来，中华传统文化的抽象思维主要体现在以下几个方面：

一是做事重根源、重基础的态度。如老子说："致虚极，守静笃，万物并作，吾以观其复。"（《道德经》第十六章）战国诸子的言论中，遍布着这种思维模式的痕迹。在这个框架下，中国人说话做事会避免舍本逐末、本末倒置，会强调根深才能蒂固，会说某些事是一本万殊，即事物虽然千差万别，其实本源同一，万变不离其宗等。

相关链接

孔子"四绝"

《论语·子罕》："子绝四：毋意，毋必，毋固，毋我。"这是孔门弟子对孔子的评价，说孔子有四个绝学：毋意，就是不主观臆断，不想当然；毋必，就是不抱有一种必然的期待，不按图索骥；毋固，就是不固执己见，尊重事物的客观走向；毋我，就是最后能够让自己达到浑然忘我的境界，然后去真正完成对事物的把控，这也是最难的。

二是重有始有终。《礼记》说："礼也者，反本修古，不忘其初者也。""本"指根本；"修古"是说遵循古道。"反本修古，不忘其初者"强调恢复人的禀性、维持最初的好品质是一种很重要的价值和品位。复古思维作为中国人常有的执着伴随着整个中国的历史。老子说"夫物芸芸，各复归其根"（《道德经》第十六章），也是讲这个道理。反本复始的思想，强调"始"与"终"都一样重要，所以说要慎终也要慎始。中国人常说做事要有始有终，批评有头无尾或虎头蛇尾，正表示"始"与"终"都必须重视。为什么"始"与"终"一样重要呢？原因就在于"始""终"是循环的，"始卒若环"（庄子《齐物论》），终则有始，故要重始终。

三是重适当、均衡的状态。适当、均衡即孔子所说的"执中"。《中庸》云："中也者，天下之大本也。和也者，天下之达道也。致中和，天地位焉，万物育焉。"由此，"中"是君子与老百姓都应遵守的法则，那么它就是天下共循共守之道。中道的思想，弥漫于先秦经典，追求这种境况，是中国人思考各种事情时的倾向。千百年来，做到先贤哲人所说的"中"确实有点难。可以说，中和是一种方法，我们通常会说"折衷"或"折中"。音乐家觅得佳音需懂得刚柔、徐疾、轻重相调剂，工匠造物亦需懂得刚柔相济、宽猛得宜，这大概都可以说是中和。

相关链接

大禹治水中的“执中”思想

圣贤大禹治水的办法就是最好的“执中”范例。大禹治水时，铺土垫高地势，沿着山势引水，并疏通水道排水，也就是把握住“堵”与“疏”的两端，根据实际勘察的情况用“中”：该堵的堵，该垫的垫，可疏的疏，形成最有利的治水方案。这就是把握住“堵”与“疏”的两端，用其“中”而取最符合实际的综合治理方案，结果成功了。这和他父亲鲧的治水方略有极大的差别，鲧用的是“堵”“障”等堵塞围截的单一方法，治水九年，劳民伤财，不但没有治住，反而越来越糟。

传统文化里这些特有的抽象思维建构了中国人的思维模式。熟悉中国人思维模式的人，都知道中国人办事时非常讲究人际关系。其实中国人面对任何事物都是如此，着重于去体察、体会事物与事物之间的关系或事物内部的关系。上述三种抽象思维的表征和我们经常说的“度”紧密关联。“度”本身是计量长短的单位，本应求其客观准确，但中国人说“度”却往往不然，更多的是心中的体会，如“审时度势”“他人有心，余忖度之”等。计量时，若说“以某某为度”，指的也是一个约略数，到底可以比这个“度”长多少或短多少，须由自己审酌情况。因而，对关系的揣摩度量、体会观察，又显示了一种非理智逻辑客观知识性的思维状态。中国传统抽象思维揣量衡酌、拿捏分寸，源于心中对该事的体会，并由此来决定对它的认识以及应采取的态度或行动。这种审度，又着眼于对于事物间关系的判断，某事物与另一事物有无关系，找不找得出关系，或一事物中某些部分与另一些部分的关系何在，都取决于关系性思考。这种思维模式是中华民族文化基因的特色表现。

二、形象思维

中华传统文化抽象思维的道理，不能简单地用理性推论、用定义来草草解释其间的审美性质、创造思维，由此，我们来说说工匠精神中另一重要思维方式——形象思维。简单地说，就是“比”跟“兴”。比、兴都是《诗经》中诗歌的表现方式，都是联类性的思考，而且关联之物乍看根本毫无关系。

相关链接

《诗经》中的比兴手法

比，是指比喻，“桃之夭夭，灼灼其华，之子于归，宜室宜家”。桃花之美，象喻着新娘的娇艳，以及花开即将结子的新婚景况。兴，即或为比喻，或为象征，或无端起兴。像“关关雎鸠，在河之洲”那般，河上沙洲的鸠，相互鸣叫着，本来跟下面要说的“窈窕淑女，君子好逑”毫无关联，可是借此起兴，想象横空而来，却构成了彼此特殊的意义关系，此即为兴。

中华传统文化的形象思维也是非常具有中国特色的思维方式。在形象思维过程中，形象、情感和想象的成分始终贯穿思维的每一个环节，因此，它具有强烈的审美气质，属于创造性思维。作为与抽象思维或逻辑思维相并列的人类基本思维方式，形象思维在思维的过程中，将感性认识上升到理性认识阶段之后，不将事物的表象直接转化为概念，而是对感性材料、具体事物本身进行认识的加工、改造，使之能够成为既保留事物具象，又富有事物本质内涵的形象性对象，从而能够以生动的、活泼的、形象的、感人的、富有特征的思维表现来认识事物，反映认识对象的本质特征。中华传统文化里的形象思维也呈现几种重要特征：

（1）合一性。对主、客观世界边界的打破。

（2）不可言说性。对客观世界内在体验难以言说，特别是分析性的语言，即抽象思维的推理、判断等。

（3）情感性。所有的情感体验都会伴随着极度的兴奋、愉悦甚至崇高感。

应该说，以科学严谨的抽象思维和以生动的形象思维方式认识世界、认识人生，都是中华传统文化的显著特征。通过严谨的逻辑判断、推理的过程，得出科学的判断、预见和结论，也深刻地表现出事物的一种逻辑性和规律性的内在秩序之美。形象思维是情的感发，其感发并非完全有理路可循，因其原不由理性推求考索而得。在这个意义上，工匠的创造性思维非指排斥抽象思维，而是指在艺术活动中，主要使用的是偏重于形象思维的方式，这使工匠作品在表现人类生活时，能够把用抽象的逻辑语言难以传达的情绪、情感和深藏在心灵深处的内心活动，把工匠认识世界、认识人生过程中的那种精神探求活动，那种说不清、道不尽的朦胧情绪与情感，真切而细腻地传达出来、形象而生动地表现出来。

相关链接

圆周率之美

南北朝时期的数学家祖冲之算出圆周率的近似值在 3.1415926 和 3.1415927 之间。他并没有用生动形象和饱满的情感思维方式概括圆形周长与直径长度之比值，而是以科学的逻辑思维方式，通过周密的科学计算得出这个经典的科学常数。π 本身就具有一般性、概括性、本质性，且带有普遍规律性。π 的发现不断促使人们发现了它在生活中呈现的谜一般的美，如万花尺所画出的图案，令人联想到万花筒，它被用于处理行星轨道、电磁波、DNA 结构、吉萨大金字塔等的分析中。π 在宇宙中无处不在，也时刻存在于我们的生命中（如图 1-1 所示）。它真的就像被编码进了宇宙一样，这说明科技思维与形象思维是共同作用于人类认知的。

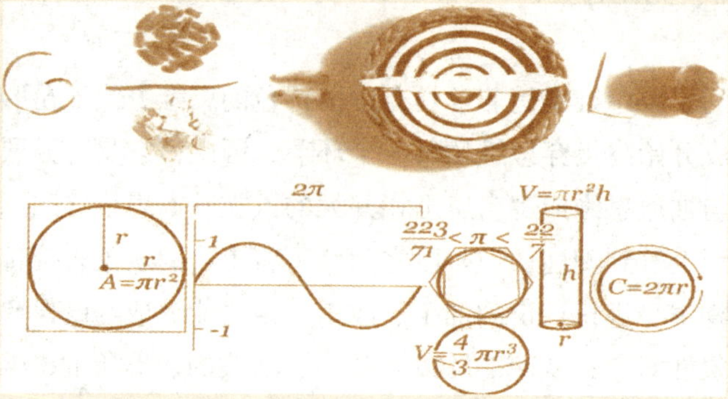

图 1-1　每年的 3 月 14 日被大家亲切地称为“π day”，此图为“π day”这一天谷歌图标的涂鸦

形象思维（也称艺术思维、文学思维、情感思维）和抽象思维（也称逻辑思维、科技思维），作为人类认识对象世界的两种最基本的思维方式，本质上并不相互排斥，而是相互关联、相互支持和相互补充，只是在针对不同的认识对象、从事不同性质的活动时，有不同程度的侧重和主导倾向。

三、工匠精神传统的认知与把握世界的方式

上述两种思维模式在中华传统文化思想中所体现出来的相互影响中有两个特点值得注意：

一是整个教育的目标，是让人成为有德行的君子。但这种教化，是由感人，而非理人；是潜移默化，而非通过理性的讨论、辩难、教诲。

二是君子的教育与感化的方式是合一的，即要想理人，就要感人，显示了中国人一般思想倾向中其实更重视情感。

相关链接

美善合一

孔子说：“不学诗，无以言。”在孔子看来，用感化的方式启迪人，人才懂得说话、会说话。孔子又说“兴于诗，立于礼，成于乐”。为什么成于乐，人的德行也就成了？这是因为美与善的合一。此种美善合一的境界，不是靠辩论、推理等理性方式而来，而是由情感思维渐入理性思维而至美善合一。

我们说凡事应情理法兼顾、做人要有情义、做事不能不合情理、要通情达理，情都在前。从某种意义上说，中华传统文化中的抽象思维是建立在形象思维之上的。这种思维模式更注重体验。体验、体会、体味都是情感的投入、性情的陶冶，同时伴随着认识。这是自我内在的体验，不是一般的情绪感受，是把情和知统一起来的，这种体验正所谓“如人饮水，冷暖自知”。正因为中华传统文化是如此让抽象思维与形象思维恰到好处地共生共处，所以才滋养出了工匠精神。

基于上述特点，工匠精神传统的认知与把握世界的方式，更侧重于以工匠艺术和审美的方式认识世界、认识人生，并以此表现人与自然、人与社会、人与人、人与自我之间的相互关系。以工匠精神来观察对象世界时，工匠的心是重要的认识与把握的视点和起点。在这当中，“以心养技”是核心，即“匠心”。“匠心”应该是怎样的状态呢？

第一，它是一颗纯粹的心。匠心就是用最初的心做永远的事，始末如一，初心不改。匠人秉持“一生只做一件事”，永远记得为什么出发，执着而纯粹，将简单产品做得臻于化境。

第二，它是一颗创造的心。匠人的工作多以重复居多，但出色的匠人，能在重复中发现其中的巧，然后别出心裁，这便是创造。创造是旧经验的新综合。

第三，它是一颗极致的心。作为匠人，最典型的气质思维是追求完美和极致，对自己的手艺拥有一种近似于自负的自尊心，并为此执着努力，只求做到精益求精。

第四，它是一颗自由的心。自由，方能自在，方能畅达，方能心怀虔诚。

第五，它是一颗宁静的心。静，是在平淡中积蓄力量，是一种比“动”更为重要的力量，经得起恒久的等待和磨砺。

相关链接

传统经典中与“匠心”有关的论述

“知止（目标）而后有定，定而后能静，静而后能安，安而后能虑，虑而后能得。”

——《礼记·大学》

“臣之所好者道也，进乎技矣。”“提刀而立，为之四顾，为之踌躇满志，善刀而藏之。”

——《庄子·内篇·养生主》

“人须在事上磨，方能立得住，方能静亦定，动亦定。”

——王阳明《传习录》

对于匠人而言，最珍贵、最不能替代的只有一个“人”，人有情怀、有信念、有态度。因此，一个真正的匠人，必定独具情怀。人生是丰富多彩的，从传统文化中，能找到不同的方式、不同的切入点，也将导致不同的认知取向和不同的价值取向。面对传统文化给予的延绵不断的素材，得先汲取它，才能够让心灵世界思接千载，视通万里，使心灵深沉而博大，不断超越匠心而深化匠心，同时使工匠精神在表现人生时，更加具有探究生命奥秘和人生底蕴的审美力，更加具有超越现实、深化人生的哲理意蕴。

第二讲　气感愉悦：工匠精神的审美构造

工匠在创造对象时，寄予了人的理想和人的情怀，他们有生活的“确信”，有生活的精神寄托。他们将创作对象作为自己顶礼膜拜的对象，是要让世俗生活所获得的希冀，能够在理想情怀的昭示下，得到精神的复活，获得对于世俗世界的超越。正是在这个意义上，我们说工匠在创造对象时的审美建构是带着满心愉悦的，是充满信仰的，这是他们心灵空间应有的标志。

一、信仰是工匠精神的审美构造的基石

工匠通过艺术创造对象的方式到达信仰的彼岸，进行信仰的建构，体现工匠精神。其主要的方式是通过心灵表现（其形式主要是情感形式、形象形式或符号形式）来传达人的意志、信念、理想。与其他任何艺术形式一样，从它诞生开始，就是和人生的内容紧密地联系在一起的，是人的心灵的外化、意志的外化和情感的外化。

首先，中华文化的精神价值系统始终是紧贴人间现实大地，紧扣道德本体来进行建构的。人生信仰的外化表现，重在以情晓理，以情达理；而工匠对人生信仰的建构，也重在通晓人心，统率人心。中华文化对人生信仰的建构，重在“天人合一”的思想指导，其重要纽带是以亲缘为中心的血缘及由此延伸的族缘、物缘、业缘、地缘、人缘和神缘。中华民族悠悠五千年的文明史延绵至今，仍然保持强大的生命力，都与这种以亲缘为核心的现世人文关怀有着密切的关系。与西方以个体为本的价值指向不同，中国人注重以群体为本，即以家庭为本，重视亲情关系的伦理秩序，以及由此而辐射出来的人间道德秩序、社会伦理秩序。在家是父母子女长幼相依，兄弟姐妹平等相随；在外是同宗同族相亲相爱，乡里乡亲和睦共处，以至朋友枉驾如接清辉。因此，中国工匠精神对于人生信仰的建构，总是充满道德的诗情画意，这也是中国工匠精神建构人生信仰的一大特色，并成为他们创造对象的一大永恒母题。

其次，从工匠创造对象与人生的审美联系上说，信仰也是工匠对人生的重要把握。人生活在信仰中，信仰是对人生的永恒把握，是取得认识世界、把握人生的“最后的胜利”的必要前提。通过信仰的确立，人就可以对世界的未来、人生的未来展开无限的遐想，以

饱满的热情和必胜的信念完成精神飞跃。在中华传统文化构筑的人的精神世界里，我们常常能够看到那些为了信仰而愿意付出生命代价的光辉形象：忠贞不渝，矢志不渝，赴汤蹈火，在所不辞。

相关链接

和氏璧

楚国人和氏在楚山中挖掘出一块叫作璞的玉石，献与厉王。厉王不懂玉，误以为是一块普通的石头，遂以欺君之罪命令刀斧手砍掉了和氏的左脚。和氏来到楚山脚下，抱着那块璞痛哭了三天三夜，最后把泪水都哭干了。后继位的文王听说此事，便命玉匠用凿子把璞的表层敲掉。果然像和氏所说的那样，里面藏着一块宝玉。后来，玉石被雕琢成璧，文王给它取名叫“和氏璧”（如图 1-2 所示），用以昭示和氏的胆识与忠贞。和氏对自己抱定的信念矢志不渝，体现了他为坚持真理而把生死置之度外的顽强精神，他的执着令人感动。

图 1-2　和氏璧是中国历史上著名的美玉，被尊崇为国家的象征。自楚王拥有后，受到其他诸侯国的垂涎，引起战争，才有了“完璧归赵”的故事。后秦灭赵，和氏璧最终还是落入秦国手中。不幸的是，和氏璧从此从历史记载中消失了，至今是个谜。

究竟是什么能使这些忠贞不渝的人具有这种不畏惧死亡的人生勇气呢？当然是他们所持有的崇高信仰。信仰，促使他们从事他们所认定的人生事业，坚定他们的人格意志。“人生自古谁无死，留取丹心照汗青。”有了信仰，人生就有了真正的精神与灵魂，特别是对于未知领域、未来世界，只有靠信仰才能不断地接近、认识、掌握。在这个意义上，它激励着一代又一代的人，甚至可以像飞蛾扑火一样，不惜一切代价去探索真理、发现真理、掌握真理，尽管其过程有时显得那么悲壮，那么悲凉。工匠创造的道路上有时充满了荆棘，或许要与许许多多的“可能性”或“未知性”打交道。如果不对这些“可能性”或“未知性”持一种肯定性的态度和认识，就很难进入这些“可能性”或“未知性”的领域，达到对其本质的认识与把握。如果将人生的过程比作攀登的过程，那么，攀过了一座高峰，将会出现另一座高峰，正所谓“一山更比一山高”。只有对整个攀登的过程和目的持充分肯定的态度，即坚定信仰，才会在整个的攀登过程中，充分地领悟攀登的意义，尤其是攀登给予生命的无限意义。

二、美是工匠建构精神信仰的终极目标

工匠在创造过程中建构的精神信仰，其终极目标是指向美。这种对美的信仰企盼是由工匠精神的审美特性所决定的。工匠精神在传统信仰的建构上构筑美的天地，以审美的方式让人感受到信仰的力量、领悟到信仰的精神内涵。从工匠精神建构信仰的本质来看，技艺作为工匠的审美活动，其对信仰的追求与建构，乃是一种有目的的创造性活动，所遵循的规律也是“美的规律”。工匠在构建信仰时，只有在根本上符合美的规律，才能真正使自己的信仰追求以艺术审美的方式深入人心，使人获得心智的启悟和精神的强大支持。这既是工匠应有的精神风范，又是从事创造性劳动和认识实践活动的一种独特的精神动力。

相关链接

美的两个尺度

关于美的规律，马克思曾提到过两个尺度，即“物种的尺度”和“内在的尺度”。在马克思看来，这两个尺度并存，标志着美是主观与客观的统一，即人在包括信仰在内的有意识活动中合规律性与合目的性的统一。

工匠追求美作为建构信仰的终极目标，不是抽象的理想建构或理论说教。它是工匠基于与生活的审美联系，将对生活规律特征的认识、把握，用技艺审美符号体系表现出来，让匠人在技艺创造活动中认识和建构信仰。具体来说，主要表现在以下几个方面：

第一，工匠以技术美加艺术美的形式，形成类似生活的形象，以具象性质的、感性的形式，保持生活原貌的特点，唤起人们对信仰的真切感受和对人生真谛的领悟。这个特点是能够通过审美方式擅长对物的使用价值的精心刻画，对物的动态再现或静态表现，塑造生活中物的形象，从而让人们在这一艺术的审美活动中，通过贴近生活物的形象潜移默化地认识美、建构美。

第二，工艺的符号体系，以保留生活原生形态的方式，表现生活的本质真实，它不像抽象的理论建构，将信仰的本质再现于人们的面前，而是最大限度地保留生活固有的丰富性、复杂性。因此，工匠对于美德信仰的建构贯穿整个工艺创造，表现在物所反映或所表现的人生内容之中。工艺的理念本身也是构成美的信仰的一个重要组成部分，因为工匠的工艺理念往往也是作为工匠人生理念的一个构成元素，它以审美的方式反映着匠人对世界的看法，反映着匠人与对象世界的审美关系。

第三，匠人以工艺符号体系反映人与对象世界的审美联系，不仅表现为对“真”（规律性）的追求，同时表现为对“善”（目的性）的追求。美作为人的合规律性与合目的性的统一，也是建构信仰的一个重要源泉。更重要的是，作为艺术的一个重要门类，工艺以艺术审美的方式认识世界、认识人生，把握世界、把握人生，不仅是简单的反映与被反映

的关系，它在遵循生活的本质真实的基础上，更多地融进了匠人的主观情怀，如愿望、情感、理想等。工艺创造出来的生活情景与生活形象的特殊性，在于更能直接反映或表现人生内容，因此必须表现本质的真和本质的善。在这个层面上，可以说工匠的技艺是以体现生活的本质真和本质善的方式，建构了美的信仰。

相关链接

八大山人

清初画坛“四僧”之一的八大山人（朱耷，1626 年—约 1705 年）为明宁王朱权后裔。八大山人花鸟画以水墨写意为主，形象夸张奇特，笔墨凝练，作品往往以象征手法抒写心意，如画鱼（如图 1-3 所示）、鸭、鸟等皆以白眼向天，总之画面多凄凉孤寂，渲染孤高清冷的意境。其意为借书画抒发自己的遗民思想、人品气节。诗文隐晦曲涩，杂糅禅家偈语和历史典故，思想复杂而沉重。其晚年风格呈现以“无惧为胜”。其作品思想精髓和突出特点就是其艺术观与人生观的融会统一。

图 1-3 八大山人的《鱼》。生活中鱼、鸟的眼睛都是圆圆的，眼珠在中央也不会转动。八大山人画的鱼眼珠都能转动，有时还会翻白眼瞪人。八大山人以“白眼向人”之状，抒发愤世嫉俗之情

工匠技艺的根本目的当然是实现技艺对象的使用价值，但其也并非只是匠人的本能、欲望的单纯表现，工匠精神的最高的目的乃是追求美、表现美。在与人生发生审美联系的过程中，这种美的具体表现也就是匠人追求美的信仰、信念或理想。对美的追求是人对生活、对未来事物的有根据的、合理的想象和希望，这一点也应是匠人精神的体现。美的信仰建构的意义在于：它总是能够以一种精神的力量，呼唤或号召人们，鼓舞人们，丰富人的精神生活，充实人的心灵世界。

三、美与工匠创造的交融

工匠技艺以美主导审美实践过程。那么，美是什么呢？一个重要观点就是“和谐”的理念，即技艺审美与工匠创造的核心是和谐，美就是和谐，创造过程及对象应该也是和谐的。技艺审美与工匠创造，以创造和谐美为目标。

美是和谐，技艺审美也就是对和谐的创造与追求。强调人与自然、人与社会、人与人、人与自我的和谐统一，强调主体与客体、感性与理性、对象世界的合规律性与实践活动的合目的性的和谐统一，应是匠人的一切活动的终极指向，也是美的本质所在。匠人在实践活动中，能够把客观规律性和人的目的性辩证地统一起来。匠人的这种活动特性，体

现在具体的社会实践中，就往往使人类自由自在的本质在对象世界中得到肯定性的证明，从而达到主客体关系的和谐，使人在社会实践中，在审美创造性活动中，充分获得创造和谐的审美愉悦。

技艺审美与工匠创造活动，既不是一种孤立的匠人实践活动，也不是一种孤立的技艺创作活动，而是存在于匠人的一定社会关系之中的。匠人在与对象世界建立审美联系的过程中，如果缺乏和谐的互动，就势必在一定程度上损害审美创造力。只有在主客体的和谐互动关系当中，作为主体的匠人才会呈现自身的一些本质性特征。从技艺审美与工匠创造活动上来看，这些特征主要有以下几个方面：

（1）自觉性特征。技艺审美与工匠创造活动，实际上是以人为主体的“自觉活动”。这种主体的“自觉活动”是技艺审美与工匠创造活动的重要构成部分。它表明匠人对他的创造对象具有自控、自决和自由的特点，在与对象世界相互对应关系中占据主导位置。

（2）赋能性特征。技艺审美与工匠创造活动，既不是孤立的自觉行为，也不是完全被动地受约于对象世界的实践活动，而是一种积极主动的匠人主体创造性活动，是匠人能够积极调节主客体之间关系，在互动关系当中确定自身价值，实现自身目的的审美创造性活动，因而具有较为鲜明的主体赋能性特征。

（3）创造性特征。技艺审美与工匠创造活动，是匠人的一项持久的实践活动，其目的是在相互对应关系当中，树立匠人的形象，突出匠人的精神风貌。主体自身的素养如何，往往会影响对象世界，使对象世界能够既按照自身的规律，又符合匠人目的的要求来对应匠人的构想，使匠人不仅适应了对象世界，也创造了对象世界，更塑造了匠人自身。

（4）至善性特征。技艺审美与工匠创造活动，既改造了对象世界，也重塑了自身、完善了自身，使匠人自身能够不断地朝着自我完善的方向发展，具有至善性特征，即能够在更高的精神层面上再现匠人自身。匠人在审美创造性活动当中，能够不断地丰富对象的内容，增强其活力，也不断丰富自身的精神世界，使审美创造性活动能够始终围绕着匠人所确定的中心旨意展开，产生最佳的审美效应。

相关链接

编钟

编钟是我国古代的礼乐重器，是中华传统文化的重要代表之一。在古代重要的祭祀、庆典、迎接外宾等场合，宫廷会派乐师演奏编钟。1978 年在湖北随县出土的曾侯乙编钟（如图 1-4 所示），是我国目前出土数量最多、保存最好、音律最全、气势最宏伟的一套编钟。这套在地下埋藏了 2400 多年的大型编钟，至今音乐性能良好。它音域宽广，仅次于现代钢琴；音色纯正并富于变化，高音清脆，中音洪亮，低音浑厚，不仅能演奏动听的古代乐曲，而且能演奏中外现代音乐。整套钟以乐音和谐、恢宏的气势、精湛的铸造工艺、非凡的音乐效果以及内容丰富的乐律铭文震惊世界。

图 1-4　湖北省博物馆镇馆之宝之一，被誉为古代世界的“第八大奇迹”。2002 年被国家文物局列入首批 64 件禁止出国（境）展览文物之一。全套曾侯乙编钟共 65 件，分三层八组悬挂在呈曲尺形的铜木结构钟架上，由上层三组共 19 件钮钟、中下层五组共 45 件甬钟，以及一件楚惠王赠送给曾侯乙的镈钟组成。全套编钟装饰有人、兽、龙、花和几何形纹，采用了圆雕、浮雕、阴刻、彩绘等多种技法，以赤、黑、黄色与青铜本色相映衬，显得庄重肃穆，精美壮观，代表了我国先秦礼乐文明与青铜器铸造技术的最高成就。曾侯乙编钟音乐性能良好，音域宽广，音调准确，音色优美，具有“一钟双音”的特点

因此，将美定位为和谐，我们看到，技艺审美与工匠创造活动，实际上就是主客体建构和谐统一关系的一项实践活动。在这项实践活动中，我们也看到，美与匠人的精神是紧紧地交融在一起的，它为匠人创造属于自己的审美体验提供了实践指南。

第三讲　德业担当：工匠精神的意识空间

中华传统文化是一种伦理型文化，支撑这一文化的最强大支柱就是道德。中华文化精神是一种“道德的精神”，这种道德的精神乃是中国人内心所追求的一种“做人”的理想标准，乃是中国人所积极争取并渴望到达的一种“理想人格”。以德为先，不仅是我国古代工匠艺人必须遵循的职业准则，而且是工匠精神得以产生的价值基础。当今中国的工匠精神，除了需要一种对完美的执着追求和对质量的精益求精，还需要有一种心存敬畏的态度和敢于担当的意识。

一、工匠精神的终极目标：技艺载道

中国的非遗传承人中有很多是民间手工艺从业者，千百年来，他们用技艺传道，遵循工匠精神的“民众之道、无心之道、无我之道”。技艺是劳动人民赖以生存的手段，也是中国人认识自然、追求文明的结晶。匠术、匠艺乃“工匠精神”之承载，工匠离开了匠

术、匠艺的培养，且不谈“工匠精神”无用武之地，“工匠精神”本身亦无法持久。恰恰是技艺水平越高的人，其匠心所持、匠心所运越到位。如河南少林寺功夫以武修禅，强调的就是习技艺只是手段，向内探索修身之道才是其终极目的。

“术”即技术。“术，道也”，是指城邑中的道路，引申为通道、轨道、规则、途径、方法等。如剑术、拳术等，意在“套路”，一种以“规则在先”的操作套路，因此亦被称为“小技”。在传统文化中和今日之民间，“能”在“技”之上，“有道艺者，谓之能”；而“艺”即技艺，则是“道”“术”之相合、相宜。三者的关系，在古代和今日之民间是清晰的，即：技能高于操作性技术，是在“会操作”的基础上还知道“如何操作及怎样会更好”的道理；而技艺与技术都是经验领域的概念，只不过技艺高出操作性技术的乃缄默性知识，即对“道”难以言传的“悟”。如“中草药铁皮石斛的种植技艺”体现了中国传统思想中“道法自然”的精神传承，为了让铁皮石斛拥有最佳药效，艺人还原铁皮石斛天然的生长环境，将它种植在丹霞山的峭壁山崖，再通过从山顶放绳索的高难度方式进行采摘。人们将这种技艺视作“非一般人经过训练和体验就可以掌握的技术，而是具有天性的人且需要经过长期的练习、揣摩，才可以获得的”。

工艺是民众劳动的成果，工匠精神的可贵之处在于它服务大众之心。从中国传统手工艺中，常常会发现千百年之前的中国工匠们已经具备了现代人难以达到的智慧。如“木拱桥传统营造技艺”，木拱廊桥从备料到建造的过程，匠人不用图纸，一切皆在心中完成，不用一钉一铆，只用传统的斧头、竹笔、黑斗作为加工木料的主要工具，就能建造出在崇山峻岭间屹立千年不倒的桥梁。这种造桥的精湛工艺是中国民间建筑中木构桥梁技术集大成者，是中国古代匠人利用自然材料、遵从自然法则发明的奇妙工艺。这样的技艺传承让我们看到先人们是如何利用自然材料进行生产活动的，也让我们看到中国古代技艺的技术价值是人类智慧的财富。

工匠精神以人为载体，不仅依靠口传身授，更依靠意识的相通和心灵的领会。在传授技艺的过程中，中国的先人们适度索取与回馈自然并重，尊重自然之道，保持人与万物和谐相处。技艺载道，正是中国传统工匠精神追求的终极目标。

二、工匠精神的文化内涵：匠心匠魂

“工匠精神”应体现“匠心”。“匠心”倾注于专心、细心、恒心、耐心与严谨，是一种坚守和专注；“工匠精神”是“匠心”之“魂”，既体现着一个人的沉潜，又蕴含着整个社会文化的沉淀。没有精神文化引领和灵魂深处的追求，“匠气”便会浮然，“灵气”则会隐没；没有执着、严谨和极致，也难以反映“工匠精神”的全部及其价值指向。二者互为条件、相互支撑，“匠”是铸就“工匠精神”的最基本元素。一个民族包含文化在内的“工匠精神”之塑造，首先是“匠心”的培育。

因此，我们接受高等教育，学习“树立牢固的专业思想”，认真做好本职工作，做有“事业心”的工作者，是“工匠精神”的第一层面；而忠诚于本职，痴迷、专注、精心、严谨等，则为第二层面；道器相通、风雅相随、出神入化、巧夺天工、灵气盎然，则是第三层面。这第三层面，才是将“魂”寓以之中的“工匠精神”。职业教育中“工匠精神”的培养，也应遵循一个循序渐进的过程，体现着匠心所求、匠心所持、匠心所依、匠心所运的进阶。

三、工匠精神的人文关怀：匠人匠德

在以人为主导的世界里，一切意识形态的产生、发展，可以说都是以认识人，特别是认识自我为核心的，工匠精神的建立也不例外。工匠技艺作为工匠的本质力量对象化的表现，其中一个最主要的功能就是帮助人认识自我，并通过认识自我来认识人生。在工匠创作中，突出鲜明的主体意识和张扬自我的方式，表现出对自我解放、个性解放的渴望和追求，体现了人生向上、向善的态势，是工匠认识自我和人生，体现人文关怀的主要特征。工匠精神中认识自我的功能，使工匠创造与人生的关联更为密切。作为人类自我意识的形式，工匠精神中人文关怀的社会性、实践性、自由性都是十分鲜明突出的，并由此形成匠人的“匠德”。

“德”历来有二解。一是“得”层面的，“德者，得也”，是一种“道德”层面的“德”，即纵然孤身一人，仍旧存在对自然、对人生之“道”的“悟”；二是“伦理”层面的“德”，是只有在社会环境中才存在的“德”，也就是“品德”。作为道德层面的“德”，是“工匠精神”的最高境界，因为它包含着器物之“道”在内的“自然、社会、人”的“悟”。相比而言，伦理层面的“德”，在古代也是“匠人”的基本要求。古人讲“德艺兼求”“德艺周厚”，丧“德”之“艺”不能称之为“艺”，丧“德”之“匠人”也被排除在主流之外。

《易经·系辞上》云：“形而上者谓之道，形而下者谓之器。”道与器相对应，“道”谓形而上，“器”谓形而下。“器者，形也”，原为有形之物，后延伸为技艺。孔子说：“君子不器。”意思是说，君子不拘于一才一艺，而当“志于道”。孔子又说：“器不离道，道不离器。”匠人们“不耻匠作”，且“陶然其中”，我们的先人们在面对让人叹美不已的东西时，很自然地便会追本溯源，探求其性之所在。他们认为被万物各自的形象与用途束缚，就不能领悟、回归到无形的道体之中，就不能赋予物的美。心物相融，即物穷理，艺用相洽，这应该是“匠人”的追求或说“精神”。道与器之间蕴含着中华传统文化所特有的精神和气质，工匠精神是体现这一文化特质的最好的表现之一。

工匠精神的德业担当，正如孔子所说的“玉不琢，不成器”，视“器”为“才”，“成器”乃匠人之能才，职业教育追求之理想乃培育具有“工匠精神”的“成器”。

第四讲　匠出于新：工匠精神的传承与创新

工匠精神是中华民族优秀传统文化的生动体现，新时代工匠精神也是大国文化自信的必然选择和必然要求。工匠精神是一种精神积淀，是一种职业精神的至高体现，是“匠心－匠行－匠德”的统一。新时代工匠精神的传承与创新应把握工匠精神的基本内涵、时代价值与培育路径，重塑职业精神，重构职业价值取向。

一、新时代工匠精神的内涵

关于工匠精神的内涵，虽没有确切的、准确的定义，但大都包含这些维度和意义。首先，工匠精神是一种精神和理念。这种精神和理念包含三个层面的精神追求：第一是对技艺精雕细琢的精神追求，第二是对品质精益求精的精神追求，第三是对所从事职业的热爱和由此延伸的对传承与创新的追求。其次，在中华传统文化中，工匠精神不仅是技术的传承，也是一种“物以载道”的精神诉求和理想追求，它是传统文化的一部分。最后，工匠精神是敬业精神的最高体现形式之一。

工匠精神是文化发展与文化传承的重要内容和载体，必须使工匠精神与时代背景、时代精神进行有效的融合。因此，新时代的工匠精神应该蕴含以下几种新的内涵要素：第一，新时代工匠精神应该是“匠心－匠行－匠德”的统一。“匠心”是工匠精神的起点，没有“匠心”就没有工匠精神的产生；“匠行”是工匠精神积淀、传承的关键，工匠精神一定是在行为和实践中传承的；“匠德”是工匠精神的精神内核，是一种“匠心”“匠行”发生后的道德认知和道德提升，具备“匠德”之人才能传承和发展工匠精神。第二，新时代工匠精神应该是新时代人精神追求与职业行为的完美融合体。对于现代人而言，工匠精神恰恰是在职业行为中得以展开的精神特质，而不仅是将职业作为谋生手段和方式。第三，工匠精神不仅关乎生存现状，更关乎幸福现状。工匠精神是职业人的一种高级精神家园，从表面看，具有工匠精神的人拥有更高的收入和社会地位；从实质看，工匠精神带给职业人的是对生活、事业、社会的热爱。

二、培育工匠精神的时代价值

工匠精神产生于中华传统文化。我们在古代传统匠人们留下的丰富文化遗产中看到他们对每一个物件的精心雕琢，而形成的工匠精神使传统文化遗产成为全人类丰富的精神文明。立足新时代，在新的历史条件下，全面建设社会主义现代化强国，大力弘扬以工匠精神为核心的职业精神，有很强的现实意义和时代价值。

工匠精神作为一种精神气质方面的内在要求，其构成要素与高素质技术技能人才培养质量之间存在正向关系。如果从人的自然性和职业教育的社会性分类来看，“高素质”可以理解为良好的道德品质、正当合法的社会行为、优良的职业素养和责任感等，即经过系统教育和引导后，自然生成的内在能力。这与工匠精神关于爱岗敬业、恪尽职守的职业精神状态在动力源泉上是统一的。“技术技能”须充分体现人在科学技术上探索、发现、改进等方面的创新之力、应用之力，这与工匠精神关于极致求精、专注持恒、唯精唯一的精神气质在价值取向上是一致的。

在当今这个创新时代，只有各行各业的职业人都把产品的质量和创新作为自身的需求、自身文化的组成部分，才能充分展现工匠精神的时代价值。

三、创新是工匠精神的一种延伸

具体说来，小到对每个工作环节高质高效的创造，大到一个新的产品、一种新技术的开发，都是工匠精神的传承与创新。因为只有对每一个细节、每一个环节都了解，才能够提升它、改进它，这也是对产品精益求精的体现。创造品牌需要有品牌文化，更要有工匠精神，才能使产品做得更精美、更好用、更优质。另外，必须具备创新的精神，才能使产品更符合市场需求，特别是潜在的需求。因此，工匠精神和传承创新是相互联系的，两者的融合是要提高产品的质量和效益的保障，这样才能建立起品牌效应。

“匠出于新”，大力弘扬工匠精神的传承与创新是非常必要的，需要从以下五个方面着手：

一是弘扬“崇技尚德”的职业精神。工匠精神是职业精神的深化和提升，工匠精神是基于某种职业而诞生的精神，有的体现在传统文化中，有的体现在现代制造业中，有的甚至体现在日常的普通工作中。工匠精神作为一种职业精神的体现，如果没有“高超精湛技术”的底蕴，很难形成某种精神凝聚。只有包含崇高的道德属性和道德规定，工匠精神才会被人铭记和传承。

二是弘扬“精益求精”的品质精神。工匠精神的直接体现是产品或作品的品质，必须涵盖对于产品品质的精益求精的追求，必须涵盖对于产品品质的专一、严谨、规范的控制。

三是弘扬“专注卓越”的创新精神。工匠精神不是对传统的一味继承，而是在传统的基础上的持续创新。追求专注就是追求传统的精华与升华，工匠精神本身是工匠对于作品的专注和追求卓越的体现。创新精神的价值在于既体现了工匠精神的“传统”，也体现了工匠精神的“现代”。

四是弘扬“尊师乐岗”的师道精神。工匠精神大多来源于传统技艺项目。在传统行业或技艺项目中，尊师是前提和基础。尊师体现的是情感与技艺的双重尊敬。乐岗是对于岗位和职业的尊崇，是爱岗敬业的起点。“乐岗”是基于对传统文化的热爱，是基于对所从事职业的情感认同。这就是新时代师道精神的最好体现。

五是弘扬“求是奉献”的担当精神。工匠精神不仅是工匠自身或工匠行业的精神，还是一个国家、一个民族的精神气质的体现，是“文化自信”的重要载体和体现。工匠精神要注重追求“求是奉献”的担当精神，追求真理、追求规律、追求实践是工匠精神的一个方面，而甘于奉献的担当精神则是另一个方面。因此，“求是奉献”的担当精神必须注入工匠精神的内涵之中，在求真务实中追求创新创造，在甘于奉献中寻找文化自信。

本章小结

工匠精神是中国传统精神品质的重要组成部分。无论是在实际制造方面的抽象思维，还是审美体验方面的形象思维，都需要把握“匠心”这一根本，即在工艺创造中需要秉持的纯粹、创新、极致而自由、宁静的心。

审美追求，是工匠精神的重要组成部分，而信仰则是其审美构造之基石。工匠立足“美”的维度，通过特有的符号体系刻画现实本质、宣示价值信仰。在中华传统文化的普遍理解中，“美”便是“和谐”，工匠精神对“美”的追求便是在工艺创造过程中对人与自然、人与社会、人与人、人与自我等方面和谐的追求。

技艺载道，是中国传统工匠精神追求的终极目标，工匠精神的可贵之处便在于其服务社会大众、助力国家发展的品质担当。工匠精神的塑造，首先在于“匠心”的培育，爱岗敬业、勤学苦练、精益求精，是匠心匠魂的关键内涵；其次在于“匠德”的修炼，既包括社会道德层面，也包括职业伦理层面。“德艺双馨”“德才兼备”自古便是中国匠人的终身追求。

开拓创新，是工匠精神之内涵在新时代的重要延伸。在发展日新月异、不进则退的时代浪潮下，大力弘扬以工匠精神为核心的职业精神具有重要的意义和价值。在新时代，工匠精神的培育要从崇技尚德的职业精神、精益求精的品质精神、专注卓越的创新精神、尊师乐岗的师道精神、求是奉献的担当精神这五个方面入手。

拓展延伸

《庄子》二则

梓庆削木为鐻①，鐻成，见者惊犹鬼神。鲁侯见而问焉，曰：“子何术以为焉？”

对曰：“臣工人，何术之有？虽然，有一焉。臣将为鐻，未尝敢以耗气也，必斋以静心。斋三日，而不敢怀庆赏爵禄；斋五日，不敢怀非誉巧拙；斋七日，辄然忘吾有四肢形体也。当是时也，无公朝，其巧专而外骨②消；然后入山林，观天性；形躯至矣，然后成见鐻，然后加手焉；不然则已。则以天合天，器之所以疑神者，其是与！”

【注释】

①鐻：悬挂钟磬的木架。②骨：通“滑”，乱。

颜回曰：“吾无以进矣，敢问其方。”

仲尼曰：“斋①，吾将语若。有心而为之，其易邪？易之者，皞天不宜。”

颜回曰：“回之家贫，唯不饮酒不茹②荤者数月矣。如此则可以为斋乎？”曰：“是祭祀之斋，非心斋也。”

回曰：“敢问心斋。”仲尼曰：“若一志，无听之以耳而听之以心；无听之以心而听之以气。听止于耳，心止于符③。气也者，虚而待物者也。唯道集虚④。虚者，心斋也。”

颜回曰：“回之未始得使，实自回也；得使之也，未始有回也。可谓虚乎？”夫子曰：“尽矣。吾语若！若能入游其樊而无感其名，入则鸣，不入则止。无门无毒⑤，一宅而寓于不得已⑥，则几矣。绝迹易⑦，无行地难⑧。为人使易以伪⑨，为天使难以伪。闻以有翼飞者矣，未闻以无翼飞者也；闻以有知知者矣，未闻以无知知者也。瞻彼阕⑩者，虚室生白⑪，吉祥止止。夫且不止，是之谓坐驰。夫徇耳目内通而外于心知，鬼神将来舍，而况人乎！是万物之化也，禹、舜之所纽也，伏戏、几蘧之所行终，而况散焉者⑫乎！”

【注释】

①斋：斋戒，这里指清除心中的欲念。②茹：吃。③符：迹象，现象。④虚：指虚空的心境。⑤无门无毒：不要摆出医师的架子，不要把自己的主张看作治病的良方。⑥一宅而寓于不得已：心灵专一，把自己寄托于无可奈何的事物中。⑦绝迹易：不走路容易。⑧无行地难：走路不着地就很困难。⑨使易以伪：使，驱使；伪，虚伪。⑩瞻彼阕：观察那空虚的境界。⑪虚室生白：空明的心境可以产生光明。⑫散焉者：没有成就的一般人。

作者简介：庄子（约公元前369年—前286年），战国中叶宋国蒙（今河南商丘市）人。我国古代著名的哲学家，道家学派的主要代表人物。与老子并称“老庄”“道家之祖”。《庄子》一书，多用寓言，想象夸张，变幻离奇，颇富文采，具有浪漫气息，其文学成就居先秦诸子之冠，对后世文学也有重大影响。

第一则出自《庄子·外篇·达生》，讲从事艺术创造时，身心要达到和谐的境界。这里的和谐，即庄子哲学主张——空明虚静式的心境。这是通过一则寓言故事表现出来的。梓庆制作的鐻之所以能够达到鬼斧神工之妙，他自认为是通过“齐以静心”而获取的。造就他的虚静式心境有两个基本条件，一是彻底消除外界干扰因素，二是高度集中注意力，即专心静气地致力于自己所从事的工作。只有超越诸如功利之心、巧拙之评等不利的影响因素，才能专注于艺术创造的对象，才能感悟生命的自由流畅，才能达到至高的境界。

第二则出自《庄子·内篇·人间世》，庄子托言孔子讲如何达到“虚静”的境界，即其“心斋”之法，就是教人不为外物所役，而要心志专一，达到一种自我生命的空明澄澈的自由境界，实现通天达地，乃至明乎鬼神的“身心和谐”。其“心斋”之法，呈现递进的层次关系，“听之以耳”为最下，“听之以心”次之，而“听之以气”为最高，即以虚心去观照审美客体，忘却审美客体之外的一切，甚至连自己的形体也忘却，这种“忘我”状态的外在表现是“形若槁骸，心若死灰”，但在心灵上，心境与自然之理合而为一，因此可获得一种审美式的解脱。用在实践中，就是告诫人们悠游于俗世之中，要淡泊宁静，不被名利动心摇性。具备了这种凝神忘我的心态，就能使自己免受来自各方的伤害；用于日常行事、处理问题，专注于事物本身，则可充分发挥最具灵妙作用的心之机能，通过“心斋”而达到身心和谐境界所带来的最佳、最理想的效果和作用。

经典领航

大力弘扬劳模精神、劳动精神、工匠精神

劳动是一切幸福的源泉。新形势下，我国工人阶级和广大劳动群众要继续学先进赶先进，自觉践行社会主义核心价值观，用劳动模范和先进工作者的崇高精神和高尚品格鞭策自己，焕发劳动热情，厚植工匠文化，恪守职业道德，将辛勤劳动、诚实劳动、创造性劳动作为自觉行为。各级党委和政府要尊重劳模、关爱劳模，贯彻好尊重劳动、尊重知识、尊重人才、尊重创造方针，完善劳模政策，提升劳模地位，落实劳模待遇，推动更多劳动模范和先进工作者竞相涌现。全社会要崇尚劳动、见贤思齐，加大对劳动模范和先进工作者的宣传力度，讲好劳模故事、讲好劳动故事、讲好工匠故事，弘扬劳动最光荣、劳动最崇高、劳动最伟大、劳动最美丽的社会风尚。要开展以劳动创造幸福为主题的宣传教育，把劳动教育纳入人才培养全过程，贯通大中小学各学段和家庭、学校、社会各方面，教育引导青少年树立以辛勤劳动为荣、以好逸恶劳为耻的劳动观，培养一代又一代热爱劳动、勤于劳动、善于劳动的高素质劳动者。

——摘自习近平总书记在全国劳动模范和先进工作者表彰大会上重要讲话

■ 解读

要实现发展目标，不仅要在物质上强大起来，而且要在精神上强大起来。在全国劳动模范和先进工作者表彰大会上，习近平总书记精辟概括了劳模精神、劳动精神、工匠精神的深刻内涵，指出劳模精神、劳动精神、工匠精神是鼓舞全党全国各族人民风雨无阻、勇敢前进的强大精神动力，强调要大力弘扬劳模精神、劳动精神、工匠精神。

“不惰者，众善之师也。”长期以来，在党的领导下，我国工人阶级和广大劳动群众奏响了“咱们工人有力量”的主旋律，特别是在新时代的伟大征程中为决胜全面建成小康社会、决战脱贫攻坚发挥了主力军作用。习近平总书记指出：“在长期实践中，我们培育形成了爱岗敬业、争创一流、艰苦奋斗、勇于创新、淡泊名利、甘于奉献的劳模精神，崇尚劳动、热爱劳动、辛勤劳动、诚实劳动的劳动精神，执着专注、精益求精、一丝不苟、追求卓越的工匠精神。劳模精神、劳动精神、工匠精神是以爱国主义为核心的民族精神和以改革创新为核心的时代精神的生动体现。”大力弘扬劳模精神、劳动精神、工匠精神，对

于鼓舞和激励全党全国各族人民在决胜全面建成小康社会、决战脱贫攻坚取得决定性成就的基础上，乘风破浪，开拓进取，为全面建设社会主义现代化国家、实现第二个百年奋斗目标而继续奋斗，具有重大意义。

…………

劳动是一切幸福的源泉。站在实现“两个一百年”奋斗目标的历史交汇点上，党的十九届五中全会擘画了我国未来发展的宏伟蓝图。越是美好的未来，越需要我们付出艰辛努力，越需要大力弘扬劳模精神、劳动精神、工匠精神。

…………

“功崇惟志，业广惟勤。”实现中国梦，创造全体人民更加美好的生活，任重而道远，需要我们每一个人继续付出辛勤劳动和艰苦努力。让我们以劳动模范和先进工作者为榜样，大力弘扬劳模精神、劳动精神、工匠精神，爱岗敬业、勤奋工作，锐意进取、勇于创造，不断谱写新时代的劳动者之歌！

资料来源：人民日报评论员．大力弘扬劳模精神劳动精神工匠精神——论学习贯彻习近平总书记在全国劳动模范和先进工作者表彰大会上重要讲话 [N/OL].[2020-11-27]. https://www.ccps.gov.cn/llwx/202011/t20201127_145267.shtml?from=groupmessage.

学思之窗

活动设计

活动主题：形象思维在科学认识中的意义。

开展形式：课堂汇报讨论。

组织形式：请按 6 人一组开展资料收集活动。活动结束后撰写分析报告，每组派出一名代表以 PPT 形式汇报分析结果，学会科学合理地分析在中华传统文化发展过程中，工匠精神是如何体现工匠认知对象的思维离不开抽象思维与形象思维的共同推动的。

观点搜索

1. 在当下快速发展的现代社会，所有人都在追求高效、统筹、多任务同时推进。这个时候，应如何看待“我在故宫修文物”那种沉下来的精神？如何看待匠心和效率之间的关系？

2. 一群“愚公”，埋头苦干 30 年，创造了将 86 万平方千米荒漠的 1/3 变成绿洲的奇迹。这个奇迹就在中国第七大沙漠——内蒙古的库布其。请上网查找亿利库布其几代治沙人躬耕大漠 30 载的资料，并结合资料谈谈工匠精神的德业担当有哪些。

3. 请走访或上网搜索当地非物质文化遗产项目的保护与传承情况，并谈谈你对工匠精神的传承与创新的看法。

阅读推荐

1. 请阅读柳宗元的《梓人传》、沈括的《梦溪笔谈》、梁思成的《千篇一律与千变万化》，感受前人对工匠精神的阐释。

2. 请观看纪录片《我在故宫修文物》，体验为何“美”是工匠建构精神的终极信仰。

3. 日本著名漫画家宫崎骏在谈创作经验时多次提到中国上古神话《山海经》。请根据所学专业，找出几本你认为能启发你形象思维的古籍书目或文章，并简要说说你的阅读感想。

第二章 智慧与信仰

教学目标

知识目标：了解中国传统哲学的特点和精髓，知道其内涵与时代价值，熟悉中华优秀传统文化的主要代表人物及其核心思想。

能力目标：通过了解和学习中华传统文化思想，获得一定的哲学智慧，并能够将这种智慧运用到现实生活中。

素质目标：深刻理解中国传统哲学的思维方式和精神追求，使自己具备一定的哲学素养；掌握正确处理人与自然、人与社会、人与他人关系的哲学思维方式，汲取中华优秀传统文化价值观，并将其引入人生的实践。

导学提示

马克思说，哲学是对自然界、社会以及人的思维方式和精神现象的规律性认识。哲学是时代精神的精华。在中华传统文化中，哲学是中华民族智慧的理性积淀和内在体现，代表了中华民族理论思维的最高水平，它在整个传统文化体系中起着核心主导作用，形成一个民族的智慧与信仰。中华传统文化的诸类形态如伦理道德、文化艺术、科学技术等无不受哲学思想的引导和制约。先秦时代的哲人提出天、地、人三种元素构成了宇宙万物的基本单位和部分，亦被称为“三才之道”，即天道、地道、人道。他们认为，天、地、人是构成宇宙的三种力量，其有各自的作用，但又相互统一。历代先哲们力图在调节天、地、人三者的关系中找到智慧和力量，最终达到和谐境界。在这种目标的指引下，贵和尚中、天人合一、阴阳变易、知行合一等哲学思想应运而生，由此铸就了中华民族团结和睦、胸怀宽广、热爱和平的特殊品格。

引例导入

孟子[①]·公孙丑下（节选）

孟子曰："天时不如地利，地利不如人和[②]。三里之城，七里之郭[③]，环而攻之而不胜。夫环而攻之，必有得天时者矣；然而不胜者，是天时不如地利也。城非不高也，池[④]非不深也，兵革[⑤]非不坚利也，米粟非不多也；委[⑥]而去之，是地利不如人和也。故曰：域民[⑦]不以封疆之界，固国不以山溪之险，威天下不以兵革之利。得道者多助，失道者寡助。寡助之至，亲戚畔[⑧]之；多助之至，天下顺之。以天下之所顺，攻亲戚之所畔；故君子有[⑨]不战，战必胜矣。"

【注释】

① 孟子，名轲，战国时期思想家。继承和发挥了孔子的思想，为孔子之后儒家的主要代表人物，被尊为"亚圣"。孟子的门徒将其言行编纂成《孟子》一书。② 天时、地利、人和：《荀子·王霸》言："农夫朴力而寡能，则上不失天时，下不失地利，中得人和，而百事不废。"荀子所指的"天时"指农时，"地利"指土壤肥沃，"人和"指人的分工。而孟子在这里所说的"天时"则指尖兵作战的时机、气候等，"地利"指山川险要、城池坚固等，"人和"指人心所向、内部团结等。③ 三里之城，七里之郭：内城叫"城"，外城叫"郭"。内外城比例一般是三里之城，七里之郭。④ 池：护城河。⑤ 兵革：兵，武器，指戈矛刀箭等攻击性武器；革，皮革，指甲胄。古代甲胄有用皮革做的，也有用铜铁做的。⑥ 委：弃。⑦ 域民：限制人民。域，界限。⑧ 畔：通"叛"。⑨ 有：或，要么。

知识精讲

第一讲　贵和尚中：和谐意识

贵和尚中是中华传统文化的基本精神之一，它以中庸思想为理论基础，以"和而不同"为基本内涵，以"执两用中"为基本方法，把追求统一、稳定、和谐视为最高目标。贵和尚中作为中华文化的基本精神，使得中国人崇尚和谐，以整体为本位，着力维护整体利益，求大同而存小异，做事不走极端，保持人际和谐与社会和谐。从更广泛的意义上讲，贵和尚中是中华民族精神的凝聚和扩展，是东方文明的精髓，它对统一的多民族政权的社会秩序之和谐安定具有极其重要的意义。

一、以和为贵

“和”的哲学在先秦时代诸子百家中，尤其是在道家、儒家、墨家等学说中占有相当重要的分量。在中国的传统哲学中，和谐的终极关怀是实现持久和平。为此，诸子百家从不同的角度进行了探索和实践，并经过后代思想家的完善，形成了独具特色的“以和为贵”的理论特征，进而逐步积淀和强化为一种民族精神与意识信仰。具体而言，中国古代哲学所阐释的“和”哲学包括以下五个方面的内容：

（1）孔子将“和”作为人文精神的核心。

（2）老子认为“和”是宇宙万物的本质以及天地万物生存的基础。

（3）管子将“和”“合”并举，认为人与人相处贵在“和”。

（4）墨子认为“和”是处理人与社会关系的根本原理，人的自身修养重在“和”。

（5）《易传》重视“和”与“合”的价值，认为保持完满的和谐，万物就能顺利发展。

相关链接

“和合”思想

在中国，以“和合”为基础追求社会和谐的思想源远流长。孔子说：“礼之用，和为贵。先王之道，斯为美，小大由之。”（《论语·学而》）“先王之道”，主要是指以尧、舜、禹、汤、文、武、周公等为代表的圣君明主在治理国家时，十分重礼重节，追求社会和谐。孔子认为，先王们的美德就在于他们不论大事小情，都依“礼”而行，使得社会和谐，人民安居乐业。老子说：“万物负阴而抱阳，冲气以为和。”（《道德经》第四十二章）他认为万物都包含阴阳两个方面，阴阳相互调和，“和”是万物存在的最佳状态和生存基础。

“以和为贵”也成为中国文化所倡导的处理内外关系的行动准则。对内，“家和万事兴”“夫妻和而家不败”“兄弟和而家不分”等理念不仅为人们所津津乐道，而且成为人们维系家庭关系的准则。对外，在中华传统文化发展中儒释道三教合一，而对基督教、伊斯兰教等外来宗教亦予以包容和借鉴；在民族价值观方面，推崇礼仪道德，平等待人，承认与吸收其他民族的优秀文化；在治国之道方面，从历代统治者对少数民族的和亲政策，到今天中华民族“相互尊重，和平相处”的外交政策，都足以说明中华民族对和平与安宁的崇尚与追求。这些都是中国古代“以和为贵”文化精神的具体体现。同时，这种思维方式与文化精神对中国文化和社会生活，以及中医学、中国建筑、中国艺术等有着广泛而深刻的影响。例如：中国传统医学强调“阴阳平衡”“阴阳互补”等理念；中国古代建筑学以追求和谐、对称、协调为特点，展示出和谐美的建筑风格；中国古代美学强调真善统一、情理统一、人与自然的统一等。儒家对“和”、道家对“妙”、佛禅对“圆”的追求，无一不是“和合”文化的具体体现。

二、和而不同

“和”在中国古代思想中是一个非常重要的概念。千百年来，“和”的概念以及“贵和尚中”的思维方式影响了中国人，铸就了中华民族胸怀宽广、热爱和平、团结和睦的特殊品格。从修身、齐家、治国，最终达到平天下、协和万邦，均体现了中华民族对于和谐社会的向往与追求。中华文化中的“和合”思想还有一层独特的内涵，即“和而不同”。

什么是“和而不同”呢？从哲学意义上讲，“和”是和谐、统一，“同”是相同、一致；“和”是抽象的、内在的，“同”是具体的、外在的。和而不同，就是追求内在的和谐统一，而不是表象上的相同和一致。其基本精神是讲究和谐相处，但不强求别人对自己的认同。正是在这一思想的影响之下，中国古代思想界一度呈现百家争鸣的美好景象。

“君子和而不同，小人同而不和。”这句话可谓至理名言。在认识事物的问题上，允许不同的观点存在方显君子气度。即使志不同、道不合，能够和谐相处者可谓真正的君子；反过来，即使志同道合，若以我为尊，对别人过分苛求，也很难和谐相处。孔子还说：“君子矜而不争，群而不党。”意思是说，在处理问题时，能保持和谐而不结党营私，行为庄重而不与他人争执，善于团结别人而不搞小团体，这样的人才称得上君子。

相关链接

晏子的“和而不同”

春秋时期的思想家、贤臣晏子曾提出过自己的“和而不同”思想。《左传·昭公二十年》中记载，春秋时期齐国大夫梁丘据善于揣摩齐景公的心思，对于齐景公交办的事务从不敢怠慢，总是卖力而为，因此深得齐景公的赏识。齐国大夫晏子却视其为“社鼠”（社庙中的老鼠，指危害国家和社会的危险人物）。在齐景公与晏子的对话中，晏子批评梁丘据能同而不能和：国君认为可以的，梁丘据也说可以；国君认为不可以的，梁丘据也说不可以。接着，晏子用了两个比喻来进一步说明，“若以水济水，谁能食之？若琴瑟之专壹，谁能听之？”意思是说，如果用清水来给清水增加味道，谁能喝得下去？如果只是一琴或一瑟，谁能听得下去？并得出结论：“同之不可也如是。”他认为君臣之间绝不能一味不负责任地赞同，而要鼓励从不同角度和层面提出各种不同的意见，而后加以融合，这就是“和”。

由此可见，孔子的和谐观允许处于同一群体中的不同事物保持其原有的个性，而不必苛求舍弃个性，指出了真正的和谐是以承认社会矛盾和差别的客观存在为前提的。“和而不同”观点的可贵之处就在于，在“不同”基础上形成的“和”，是矛盾多样性的统一。它保留了每一种事物的个别属性，使得世界丰富多彩。

三、执两用中

中华传统文化认为，凡事应有一个适当的“度”，超过这个“度”，就是“过”；没有达到一定的“度”，就是“不及”。处理事情合乎这个“度”，就是“执中”。儒家“贵和”思想往往是和“尚中”之意联系在一起的。既然“和”是天人关系、人际关系所达到的一种良好秩序和状态，那么如何实现“和”之理想呢？儒家认为，根本途径就是适中、持中，保持中道，即凡事执其两端取其中。

“执两用中”由“执中”发展而来。先人们在长期实践中发现，一切事物的运动和发展都有一定规律，故办理任何事情都必须掌握分寸。只有根据事物的客观规律而做到适当的程度，才能达到预期的最佳效果。这个最适当的程度就叫作“中”，若能恰到好处地掌握住度，就叫作“执中”；偏离了这个度，就是“失中”。因为用适中的方法办事能符合实际而收到最佳效果，所以“中”就含有合宜、正确之意；又因为用“执中”的方法处理人事是最公平合理的，所以“中”又含有中正、公正之意。当把“执中”的方法从实践经验升华为理论时，就叫作“中道”。尧禅位于舜时，就以“允执厥中”来教导舜；舜禅位于禹，亦嘱咐其“允执厥中”；后来代代相传，到大禹、商汤、文王、武王，均以“允执厥中”作为执政的准则和做人的规范。孔子承上启下，推崇“中庸之道”“执两用中”“过犹不及”，并将其作为立身、处世乃至治国、平天下的良策。

相关链接

舜的“执两用中”

在历史上，舜帝便是这样一位具有“执两用中”大智慧的君王。孔子说：“舜其大知也与！舜好问而好察迩言，隐恶而扬善，执其两端，用其中于民。”意思是说，舜帝平时不仅乐于向他人求教，而且喜欢对那些浅近的话语进行仔细分析，常包容别人的恶意而褒扬别人的善意，掌握并度量别人认识上两个极端的偏向，采用适当的做法去引导人们。

孔子在全面继承中道的基础上，又以托古的方式把舜的治国方法概括总结为“执其两端，用其中于民”，由此把“执两”与“用中”对立统一起来，既丰富了中道的内容，亦提升了其理论高度。正因为只有做到“执两”，才能准确地“用中”，于是孔子又从“中”的对立面提出了“过犹不及”的命题。“不及”是没有达到“中”，其原因在于太拘谨和保守；而“过”则是超过了“中”，其原因在于太放纵和激进。两者尽管趋向相反，但都违背了事物的客观规律，因而都是偏离中道而走向极端的“失中”现象。这是“过犹不及”的本义。

孔子所谓“执其两端，用其中于民”，即必须把握住“过”与“不及”两种倾向，使之不走向极端，才能有效地用中道去治理百姓，这便是“执两用中”的本义。“执两用中”与“过犹不及”合而言之，就是持其“中”、戒其“过”、勉其“不及”。此乃中庸之道据以立论最基本的法则。

《中庸》有言：“中也者，天下之大本也；和也者，天下之达道也。致中和，天地位焉，万物育焉。”意思是说，达到中和状态，自然万物与人类社会便能各安其位、各得其所，世界也就处于一种理想的秩序与状态——和谐。这种中道思想的核心观点是注重事物发展过程中内在的和谐与平衡，它既是一种认识论、方法论，也是人生修养的行为准则。受“贵和尚中”思想的影响，“和气生财”“家和万事兴”“万事和为贵”等“和谐”思想早已深入人心。这种思想贯穿哲学、政治、经济、文化和日常生活等各个领域，并深深渗透到国人的思想意识和行为方式之中，逐渐成为中国思想文化中被普遍接受和认同的人文精神。

第二讲　天人合一：可持续发展意识

人们常用“天人合一”“天人感应”“天人相分”等词语来概括和表述有关天人关系（即人与宇宙关系）的不同看法。“天人合一”作为一种哲学思想在先秦时代便形成了。孔子、孟子、老子（如图 2-1 所示）、庄子等都从不同角度提出了天人合一的观点。到了宋代理学，天人合一的思想更为成熟。天人合一的观点是中国古代哲人对天人关系的哲学解答，既包含着人对“天”这个生命主宰者的敬畏与崇拜，也包含着人对自然之“天”的能动适应和遵循。中国传统哲学认为，人生的最高理想便是自觉达到天人合一的境界。

图 2-1　春秋时期的老子把天、地、人看作统一于“道”的自然物

天人合一是人类社会与自然世界之间的协调统一关系。当下我们可以把“天”理解为世界万物、自然规律。在中华传统文化里，人们对“天”有着敬畏之心、反观之心，人与天不是对立割裂而是相生相应的，所以人与天之间才有了对照之心、合一之心。国学大师季羡林先生是这样解释天人合一的：天，就是大自然；人，就是人类；合，就是互相理解，结成友谊。

一、人与自然的和谐相处

天人合一的观点首先承认：人是自然的一部分。因此《庄子》有言：“有人，天也；

有天，亦天也。”天人本是合一的，但由于人制定了各种典章制度、道德规范，使人丧失了原来的自然本性，变得与自然不协调。人修行的目的，便是“绝圣弃智”，打碎这些加于人身的藩篱，将人性解放出来，重新回归自然，达到一种“万物与我为一”的精神境界。天地之中只有万物，人类无论智力如何发达，不过是万物中的一员。《易传·序卦传》有言：“有天地然后有万物，有万物然后有男女。”也就是说，人是天地所化育的。

儒家这种万物交融、并育不害的思想，集中表现在天人合一的命题中，这是中国古代哲人为人类提供的生存大智慧。中华文化植根于农耕文明，体现着人们对自然的深刻认识。由于古时农业生产技术不发达，人们“靠天吃饭”——风调雨顺，人们便衣食富足；旱涝肆虐，人们就要饱受饥饿甚至流离失所。因此，人们对“天”有一种特殊的敬畏之情，这正是天人合一思想产生的社会基础。

那么，人既然是天地所化育，是否就要完全对天地俯首或是凌驾于天地呢？答案是否定的。中国古代哲学家们认为在自然界中，天、地、人三者是相应的。《庄子·达生》曰：“天地者，万物之父母也。”《易经》中强调三才之道，将天、地、人并立起来，并将人放在中心地位，这就说明人的地位之重要。天有天之道，天之道在于“始万物”；地有地之道，地之道在于“生万物”；人不仅有人之道，而且人之道就在于“成万物”。因为在他们看来，人是天地之心。《礼记·礼运》有言：“故人者，天地之心也。”人是自然万物的一分子，但人又是万物之灵。朱熹说：“人是天地中最灵之物。”正式提出“天人合一”这四个字的张载（如图 2-2 所示）更是豪言：人应该为天地立心。将万物之一的人置于如此高的圣坛上，有一个基本前提，即真正大智之人能够顺应自然，他们不仅能借天地之气养其德，还能与自然和谐相处。

图 2-2 北宋思想家张载明确提出“天人合一”的命题，其人生理想是“为天地立心，为生民立命，为往圣继绝学，为万世开太平”

二、尊重人道即顺应天道

尊重人道即顺应天道，其中的“天道”可以理解为自然界的客观规律，而“人道”则指人类社会所遵循的道德原则。既然人为天地所孕育，是天地万物中的一员，“天道”与“人道”便具有相通、相似性。孟子说：“诚者，天之道也；思诚者，人之道也。”“天之道”即自然规律，是客观存在的，是可把握、可信赖的，这就是“诚”。作为人，最根本、最重要的就是发现自然规律，掌握自然规律，老老实实地按自然规律办事，这就是“思诚”，即“人之道”。中华文化中的“天”是人格化的，不仅是道德与正义的化身，而且是人们实现道德理想的强大力量。

当我们将“人道”与“天道”视为相通时，人与自然的相处之道，便是建立在对“天道”的体悟之上的。例如：人学习天。《易经》有言：“天行健，君子以自强不息；地势坤，君子以厚德载物。”这是古人先观察到了天地运行稳健而怀抱广大的特点，才对照说明有志有德的君子也应学习天地的品格，学习其自强不息的刚勇奋进和厚德载物的怀柔包容。人还要善待天。如《尚书·洪范》云：“天乃锡禹洪范九畴，彝伦攸叙。”这句话是说天把九类大法赐给禹，使禹创造了一个和谐的社会。在这里，天是具有法力的人格神，具有帮助人们实现道德理想的伟大力量。

顺应的过程，也是探索、发现的过程。孔子苦行一生，最后说自己是“五十而知天命”。到五十岁之时，经过了长期的生命探求，方得知何为自己命中注定该为，方明白何为自己的人生意义与肩负使命。认识到整个自然和宇宙是生生不息的生命历程，并自觉投身于这一生命历程中，以自己的智慧和能力参与这一历程，这便是“人道”和“天道”彼此的相安与融入。天地万物各安其所，人在其中各行其是，用心眼前，做好当下，这就是修行。在这里，天是道德的化身，是人们行动的楷模，人们做事必须取法于天。这是天人合一思想的精髓与实现天人合一的重要途径。

相关链接

孔子的“为政”思想

有人问孔子，该怎样为政呢？孔子回答：“为政以德，譬如北辰，居其所，而众星共之。”（《论语·为政》）意思是说，用道德教化来治理政事，就会像北极星那样，自己居于一定的方位，而群星都会环绕在它的周围。这就是典型的尊重“人道”，即顺应“天道”。

三、人道与天道的和谐统一

人与自然的和谐共存，关键在于主体之人如何对待自然，即人类持有什么样的生态观。如果人类自命为自然之主宰，自然成为被动的认知对象，成为满足人类欲望的工具，结果便是自然被过度利用，人与自然当然无法和谐共存。人与自然打交道时，应有敬畏之心、顾惜之情，以仁爱之心对待自然万物，从而使得人与自然能够和谐共存。

老子认为“自然”是贯穿天、地、人的最高法则（道），故提出“人法地，地法天，天法道，道法自然”（《道德经》第二十五章）的命题。庄子作为老子的继承者，也反对把天道同人道割裂开来，视“自然无为”的天道为人道的最高准则，故而提出“无以人灭天，无以故灭命”（《庄子·秋水》）的观点，强调人们做事时必须服从自然之道，其所讲的“庖丁解牛”的寓言，即生动而深刻地表达了主观能动性（人道）与客观规律性（天道）相统一的思想。

相关链接

网开一面

《史记·殷本纪》中记载，夏朝从禹开始，经过十五代君王后传到夏桀。夏桀荒淫无道，引起百姓的不满和怨恨。商的首领汤看到这一切，就想争取民心，推翻夏桀的统治。有一天，他路遇一捕鸟之人在四周都设了网，想让所有飞鸟都入网。商汤见此情景对捕鸟人说，你太残忍，天下的鸟都要被你捕尽。说罢，便命人去掉西、南、北三面网，然后心中默念：鸟，你愿意往左飞就往左飞，愿意往右飞就往右飞，实在不想活了，才进入网中。这个故事传开后，天下诸侯觉得商汤是个比较有仁爱之心的君王，便归顺于他，助其建立了商朝。"网开一面"的故事说明，中国古人对万物是有仁爱之心的。

张载说"为天地立心"，朱熹说"天地以生物为心"，人则"各得夫天地之心以为心"（《仁说》），说的就是物我如何相通。从辩证的角度看，"天人合一"思想的核心是强调人类行为与自然的和谐统一，道德理性与自然理性的一致，显示了中国古代思想家对于主客体之间、主观能动性与客观规律性之间关系的辩证思考。其积极意义在于：遵循"天人合一"思想，能够达到自然界与人的统一，人的精神、行为与外在自然的统一，自我身心之平衡与自然环境之平衡的统一，以及由于这些统一而达到的天道与人道的统一，从而实现完满和谐的精神追求。

"天人合一"的思想观念指明，既符合人类利益，同时顾及自然生态利益与价值的行为才是可取的，这是我国古代思想家在探索天人关系、人与自然关系的理论与实践中为我们留下的宝贵遗产。"天人合一"的思想观念，在我国已经不是抽象的哲学。我国历代先民改造自然的实践，我国的建筑、园林、医药、武术、饮食、养生等社会文化的方方面面，无一不贯彻和体现了天人合一的思想（如图 2-3 所示）。

图 2-3　李冰父子修建的都江堰水利工程，是我国古人顺应自然、利用自然，从而降低自然灾害对人类的影响，实践"天人合一"思想和智慧的典范

第三讲 阴阳变易：对立统一意识

中国古人有阴阳崇拜。他们认为宇宙间任何事物都具有既对立又统一的阴阳两个方面，且其不断地运动和相互作用。这种运动和相互作用，是一切事物运动变化的根源，古人称之为“生化不息”。古代思想家把“阴阳”与“变易”结合起来，用“阴阳”来解释“变易”，用“变易”来阐发“阴阳”，这就形成了中国哲学中特有的“阴阳变易”之学。

“阴阳”的概念源自古代中国人民的自然观。古人观察到自然界中各种对立又相关联的大自然现象时，便将其分为阴阳。例如：天为阳、地为阴；日为阳、月为阴；火为阳、水为阴；白天为阳、黑夜为阴等。若是以动物为例，则它的肉体为阴，生命活动为阳；内在脏腑为阴，外露皮毛为阳；向下之腹为阴，向上之背为阳等。

相关链接

八卦与阴阳

相传伏羲仰观天文，俯察地理，近取诸身，远取诸物，始作八卦。他所创造的八卦符号，起初可能表示男女两性之区别，但也是最早对阴与阳进行抽象化符号表达的。随着古人认识的不断发展，特别是当《易经》形成阴阳观念、万物有对的观念时，“阴阳”的概念才逐渐由模糊变得清晰，并被广泛应用。

到春秋战国时期，思想家们开始用“阴阳”这一对概念来解释自然界中相互对立、此消彼长的物质或其属性，“阴阳”逐渐成为中国哲学中十分重要的范畴。“阴阳”既指天地间化生万物的阴阳二气，又指宇宙间贯通物质和人事的两大对立面，同时指阴类、阳类两种属性。阴类具有柔弱、向下、收敛、隐蔽、内向、收缩、含蓄、消极、安静等特性；阳类具有刚健、向上、生发、展示、外向、伸展、明朗、积极、好动等特性。

由此看来，阴阳变易的思想是将世界万物看作阴阳对立统一的产物，用“一阴一阳之谓道”来归结天地间万物的本性及发展变化规律；又用“阴生阳，阳生阴”来揭示事物变化的根源在于其内部对立双方的相互作用；再用“生生之谓易”来阐释事物的变易总是生生相续、永无止境的。

一、一阴一阳之谓道

中国传统哲学观念认为，阴阳代表一切事物最基本的对立关系。它是自然界的客观规律，是万物运动变化的本源，是人类认识事物的基本法则。《易经·系辞上》：“一阴一阳之谓道，继之者善也，成之者性也。”阴阳是用来说明事物的两种属性，代表矛盾对立、统一的两个方面，是对自然界相互联系的事物和现象对立双方的概括。阳依附于阴，阴依附于阳，二者之间存在相互依存的关系，即任何阳的一面或阴的一面，都不能离开另一面而单独存在，此即为中国哲学家的“阴阳之道”。“道”构成事物的本性及其运动的法则，无论自然、人事，都遵循此道。

万事万物都有阴阳两种力量的存在，阴阳两者相互作用又产生万事万物，所以万物“负阴而抱阳”，即万事万物都承载着阴，环抱着阳，阴阳两者聚于一处，形成这个和谐的世界。故而我们应该承应天道，理解人道，体会事道。此非认命，更非无为，而是要将这一规律善加利用，为社会造福，为人类服务。

二、阴阳相生

阴阳代表一切事物最基本的对立关系，是自然存在的客观规律，万物运动变化的本源。阴与阳相互依存又相互渗透，阴中有阳，阳中有阴。宇宙中没有孤阴孤阳之物，也没有纯阴纯阳之事。

我们所熟知的太极八卦图（如图 2-4 所示），从形状上看像是两条黑白分明的“阴阳鱼”。白鱼表示阳，黑鱼表示阴。白鱼中间一只黑眼睛，黑鱼中间一只白眼睛，便表示阳中有阴、阴中有阳之理。而太极分为两仪后，此两仪相互对峙，缺少一方则不能成为卦象；阳主始，阴主成，不能孤立存在。所以，两仪、四象、八卦以及六十四卦，都是阴阳相互配合、相互渗透。

太极八卦图展示了宇宙万物是以阴、阳为基本元素的最大范围的统一体。阴阳对立而统一，各自以对方的存在作为自己存在的依据。阴阳相互环抱、互为首尾，你中有我、我中有你。阴阳一刚一柔、一主一受，相互运动、相互作用，推动着宇宙的发展变化。

图 2-4 “太极生两仪，两仪生四象，四象生八卦”——太极八卦图充分体现了阴阳变易的哲学思想

三、易为生生之源

天地万物中包含的阴阳两种对立因素相互作用、相互推移，引起了事物的运动、变化和发展，《易传》把这种现象概括为“一阴一阳之谓道”，并以变化发展为“易”的精髓。同时，《易传》认为，事物在不断的变化中，时时有新的东西产生，这就叫作“日新之谓盛德，生生之谓易”。“日新”和“生生”，就是不断地变化、更新。

阴与阳之间的相互作用，推动宇宙生生不息、变化无穷，此乃天地间一切事物的本性及发展变化的规律，即“道”。《易传》源于自然的运转变化，将宇宙万物的产生形成过程推演为“太极→两仪→四象→八卦→六十四卦→万事万物”。其中，太极表示宇宙的根源和阴阳统一的状态，阴阳作为既对立又统一、相辅相成的矛盾体构成太极；阴与阳分别用“--”与“—”这两种符号表示，两两重合后达到“四象”；“四象”再与阴、阳分别结合，进而组合成为“八卦”；“八卦”再相互重合形成“六十四卦”。此宇宙生成论模式，将阴阳的辩证运动过程表示为数的运动过程，并进而成为抽象的符号推演系统，是人类一个伟大的发明。

阴阳五行学说是我国古代人民创造的一种哲学思想，同样是基于阴阳统一与阴阳流转生变的思想。老子说：“道生一，一生二，二生三，三生万物。万物负阴而抱阳，冲气以为和。”(《道德经》第四十二章）其中无疑包含万物是天地阴阳合气而生的思想。气作为构成世界的基本元素，在自然界阴阳相互作用下，产生五行，即金、木、水、火、土；五行相互作用，则产生宇宙万物的无穷变化。阴阳互相对立消长，五行相生相克，万物得以和谐发展。这说明中国人很早就把宇宙看作一个互相关联的整体，天地与人之间有一种深刻的互动关系。人们在经验的基础上把这种对称和对立的联系渐渐总结概括为阴阳五行学说，并借助这些基本要素及其他一些由此而生的次要关系把宇宙组成一个统一的整体。

相关链接

五行学说

中国古人认为，金、木、水、火、土是构成物质世界所不可缺少的最基本物质。这五种最基本物质之间相互依存、相互制约的运动变化构成了物质世界（如图2-5所示）。对于阴阳五行，古人都是用生命的活性来加以理解，并用来说明活生生的事物。中国古代的天文学、气象学、化学、算学、音乐和医学等，都是在阴阳五行学说的协助下发展起来的。

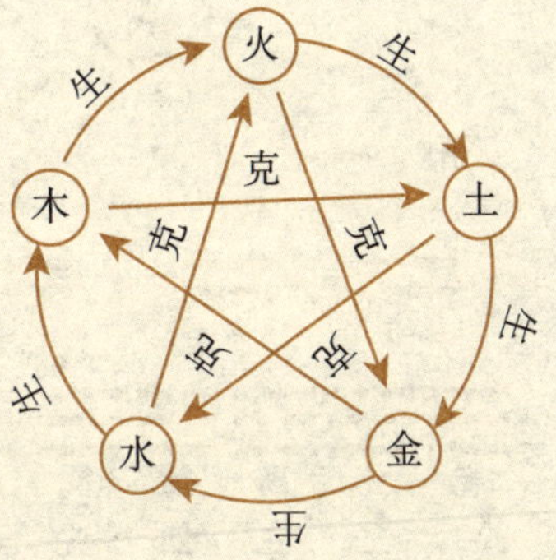

图 2-5　五行学说。五行是中华民族创造的哲学思想，多用于哲学、中医学和占卜方面。五行学说是中华文化重要组成部分

阴阳五行学说是中华传统文化的重要体系之一，是中国古代解释自然界阴阳两种物质对立和相互消长的理论根据及说明世界万物起源和多样性的哲学概念依据。其核心在于这样一个公式：天道（气）生阴阳，阴阳成五行，五行变化成万物，而万物的存在方式和相互关系一直在追求一种“和谐”。这是中国传统的宇宙观，也是中国古代美学思想的根本精神。它对中国社会生产生活与思想文化的方方面面都产生了深远的影响，如中国的医学、美学、艺术等；也得到西方学者的尊重与肯定，如莱布尼茨发明“二进制”，荣格发

现“共时性原理”等，都受到阴阳五行学说的影响。这说明，中国的阴阳五行学说为人类社会的发展做出了重大贡献，显示出中国古代先哲的智慧与思想价值。

相关链接

《易经》——“大道之源”

《易经》，亦称《周易》，是中国古代哲学书籍，被誉为“大道之源”“群经之首”。其内容极其丰富，对中国几千年来的政治、经济、文化等各个领域都产生了极其深刻的影响。《易经》为周初周人所作，广义的《易》包括《易经》和《易传》。

《易经》分为《上经》三十卦和《下经》三十四卦，普遍认为其最初是占卜用书。由于《易经》成书很早，大约在西周时期，而文字含义随时代演变，《易经》的内容在春秋战国时便已不易读懂，因此春秋战国时代的人（孔子为代表人物之一）撰写了《十翼》，又称《易传》，以解读《易经》。《易经》的影响遍及中国的哲学、宗教、医学、天文、算术、文学、音乐、艺术、军事和武术。自17世纪开始，《易经》被介绍到西方。《易经》卦图如图2-6所示。

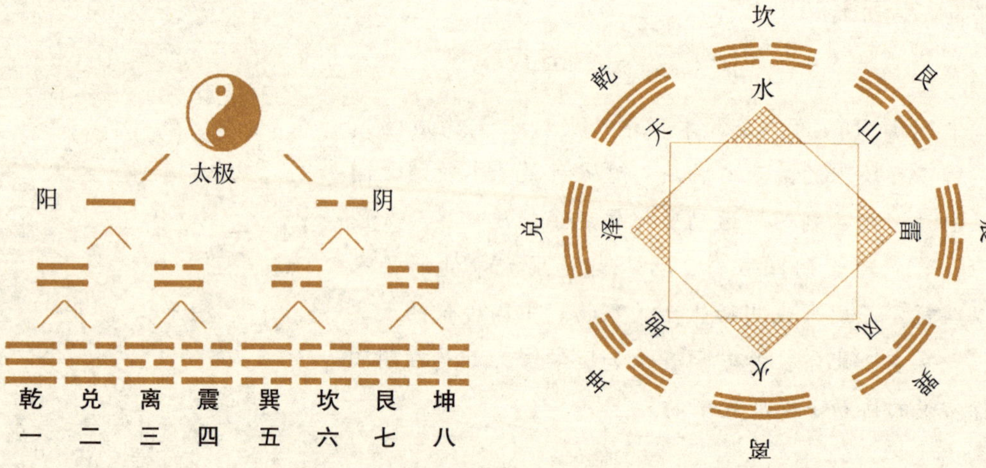

图2-6 《易经》卦图，按照一定的规律演化，在阴阳的变化中阐述哲学思想，对中华传统文化具有很大的影响和指导意义

第四讲　知行合一：认知实践统一意识

在中国传统哲学中，“知”属于认识问题，“行”则大致相当于实践问题。中国古代哲学中最早出现的关于知行关系的论述出自《尚书》。《尚书·说命中》记载了殷高宗武丁与

其大臣傅说的一段对话，其中傅说提出了如下一则命题："非知之艰，行之惟艰。"意思是知不难而行难。后来《尚书》成为儒家重要经典之一，这一"知易行难说"自然就对中国哲学乃至整个思想文化界产生了巨大影响。先哲们"知易行难"的观点强调，认识一件事情、懂得一个道理并不困难，难就难在能否将它落实到行动中去。这显然是一种朴素而又可贵的知行观，也曾被形象地称为"读万卷书，行万里路"。

一、知行相须

"知行常相须，如目无足不行，足无目不见。"（《朱子语类》卷九）朱熹认为，知和行犹如有眼无足不能走路、有足无眼看不见路，既相互依赖，又相互促进。古代先贤在探讨知行关系时就认为，知和行是一回事，不能分为"两截"。孔子说真正的君子从来都是"耻其言而过其行"（《论语·宪问》），故他主张少说多做、说到做到，"讷于言而敏于行"（《论语·里仁》），"言之必可行"（《论语·子路》）。荀子说："不登高山，不知天之高也；不临深溪，不知地之厚也。"（《荀子·劝学》）意思是说，人们如果长期从事于某一专门的实践活动，经验积累得多了，知识就会变得很丰富，从而成为专家。

在哲人们看来，"读万卷书"即广博地学习前人所积累的知识，特别是研习圣贤之说很重要，如孔子年轻时读书就极其刻苦勤奋。求知从博览群书开始，实不失为合理之举，因为以个人有限的精力，万事之理是不必也不可能一一亲身发现与经历的。因而，通过博览群书学习已有的知识、学说，并在研究、借鉴、评说前人的基础上，有心得、有见解、有创新，从而自成一家之言。

古代哲人们同时认为，仅仅读书是不够的。博览群书之后，还必须进入践行的阶段，亦即游遍各地，亲见、亲历、亲行，这在古代哲人那里常被称为"游学"。游学在很久以前就成为读书人的传统，例如：孔子曾周游列国；孟子闭门读书多年之后也周游各国，成为当时有名的游士；墨子、荀子也曾四处游学；汉代的司马迁更是在苦读十年之后，背起行囊遍游天下，久不思归。在古人看来，游学的益处不仅在于可亲见亲历、增长见识，而且可以在游历中将自己的知识和学说施之于"行"。所以孔子、孟子、荀子都有游说列国的经历，他们极力劝说君主采纳自己的政治学说，以使自己的政治抱负在济世救民的实践中得以施展。可见，游学既可获得新知识，又可验证学来的间接知识，更重要的是还有机会在实际生活中推行自己的见解与学说。无怪乎古人要特别强调"行万里路"了。

相关链接

纸上得来终觉浅，绝知此事要躬行

南宋诗人陆游有一首教子诗《冬夜读书示子聿》："古人学问无遗力，少壮工夫老始成。纸上得来终觉浅，绝知此事要躬行。"这是一首哲理诗，饱含了诗人深邃的教育思想理念，寄托了诗人对子女的殷切期望。诗人就知识的获取，从两方面谈了自己的看法：一是要花气力，二是“要躬行”。诗中表达的思想不仅是冬夜读书的体会，更是诗人勤奋学习的经验总结。

二、知行一致

在中国古代哲人那里，知行合一中的“知”除了一般的读书求知之外，更重要的是特指德性之知。《易经》在教人做君子的言论中提出“主宰处是知，发用处是行。知即乾知大始，行即坤作成物”的观点。这就是说，这种“知”更多的不是向外求诸自然的科学认知，而是向内心处做德性之知，古代哲人强调读圣贤书的缘由亦在于此。因为圣贤往往是德性崇高之人，读圣贤书就是追求德性之知的过程，这一文化传统集中体现在孟子的如下一句名言之中：“学问之道无它，求其放心而已矣。”（《孟子·告子上》）可见在孟子看来，追求知识没有别的途径，唯一的方法就是在人生实践中“求其放心”，即把因物而迷失了的“心”找回来。因此，注重“心”的修养，几乎成为传统认识论和知行合一观最重要的和永恒的主题。在宋明理学那里，“知行一致”更是“德性之知”。孔子还把能否做到言行一致，视为在道德上划分“君子”与“小人”的重要标准，把言行一致看作一种对“君子”的德性要求。孔子的这一言行观，显然有其认识论上的积极意义。这是因为，言行关系问题归根结底就是知行关系问题。言行不一，正是知行关系脱节的具体表现。孔子要求言行相一致，也就是在谋求知和行的统一。

中国古代哲学家认为，不仅要认识（“知”），还应当实践（“行”），只有把“知”和“行”统一起来，才能称得上“善”。王阳明极力反对道德教育上的知行脱节及“知而不行”，突出地把一切道德归于个体的自觉行动，这是有积极意义的。因为从道德教育上看，道德意识离不开道德行为，道德行为也离不开道德意识，二者互为表里，不可分离。知必然要表现为行，不行不能算真知。道德认识和道德意识必然表现为道德行为，如果不去行动，不能算是真知。王阳明认为，良知，无不行，而自觉的行，也就是知。这无疑是有其深刻之处的。

知行合一的哲学传统对中华文化的影响集中在“内圣外王”的做人思想方面。“内圣外王”是儒家推崇的最理想的做人方式，“内圣”即在内心修养上要学习古代圣贤，这主要是学与知的过程，而“外王”则是指先以自己修养所达到的内心德性去推己及人，再躬身践行推广至整个社会，使全社会都达到“王道”的理想境界。中国古代哲人提出并倡导的“内圣外王”的做人理想，其积极之处在于把人的修养与国家、社会的发展统一了起来，因而在知行合一的基础上，其倡导的是一种刚健有为、自强不息的入世践行精神。儒家这一“内圣外王”的做人方式，几千年来已经深深扎根于我们民族的精神意识中，至今仍对中国人的人生、思想和追求产生着积极深远的影响。

三、理性实践

“践行说”是中国古代哲学的一大传统。在这一理论看来，追求虚无缥缈的“元神不灭”、灵魂永存的“神道”是不明智的。以中国古代哲人的理解，“立德”“立功”“立言”之三不朽中，“德”指的是个人道德品格方面的价值，像屈原、岳飞、包拯、文天祥一类的人，忠信精诚、品格高尚，不仅受到当时人们的景仰敬爱，更让千百年后的人们怀念崇敬，这便是立德的不朽；“功”指的是为国家、为百姓建功立业，像唐宗宋祖、一代天骄成吉思汗，他们开辟新天地，为历史谱写了新篇章，从而为子孙后代造福，这是立功的不朽；“言”则是指言论著作，像《诗经》三百多篇中许多无名诗人留作，像司马迁写《史记》，像曹雪芹写《红楼梦》，这是立言的不朽。可见，中国传统的多种“不朽说”不问人死后灵魂是否存在，只问他的人格、思想、事业有没有永久存在的价值。因此，“不朽”就是通过践行的创造活动给后人留下物质或精神财富，从而被后人景仰、效仿、纪念，而一个人生命的价值也就在这个理性实践的途径中得到了最终，也是最崇高、最完美的体现。

中国古代关于生命通过践行而使自己走向不朽的学说，对中华民族的历史产生了极为积极的影响。中国古代的圣人贤者孜孜以求的莫不和追求生命之“三不朽”相关。中华民族史上那些英名永存的人，如老子、孔子、屈原、司马迁、李白、杜甫、苏轼、文天祥、李世民、成吉思汗，以及严复、康有为、孙中山等，无不是以其独特的创造和不懈的奋斗精神，或立德，或立功，或立言，或兼而有之，而使自己的生命永垂不朽的。中国古代这一通过践行走向不朽，而不追求虚无的灵魂不灭的人生观理论至今仍有积极意义。置身21世纪的今天，它仍可以激励我们为中华民族的伟大复兴励精图治、艰苦创业。

本章小结

贵和尚中的和谐意识，具体包含“以和为贵”“和而不同”“执两用中”等层面，几千年来深深影响着中国的艺术文化、社会生活、政治理念、对外交往等各个领域，早已扎根于中国人民的潜意识中，对其认知、实践、学习等各方面始终具有或显或隐、或深或浅的影响。

天人合一的可持续发展意识，体现着中国人对于自然的敬畏之心，对人发现、掌握、利用自然规律的思考，对人与自然和谐统一的强调。新时代中国生态文明观中对可持续发展的强调，亦是天人合一思想在当下的生动体现。

阴阳变易的对立统一意识，是中国古代的辩证法思想，其理论体系朴素而深刻。在中国传统哲学观念中，阴阳代表一切事物最基本的对立关系，是人们认识事物的基本法则。太极八卦、阴阳五行，是中国古代神秘而伟大的发明，体现着中国人对于世界万物起源和发展的哲学认识和理性思考。

知行合一的认知践行统一意识，是中国人对思想与物质、认知与实践关系的探讨成果，也是中国人始终信奉的学习、成长路径。知行相须、知行一致、理性实践，不仅强调知识与实践的统一，更强调品德与行为的一致，知行合一方为“善”。

拓展延伸

（1）梁启超说：“君子自励犹天之运行不息，不得有一暴（曝）十寒之弊，学者立志尤须坚忍强毅，见义勇为，不避艰险。”“君子接物，度量宽厚，犹大地之博，无所不载。责己甚厚，责人甚轻。名高雍容，望之俨然，即之温然。”

作者简介：梁启超，中国近代思想家、政治家、教育家、史学家、文学家，戊戌变法（百日维新）领袖之一、中国近代维新派、新法家代表人物。

（2）《孟子》选读。

孟子曰：“人皆有不忍人之心①。先王有不忍人之心，斯②有不忍人之政矣。以不忍人之心，行不忍人之政，治天下可运之掌上③。所以谓人皆有不忍人之心者，今人乍见孺子④将入于井，皆有怵惕恻隐⑤之心。非所以内交于孺子之父母也，非所以要誉⑥于乡党朋友也，非恶其声而然也。由是观之，无恻隐之心，非人也；无羞恶之心，非人也；无辞让之心，非人也；无是非之心，非人也。恻隐之心，仁之端⑦也；羞恶之心，义之端也；辞让之心，礼之端也；是非之心，智之端也。人之有是四端也，犹其有四体⑧也。有是四端而自谓不能者，自贼者也⑨；谓其君不能者，贼其君者也。凡有四端于我者，知皆扩而充之矣，若火之始然⑩，泉之始达。苟能充之，足以保四海；苟不充之，不足以事父母。（《孟子·公孙丑上》）

孟子曰：“口之于味也，目之于色也，耳之于声也，鼻之于臭⑪也，四肢之于安佚也，性也，有命⑫焉，君子不谓性也。仁之于父子也，义之于君臣也，礼之于宾主也，智之于贤者也，圣人之于天道⑬也，命也，有性焉，君子不谓命也。”（《孟子·尽心下》）

【注释】

①不忍人之心：怜悯心，同情心。②斯：连词。那么，就。③运：运行，转动。运之掌上：在手掌上转动。全句的意思是：治理天下就像在手掌上转动东西那么轻松。④乍（zhà）：忽然，突然。孺子：幼童。⑤怵（chù）惕：恐惧。恻隐：哀痛。⑥要：求。誉：声誉，名节。⑦端：方面。⑧四体：四肢。⑨贼：对敌人的统称。全句的意思是：拥有这样四个方面的优点还认为自己不行的人，是自我蔑视的人。⑩然：通“燃”。⑪臭（xiù）：气味。文中特指芳香的气味。⑫命：命运。⑬天道：天意，天理。

经典领航

多言数穷，不如守中。

——《习近平在中央经济工作会议上的讲话》等文中引用

■ **解读**

“多言数穷，不如守中”是习近平总书记多次引用的一句话。其中体现出的治理思想是，政令不在多、更不在繁，而是需要保持稳定、保持定力，才能做到“蹄疾而步稳”。习近平总书记要求领导干部提升辩证思维能力，即承认矛盾、分析矛盾、解决矛盾，善于抓住关键、找准重点、洞察事物发展规律。正如面对我国经济增速换挡期、结构调整阵痛期、前期刺激政策消化期“三期叠加”的状态，只有一分为二看问题、多个角度想事情，才能避免“盲人摸象”，把握改革大势。中央冷静观察、从容应对，坚持宏观政策要稳、微观政策要活、社会政策要托底的思路，换来了增长、就业、物价稳中向好，速度、结构、效益同步改善。政令过于烦琐、具体，就可能陷入穷于应付千变万化实际情况的局面，应对的方式是“守中”——守住底线、守住原则、守住根本，才能万变不离其宗，最终以不变应万变。

■ **原典**

天地不仁，以万物为刍狗；圣人不仁，以百姓为刍狗。天地之间，其犹橐籥乎？虚而不屈，动而愈出。多言数穷，不如守中。

——《道德经》第五章

■ **释义**

“多言数穷，不如守中”出自《道德经》第五章。“多言”，指政令繁多。“数穷”，指屡次失败。“守中”，指持守虚静。

老子通过“刍狗”“橐籥”（tuó yuè）两个比喻来阐释这一道理。刍狗指古代祭祀时用草扎成的狗，祭祀完就把它扔掉或烧掉。刍狗作为祭品，人们对它并无爱憎。橐籥指风箱。老子认为，天地没有偏爱，对待万物就像对待刍狗一样，全凭万物自然生长；圣人没有偏爱，对待百姓也像对待刍狗一样，全靠百姓自作自息。天地之间，岂不像一个大风箱吗？它空虚而不枯竭，越鼓动风就越大，生生不息。因此，政令繁多却屡遭失败，还不如虚静无为。

在这一点上，老子与孔子似乎有诸多相似之处。孔子认为君子应“讷于言而敏于行”，甚至主张“一言以兴邦”“一言以丧邦”，将言论提升至关乎国计民生的高度。孔子是从“有为”角度出发，老子所谈的却是“无为”，主张为政不在言多，其所说的“守中”的“中”，通“冲”，指内心的虚静，不是儒家的中正、中庸、不偏不倚。

资料来源：中国共产党新闻网.《习近平用典》辩证篇 [EB/OL].[2015-03-17]. http://theory.people.com.cn/n/2015/0317/c394175-26702926-2.html.

学思之窗

活动设计

活动主题：我们应怎样辩证看待《易经》？

开展形式：课堂汇报讨论。

组织形式：请按6人一组开展网络资料查询。收集资料结束后写出观点论证，每组派出一名代表以PPT形式汇报观点论证结果，分析怎样才能既要看到《易经》的精华，也要摒弃它的糟粕。

观点搜索

1.“中庸”一词的含义在历史语境中已经发生了不少改变。例如：孔子所理解的“中庸”其实是一种至高无上的美德，而现在不少人认为“中庸”是折中、软弱、保守、明哲保身、不思进取等的代名词。请你上网查阅相关文献和材料，了解中国古代思想家对“中庸”都有哪些不同的理解，了解“中庸”思想的演变过程。

2.结合当前社会案例，谈谈贵和尚中、天人合一、阴阳变易思想对我们的影响。

阅读推荐

阅读傅佩荣的《国学与人生》，从中你能读出哪些对自己学习、生活和做人有益的启示？

第三章 美德与修为

教学目标

知识目标： 了解几千年来中华民族普遍认同和广泛接受的道德规范、思想品格和价值取向，了解中华传统美德在中华传统文化中的重要地位。

能力目标： 学习、践行中华传统美德，提升辨别是非、善恶、美丑的能力，能够自觉运用中华传统美德来指引、约束自己的行为，抵制社会上的不正之风。

素质目标： 通过学习中华传统美德，提高自身的人格修养，养成热爱祖国、孝敬父母、尊敬师长、友爱同学、礼貌待人、勤俭节约、明礼诚信的行为习惯和道德品质。

导学提示

中华传统美德，是指中国五千年历史流传下来的具有影响、可以继承，并得到不断创新发展、有益于下一代的优秀道德遗产。中华传统美德是以中国文化典籍为思想基础抽象概括出来的，是中华文化的思想精华，不仅反映了中华民族的精神风貌，折射出中华民族的民族精神，更是成为人们行动的思想和道德指南。它标志着中华民族的“形”与“魂”，是中国人民两千多年来处理人际关系、人与社会关系和人与自然关系的实践结晶。认真研讨中华传统美德，不仅有助于我们把握传统文化的类型和特质，对于建构具有现代意识的思想文化体系也有着重大的现实意义。当前，人类所面临的诸多问题，都可以从中华文化的思想观念和道德传统中找到解决的答案。

引例导入

我善养吾浩然之气

“敢问夫子恶乎长？”①

曰：“我知言，我善养吾浩然②之气。”

“敢问何谓浩然之气？”

曰：“难言也。其为气也，至大至刚，以直养而无害，则塞于天地之间。其为气也，配义与道；无是，馁也。是集义所生者，非义袭而取之也。行有不慊③于心，则馁矣。我故曰，告子④未尝知义，以其外之也。必有事焉而勿正⑤，心勿忘，勿助长也。无若宋人然：宋人有闵⑥其苗之不长而揠⑦之者，芒芒然⑧归，谓其人⑨曰：‘今日病⑩矣！予助苗长矣！’其子趋而往视之，苗则槁矣。天下之不助苗长者寡矣。以为无益而舍之者，不耘⑪苗者也；助之长者，揠苗者也，非徒无益，而又害之。”

“何谓知言？”

曰：“诐辞⑫知其所蔽，淫辞⑬知其所陷，邪辞知其所离，遁辞⑭知其所穷。生于其心，害于其政；发于其政，害于其事。圣人复起，必从吾言矣。”

【注释】

①这一段节选于公孙丑与孟子的对话。问这句话的是公孙丑。②浩然：盛大而流动的样子。③慊：快，痛快。④告子：名不详，可能曾受教于墨子。⑤正：止。“而勿正”即“而勿止”。⑥闵：担心，忧愁。⑦揠：拔。⑧芒芒然：疲倦的样子。⑨其人：指他家里的人。⑩病：疲倦，劳累。⑪耘：除草。⑫诐（bì）辞：偏颇的言辞。⑬淫辞：夸张、过分的言辞。⑭遁辞：躲闪的言辞。

知识精讲

第一讲　正心修身：修养的途径

《大学》中有这样一段著名的文字：“大学之道，在明明德，在亲民，在止于至善。知止而后有定，定而后能静，静而后能安，安而后能虑，虑而后能得。物有本末，事有终始，知所先后，则近道矣。古之欲明明德于天下者，先治其国；欲治其国者，先齐其家；欲齐其家者，先修其身；欲修其身者，先正其心；欲正其心者，先诚其意；欲诚其意者，先致其知，致知在格物。物格而后知至，知至而后意诚，意诚而后心正，心正而后身修，身修而后家齐，家齐而后国治，国治而后天下平。自天子以至于庶人，壹是皆以修身为本。”这段话充分体现了儒家的修养理想，充分揭示了“修身为本”的“本”，就是要达到“修、齐、治、平”这样一种道德境界。修身在中华传统文化中占据重要地位，历代志士仁人，都把“修、齐、治、平”作为毕生追求的政治理想和道德理想。儒家道德修养论中所强调的个人道德修养在提高个人道德素质方面的作用的思想，以及在改善社会道德风气状况方面的作用的观点，都是值得认真继承的。道德修养是一个过程，道德良心的培育也是一个过程，没有一劳永逸的“一揽子”解决办法。古人说的“活到老，学到老”，主要不是指学习知识，而是指进行道德修养和道德磨炼。

一、淡泊明志

每个人在成长过程中都会或多或少地遇到逆境、挫折，会有失败，也会有悲伤和痛苦。这些不幸的遭遇，往往会超出一般人的承受能力，如何才能经受这些严峻的考验，渡过难关，最关键的不是靠外力的支持，而是靠自身的修养。中国古人给挫折与失败开出的药方之一，就是必须具备淡泊明志的美德。

图 3-1　诸葛亮“淡泊明志，宁静致远”的名句，被古代很多知识分子奉为座右铭

“淡泊明志”语出诸葛亮（如图 3-1 所示）的《诫子书》，意为恬静寡欲，志向远大。其原句为：“夫君子之行，静以修身，俭以养德。非淡泊无以明志，非宁静无以致远。”此后历代文人志士常以此语鞭策自己，鼓励别人。淡泊明志成为我国古代道德伦理、传统文化的重要内容，也是人们进行道德修养教育的重要方面。诸葛亮的《诫子书》还认为，俭与淡泊，是一种恬淡寡欲而又俭朴的生活方式，只有心境安定冷静才能思虑深远。“远”就是实现理想抱负的远见卓识，只有恬淡俭朴的生活方式才能砥砺人的志趣。“志”就是建功立业的大志。诸葛亮的这一思想对后世的影响极大，直至今天，人们仍常将“淡泊以明志，宁静以致远”书写悬挂于房中，或置于书桌上，作为自己的座右铭。

“淡泊明志”是我国儒家推崇的“安于贫而乐于道”的思想品德的继承与发展。孔子称赞他的得意弟子颜回说：“一箪食，一瓢饮，在陋巷，人不堪其忧，回也不改其乐。贤哉，回也！”（《论语・雍也》）东汉郑玄注曰：“贫者人之所忧。而颜渊志道，自有所乐。”东汉有位杨彪，史传说他“安贫乐道，恬于进趣，三辅诸儒莫不慕仰之”。他们为了自己的信念，不戚戚于贫贱，不汲汲于富贵，在历史上留下了美名。然而这种远离人世、甘于寂寞清贫的主张在社会潮流面前，很容易引发人们的厌世心绪。诸葛亮的“淡泊明志”则不然，他发展了儒家这一思想的积极成分，化消极为进取，淡泊之中怀有大志，清贫之中向往奉献。淡泊明志的可贵之处在于，不仅要求人们做到不图名、不争利、不贪享受，而且要怀有宏伟远大的抱负、坚忍不拔的毅力、忠贞不渝的赤诚，以至达到“先天下之忧而忧，后天下之乐而乐”的崇高境界。

相关链接

淡泊明志的徐霞客

受人尊敬的明代大学者徐霞客，曾不时有人劝他去做官，但他不为仕途利益所惑，全身心在探求学问、考察地理，三十余年如一日，“不避风雨，不惮虎狼，不计程期，不求伴侣”“旅泊岩栖，忍饥耐寒”，求科学、求真理的志向始终不变，终于写出了“天下第一奇书”——《徐霞客游记》。

古往今来，众多的学问家都是淡泊明志的。这些人对个人的名利常常采取漠然冷淡和不屑一顾的态度，而把自己的主要精力放在对理想、事业的追求上。身处五光十色的大千世界，有着各式各样的名利诱惑炫人耳目，要做到淡泊明志很不容易，所以更要加强自己的道德修养，更需要把古人淡泊明志的闪光理想发扬光大。我们要以贤明的诸葛亮、有志的徐霞客为榜样，求清泊而不求利禄，有大志而不虚度年华。只有这样，才不会在熙熙攘攘的名利追逐中浑浑噩噩地了却一生。个人心境的淡泊、志向的确立，要在磨炼中获得。不论是顺境还是逆境，不论在贫穷中还是在富贵中，都能做到不贪名利，不被环境所牵，做一个淡泊明志的聪明人。

二、克勤克俭

中华民族是世上最勤劳的民族之一，我们的祖先用辛勤的劳动修筑了万里长城、大运河、都江堰等伟大工程。在中华文化历史上，流传着许多用劳动征服大自然的扣人心弦的故事。中国古人早就认识到“赖其力者生，不赖其力者不生”的真理。

克勤克俭是一种美德。勤俭美德有两层含义，一是勤劳，二是节俭。只要是崇尚勤奋、劳作的人，就必定会珍惜来之不易的劳动成果，从而崇尚有节制的、朴素的生活方式；而凡是崇尚有节制的、朴素的生活方式的人，也必然深知衣食日用之艰辛，因而也定会崇尚勤奋、劳作的美德。“锄禾日当午，汗滴禾下土。谁知盘中餐，粒粒皆辛苦”讲的就是这样的道理。

热爱劳动是立身、安家、兴邦的根本。古往今来，从较明智的最高统治者到普通老百姓，往往都能认识到，只有勤勉敬事，家才能兴，国才能立。这大概就是《左传》强调的“民生在勤，勤则不匮”，就是墨子（如图 3-2 所示）强调的“赖其力者生，不赖其力者不生”。

古代劳动人民非常重视劳动。中华民族崇尚“勤”的一个根本动因，就是希望通过自己的奋斗，改变不尽如人意的自然与社会环境，以求得一个理想的世界。因此，“勤”就不只是一般的劳作，而是包含着更深刻的意义，即为理想而奋斗。如《尚书》中的“德日新，万邦惟怀”“无怠无荒，四夷来王”等，表达的都是同样的思想。同时，古代劳动人民也认为只有真正经受得住吃大苦、耐大劳考验的人，才算得上具有勤劳美德品质的人。《论语》当中讲的“尽力沟洫”，《庄子》当中讲的“栉风沐雨”等，赞美的就是这样的人。

图 3-2　墨子，战国时期著名思想家，墨家学派创始人。主要代表农民、小手工业者、小商人的利益和思想，重视劳动技能培养，主张节用

在古代生产力水平十分低下的条件下，人们维持生计尤为困难。因此，要实现国强民富、国泰民安的理想，既要靠人们的勤奋劳作，也要靠人们树立一种有节制的、朴素的生活态度。我国古人对节俭美德的这种优良品德，是有很深刻的理解的。

节俭，自古以来就是君子修身、齐家、治国的传统美德之一。《左传》中说：“俭，德之共也；侈，恶之大也。”意思是说，节俭，是善行中的大德；奢侈，是邪恶中的大恶。《尚书》对一国之君的要求是：“克勤于邦，克俭于家。”意思是说，在国事上要勤劳，在家庭生活中要节俭，我国古代的圣贤之君都是这样做的。诸葛亮在《诫子书》中说，“静以修身，俭以养德。”意思是说，节俭需要首先克制自己的欲望和贪念，这样才能保持节操，培养德行，所以自古有德之士都推崇“俭以养德”。节俭不仅是为人之德，还是一种很重要的为官之德。

相关链接

敬姜教子

春秋时期，鲁国大夫公父穆伯的妻子敬姜教导儿子公父文伯的故事，就很值得一提。公父文伯有一天退朝回家，看见他的母亲敬姜正在纺麻，就说，像我们这样的人家，主人怎么还能纺麻呢？敬姜听后叹气说，让你这样不懂为官之道的孩子做官，鲁国怕是要亡国了。敬姜接着说了一段非常有名的话：“民劳则思，思则善心生；逸则淫，淫则忘善；忘善则恶心生。”意思是说，人民勤劳就会想到节俭，想到节俭就会产生善良的心；安逸了就会纵欲放荡，纵欲放荡就会忘记善，忘了善良就会生出坏心肠。这则故事出自史书《国语》，后又以《敬姜论劳逸》为题，被清朝人选入《古文观止》一书，所以流传得非常广泛。

节俭不仅是一种美德，有时候还能使人避免危难，这就是《易经》中所说的“君子以俭德辟难”。其中的深意在于：一方面，简朴的德行能够防止奢靡、腐化等行为；另一方面，在面临危险时，简朴的德行有助于摆脱危险。在《红楼梦》第十三回中，秦可卿临死前托梦于王熙凤说道：“趁今日富贵，将祖茔附近多置田庄房舍地亩。以备祭祀供给之费皆出自此处，将家塾亦置于此。合同族中长幼，大家定了则例，日后按房掌管这一年的地亩，钱粮，祭祀，供给之事。如此周流，又无争竞，亦不有典卖诸弊。便是有了罪，凡物可入官，这祭祀产业连官也不入的。便败落下来，子孙回家读书务农，也有个退步，祭祀又可永继。”以告诉王熙凤“盛极必衰，月满则亏”的道理，指出贾府气数将尽必将衰败，提醒王熙凤居安思危，尽早预备衰败后的事宜，并具体指出了可行的措施。

节俭是中华民族几千年来一直提倡并保持下来的传统美德，深深影响所有中国人的行为。在我国，不仅诸子百家的经典和思想学说中强调倡廉戒贪、崇俭反奢，具有这类道德意蕴的箴言铭语、诗词歌赋、戏曲说唱、小说故事、笔记杂著、门楹额匾、堂联条幅、碑帖字画及俚俗谣谚等，更是历代多有，俯拾皆是。即使在物质财富相对丰富的今天，戒奢从简仍是我们必须崇尚的道德修养。只有具备这一美德，才能不为物欲所羁绊。纵观古今，正是这样的道德文化氛围陶冶了一代代善良百姓和志士仁人。

三、文质彬彬

《论语·雍也》中说：“质胜文则野，文胜质则史。文质彬彬，然后君子。”这句话被后人归纳为中华传统美德之一，即文质彬彬。古人把文质彬彬作为衡量一个人是否具备君子品德的重要标志。

文质彬彬是一种内在真诚和外在礼貌的结合。每个青年人迈向社会，走上人生的旅途，都希望自己成为一个受人尊重的人，这就需要通过加强修养，使自己成为一个文质彬彬的人。要做到文质彬彬，就要有举止文雅、态度谦虚和雍容大度的气质，就要克服粗野、冷漠、骄横的俗气。文质彬彬是内在美和外在美的和谐统一，因而它是一个人思想意识、道德修养、知识水平、身体素质的综合表现。

文化修养是文质彬彬的要素。“质胜文则野”，这里的“野”字，指的是粗野之人，没有文化之人。在“文质彬彬”这一成语中首先强调的是“文”字。没有文化就没有文质彬彬，缺少文化就难以达到文质彬彬。知识丰富是文质彬彬的基础。《论语·颜渊》中说：“君子博学于文，约之以礼，亦可以弗畔矣夫！”就是指君子广博地学习书本上的知识，用行动规范加以约束，就可以不违背大道了。三国时期统兵打仗的将军诸葛亮，知识渊博，人们仍认为他是文韬武略的儒将。

语言文雅是文质彬彬的表露。文质彬彬的人说话文雅、和气、热情、谦逊，给人以善良、坦诚、美好之感。正如唐代大诗人白居易所说：“感人心者，莫先乎情。”

相关链接

美丑与品德

《庄子·山木》中有这样的故事：阳子到宋国，住在旅店里。店主有两个妾，一个长得丑陋，一个长得漂亮。阳子发现那位丑陋的女子受到尊重，而那位漂亮的女子却受到鄙视。阳子问明原因后方知，长得丑的之所以受到人们的尊重，是因为她的品德好。

文质彬彬是一种内在的真诚和外在的礼貌相结合的气质，在实践中培养自己文质彬彬的气质和风度，一言一行都要讲究礼仪，从而表现出高度的文明与道德。礼仪在中国的道德传统中有很重要的地位。中国素称礼仪之邦，就是因为在中华文化几千年的发展中，形成了注重礼仪的优秀传统。孔子说，治国的正道应该是“道之以德，齐之以礼”。道之以德，就是要进行道德教育，使百姓明白是非善恶，具体来说，这个德就是仁。齐之以礼，就是以礼制、礼仪来规范人们的行动。在这两方面中，道德是人们内心的思想、情感；礼仪则是内在道德情感要求的外在表现形式和实际体现。孔子论证了这二者的关系：每种道德规范，都必须通过一定的礼仪形式来表现，没有一定的礼仪形式，内心的思想、感情就会失去依托，无从表现、不能落实；反过来，礼仪也能够影响人们的思想、感情，加强道德价值观念。

道德与礼仪是相辅相成、缺一不可的两个方面。我们既要有高尚的道德情操、精神追求，又要有文明的礼仪，只有把这两个方面结合起来，才能成为一个道德完美的人。这个要求，也就是“文质彬彬”。文质彬彬讲了礼仪与道德、外在表现与内心思想感情的关系，说明一个人必须表里兼修，做到道德修养与礼仪表现相统一。

四、浩然正气

孟子曾这样解释浩然之气：“其为气也，至大至刚，以直养而无害，则塞于天地之间。其为气也，配义与道；无是，馁也。是集义所生者，非义袭而取之也。行有不慊于心，则馁矣。”意思是说，浩然之气最宏大最刚强，用正义去培养它而不用邪恶去伤害它，就可以使它充满天地之间。它与仁和义相配合辅助，不这样做，浩然之气就会像人得不到食物一样疲软衰竭。浩然之气是由正义在内心长期积累而形成的，而不是通过偶然的正义行为获取的。自己的所作所为有不能心安理得的地方，则浩然之气就会衰竭。对于孟子说的浩然之气，曾有一首长诗做出过生动的文学描绘，这就是满身正气的民族英雄文天祥写的《正气歌》。诗中写道：“天地有正气，杂然赋流形。下则为河岳，上则为日星。于人曰浩然，沛乎塞苍冥……”意思是说，浩然之气寄寓于宇宙间各种不断变化的形体之中。在大自然，便是构成日月星辰、高山大河的元气；在人间社会，天下太平、政治清明时，便表现为祥和之气；而在国家、民族处于危难关头时，便表现为仁人志士刚正不阿、宁死不屈的气节。社会秩序靠它维系而得以长存，道义是它产生的根本。

相关链接

“大丈夫”的来历

孟子的浩然之气实质就是一种内在的气节力量，而拥有这种浩然之气的人被称为“大丈夫”。孟子解释“大丈夫”的含义时说：“富贵不能淫，贫贱不能移，威武不能屈，此之谓大丈夫。”意思是说，不被富贵所迷乱，不因贫贱而改变志向，不屈从权势和武力，这样才称得上大丈夫。这种气节和力量就是我们今天讲“男子汉大丈夫”的文化内涵和价值依据。

孟子所说的浩然之气，是刚正之气，是人间正气，是大义大德造就的一身正气。作为一种崇高的美德，气节一直是古代思想家推崇的精神力量。孟子认为每一个人都有浩然之气，都有自己的内在价值。这个内在价值不是别人给予的，而是每个人生来就有的。内在价值的内容就是道德意识。浩然正气就是人的内在价值的重要发挥。它主要包括三个方面：

一是尊严。孟子讲过两句话：“所欲有甚于生者”，意为我所要求的有比生命更宝贵的，即人格尊严；“所恶有甚于死者”，意为我所厌恶的有比死亡更讨厌的，即丧失人格。这两句话正是注重人格尊严和内在价值的表现。坚持人格尊严，一方面要坚持自己的人格尊严，不能受别人的侮辱；另一方面要尊重别人的人格尊严。这是传统道德的一个基本观点。历史上有不受嗟来之食的故事，即为了保持人格的尊严。

二是正直。“义之所在，不畏艰险；志之所立，百折不回。”人应该有正义感，为了正义应该不顾一切，大义凛然。南宋词人辛弃疾，以“男儿到死心如铁”的不屈意志，在妥协投降派的阻挠、打击下，为收复被金兵侵占的失地奔走、战斗了一生。清代戊戌变法的著名人物谭嗣同，在变法失败后拒绝出走，甘为变法流血牺牲，以“我自横刀向天笑，去留肝胆两昆仑”的正气之歌呼唤后来者的觉醒。

三是忠诚。人应该维护民族和国家的利益。清代民族英雄林则徐在虎门海滩当众销毁鸦片，向全世界显示了中国人民反对外来侵略的坚强决心和英勇斗争精神，沉重打击了外国侵略者。林则徐后来虽被腐败的清政府解职，但他捍卫中华民族尊严的浩然正气永存于天地间。南宋名将岳飞，精忠报国，面对国土的沦陷，决心“从头收拾旧河山”，屡战疆场，大败金兵，最终屈死在风波亭。

中华民族以刻苦耐劳、多才多艺著称于世，同时是追求自由、热爱祖国、反对压迫、忠诚正直的民族。炎黄子孙重气节、脊梁直、骨头硬，古往今来，浩然正气之士灿若群星。他们为人光明磊落，他们的言行与日月同辉，光照千秋万代，教育、激励着无数后人。

第二讲　与人为善：君子最高的德行

与人为善是一种崇高的道德修养，我国人民把它视为君子之美德。正如《孟子·公孙丑上》中所说："君子莫大乎与人为善。"在孟子看来，君子之品行没有再比与人为善更为高尚的了。古代讲道德有一个基本的原则，就是"和谐"，认为人与人之间的关系中最重要的原则就是彼此和谐，"忠孝仁义礼智信"即是和谐的表现。忠、孝、仁、义这四者分别规定了中国传统社会最为重要的四类人际关系：（1）忠，讲处理个人与社会、国家、天下之间关系的道德规范。（2）孝，讲处理家庭生活中各种关系的基本准则。（3）仁，讲人与人之间，尤其是个人与陌生人、上级与下级之间的相处之道。（4）义，讲处理人际关系，尤其是利益关系的道德要求。"和谐"是中国传统社会道德生活的基石。在此基础上，传统道德的规范得以建立和发展。总体而言，这四种传统道德的终极目的可以归纳为四个字：与人为善。

一、尽心谓忠

"忠"是中华传统道德文化里使用频率最高的一个字。《论语》一书中"忠"字一共出现 18 次。何谓忠？《说文解字》说："忠，敬也，尽心曰忠。"应该说，这便是忠的定义。朱熹在《四书章句集注》中解释忠的含义："尽己之谓忠。"都是对"忠"字的理解。

《论语·学而》中，曾子曰："吾日三省吾身，为人谋而不忠乎？"曾子每天都要检查自己数次：为别人谋划办事，是否做到忠诚了呢？这便是早期将忠放到道德规范上的案例。儒家将忠信看作自我修养，使忠成为一种品质，且用它来引导自身的行为。忠，是一种对事对人的应有品德和行为准则，因为它必然要通过人和事才能表现出来。

忠的表现之一，首先是尽自己的一切心力去真诚对待别人，尽心尽力完成别人托付给自己的事。"受人之托，忠人之事。"儒家典籍中有很多描述在日常生活中如何以忠与他人相处的例子，与人交际之忠所涉及的范围主要在夫妻、亲人、朋友之间。孟子曾问齐宣王："有个把自己的妻子、儿女托付给朋友的人出去游玩，回来后，他发现自己的妻子、儿女正在挨饿受冻，对这样的受托人该怎么办？"齐宣王说："抛弃他。"在孟子看来，答应帮助照顾人家妻子、儿女的"朋友"根本没有尽心，使得人家的妻子、儿女挨饿受冻，这就是不忠。

忠还表现在"尽忠职守"，即对职业的恪尽职守。古人认为，每个人在一定的社会环境中都有一份工作，这份工作从本质上而言没有高低贵贱之分。不管这份工作的具体内容是什么，都应尽心尽力。春秋时期，齐国有个权臣叫崔杼，他杀掉齐国国君庄公立景公为国君，这件事被史官知道了，史官就如实记载"崔杼杀庄公立景公"。于是崔杼把史官杀了，史官的弟弟来接替哥哥的工作（春秋时期史官的官位是世袭的）。史官的弟弟也如实记载“崔杼杀庄公”，于是崔杼又把史官的弟弟杀了。史官最小弟弟的又来接替哥哥的工作，也如实记载“崔杼杀庄公”，崔杼不敢再杀下去了，于是这一段历史就留了下来。“史官”三兄弟不畏强权，宁肯身死，也要忠于这一职责，如实记载史实，这就是忠于职守。

忠还有一个重要内容是爱国主义。儒家认为“夫忠兴于身，著于家，成于国”，说明忠一开始就是站在民族和国家利益的高度来构筑道德思想体系的。“位卑未敢忘忧国”“天下兴亡，匹夫有责”也是说为了保卫国家的主权，不惜牺牲自己的生命，这是自古以来就有的传统，“忠”，即对国家、对民族应当有忠心。古代讲“忠”有两层含义：一是忠于君主、国王、皇帝，二是忠于祖国、民族。现在忠君的第一层含义已经没有了，但爱国、对中华民族尽忠，依然是非常重要的。岳飞的“精忠报国”（如图3-3所示）堪称爱国主义的典范。

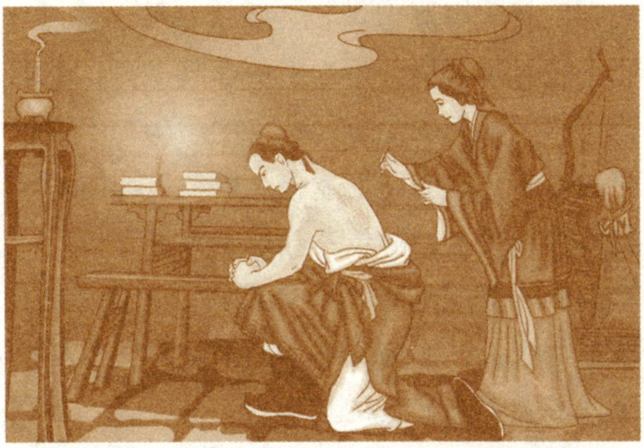

图3-3 南宋名将岳飞“精忠报国”的故事名垂青史

二、孝为人本

我国古代还特别强调“孝”，即对父母尽孝，这也是传统道德的一个重要内容。我国最早的一部解释词义的著作《尔雅》对此下的定义是：“善事父母为孝。”东汉许慎在《说文解字》中解释：“善事父母者，从老省，从子，子承老也。”“忠孝大节”，就是说忠孝是人一生中最重要的节操。“孝”字的书写演变如图3-4所示。

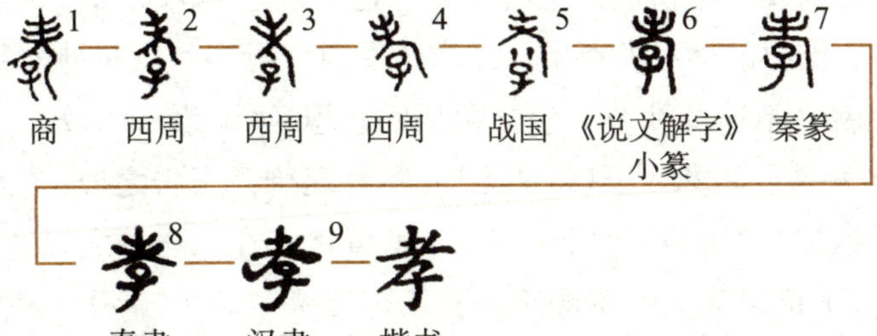

图3-4 从“孝”字的古文写法上看，“孝”字上面是一位老人，下面是一个小孩。整个字的字形像是一个孩子用头承接着老人的手行走

孔子说，孝是为人之本。中华传统美德第一经《孝经》更是把“孝”提到了无与伦比的高度：“夫孝，天之经也，地之义也，民之行也。”中国人提倡孝道，源于儒家对生命创造者的感恩之情与敬畏之心。这一特点决定了中国社会是以家庭（家族）为本位的，而在家庭中最重要的就是父母与子女的关系。孝既是子女对父母的天然情感，也是子女对父母

的责任和义务。古人说："燕雀尚知反哺之恩，而况人乎！"意思是说，连燕雀都知报恩，更何况有理智的人呢？古人在《劝孝歌》中说："百骸未成人，十月怀母腹。渴饮母之血，饥食母之肉。"这句话直白地从十月怀胎、分娩之苦、养育之恩，道出了人无论怎样孝敬父母，都难报答亲恩万分之一的道理。孝敬父母有三个要求：

一是赡养，即儿女对父母应尽赡养之责。《尚书·酒诰》指出："嗣尔股肱，纯其艺黍稷，奔走事厥考厥长。肇牵车牛，远服贾用，孝养厥父母。"意思是说，臣民之所以努力种植各种谷物，是为了侍奉其父兄，农功既毕，牵着牛车把谷物运到远处去交易，也是为了奉养他们的父母。孔子的学生曾子说："往而不可还者，亲也；至而不可加者，年也。是故孝子欲养而亲不逮也。木欲直而时不待也。"(《曾子》)这段话真是有感而发，父母已经不在人世了，再想孝养也不可能了。所以，与其到父母的坟上杀牛祭献，还不如在父母活着的时候用鸡和猪肉来奉养。明代《增广贤文》云："羊有跪乳之恩，鸦有反哺之义。"言下之意是，作为人子，如不能对父母尽赡养之责，那就连禽兽也不如。可见，赡养父母是孝的题中应有之义。

二是敬亲。孝不仅是要赡养父母，使其在衣食住行等物质上达到满意，更是要尊敬父母，使其在精神上得到安慰和愉悦。孔子论孝的时候特别强调要"敬亲"。《论语》记载，学生子游问孝，孔子回答："今之孝者，是谓能养。至于犬马，皆能有养；不敬，何以别乎？"意思是说，现在人们都说孝，就是赡养父母。但你也要养狗、养马，如果不尊敬父母，怎么把这两种养区别开来呢？学生子夏问孝。孔子曰："色难。"在孔子看来，真正的孝，是要求子女在侍奉父母时做到和颜悦色，这才是最难的。《礼记·祭义》中曾子说："孝有三：大孝尊亲，其次弗辱，其下能养。"这就对孝做了三个层次的区别，尊敬父母为最高，不因自己的行为而辱没父母名声为其次，生活上的供养为最基本的要求。由此可见，孝养指的是在物质、经济层面上的赡养，这是最基本的要求，也是必不可少的；孝敬则指的是在精神、情感层面上的尊敬，要求子女对父母多一点精神慰藉。

三是无违，也就是不违背礼节，包含顺从的意思。《论语·为政》记载了孟懿子向孔子请教行孝之道。孟懿子问孝。子曰："无违。"樊迟御，子告之曰："孟孙问孝于我，我对曰'无违'。"樊迟曰："何谓也？"子曰："生事之以礼；死葬之以礼，祭之以礼。"孟子说："不得乎亲，不可以为人；不顺乎亲，不可以为子。"(《孟子·离娄上》)也就是要求子女对父母顺从。《周礼》《仪礼》《礼记》和《大戴礼记》对此做了比较详细的规定。显而易见，古人的孝道，就是不要违背礼，要听从、顺从父母的意愿。

"孝"不仅是一种美德，还是做有道德的人的根基。《论语·学而》中有这样一段话："其为人也孝弟，而好犯上者，鲜矣；不好犯上，而好作乱者，未之有也。君子务本，本立而道生。孝弟也者，其为人之本与！"由此可知，孝顺父母是做人的根本，一个人只要在家庭生活中是一个孝子，那么他走上社会后，就不会干什么坏事；假如一个人对自己的父母都不能赡养、不肯尊敬，那么爱祖国、爱人民更是无从谈起。

孝是中国古代最重要的伦理思想之一。为了宣扬、推行孝道，古人编写了许多孝道教育的教材，其中最为经典的有《孝经》和《弟子规》。《孝经》以“孝”为中心，传说是孔子所作，比较集中地阐述了儒家的伦理思想，对实行“孝”的要求和方法做出了系统而详细的规定。《弟子规》是广为流传的儿童启蒙读物，作者是清朝康熙年间的秀才李毓秀，目的就是对孩子进行启蒙教育。其开篇就说“弟子规，圣人训；首孝悌，次谨信”，指明了孝的重要性。

在孝道教育与传承过程中，家训往往起着非常重要的作用。家训又称家诫、家范、庭训等，指家庭或家族内部父祖辈对子孙后代的垂诫、训示，更是儒家知识分子在立身、处世、为学等方面教育后辈的家庭教育读物。司马光说，他自己的两部著作中，家训体裁的《家范》要比治国理念的《资治通鉴》更重要，因为欲要治国先要齐家。著名的《颜氏家训》（如图 3-5 所示）开宗明义：“夫圣贤之书，教人诚孝。”意思是说，古代圣贤的著述，教诲人们要忠诚孝顺。又说“父不慈则子不孝”，道出了父母对孩子孝道养成的重要影响。

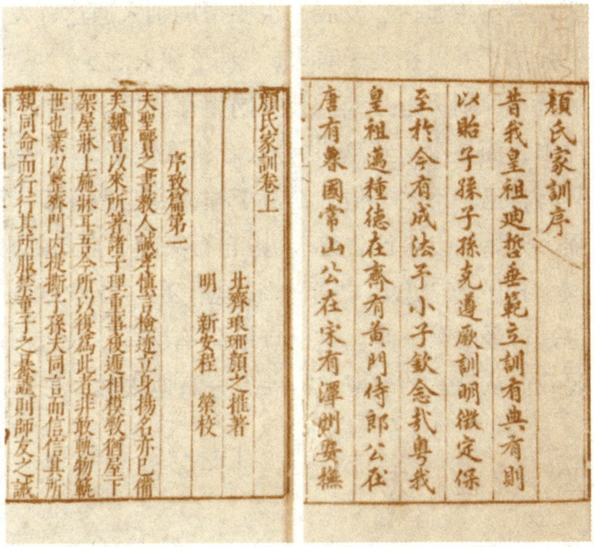
顏氏家訓序
昔我皇祖廸哲垂範立訓有典有則
以貽子孫子孫克遵厥訓明徵定保
至於今有成法予小子欽念我粵我
皇祖邁種德在齊有黃門侍郎公在
唐有衆國常山公在宋有潭州安撫

顔氏家訓卷上
北齊琅琊顔之推著
明　新安程　榮校
序致篇第一
夫聖賢之書教人誠孝慎言檢迹立身揚名亦已備矣
魏晉已來所著諸子理重事複遞相模斅猶屋下
架屋牀上施牀耳吾今所以復爲此者非敢軌物範
世也業以整齊門內提撕子孫夫同言而信信其所
親同命而行行其所服禁童子之暴謔則師友之誡

图 3-5 《颜氏家训》是我国最著名的家训，其核心思想之一是“教人诚孝”

三、仁者爱人

“仁爱”是中国古代最重要的道德要求，也是一切其他道德规范的根本。“仁”的概念，古已有之。孔子提出了以“仁”为核心的道德学说体系，就是“仁学”。

弟子樊迟问仁，孔子回答是“爱人”（《论语·颜渊》），最直接、明确地说明了仁的核心。以后，孟子说“仁者爱人”（《孟子·离娄下》），韩愈说“博爱之谓仁”（《原道》），朱熹则说仁是“爱之理，心之德”（《四书章句集注》），都说明仁的核心精神就是爱人。因此，仁与爱相连，叫仁爱。

爱人，就是仁，是中华传统道德的精髓。这一传统美德要求我们在日常生活中与人打交道时，要常怀一颗爱人之心，与人为善。因此，爱人应当是发自肺腑、真心实意的，虚伪就是不仁。

要怎样做才是仁爱呢？《论语》有两段话：“夫仁者，己欲立而立人，己欲达而达人。能近取譬，可谓仁之方也已。”（《论语·雍也》）“子贡问曰：有一言而可以终身行之者乎？子曰：其恕乎！己所不欲，勿施于人。”（《论语·卫灵公》）这两段话体现了一个精神，就是推己及人，也就是人们常说的“将心比心”。这就是“仁之方”，即仁的方法为“忠恕之道”。

“己欲立而立人，己欲达而达人”是“忠道”，即尽心于人；“己所不欲，勿施于人”是“恕道”，即将心比心，设身处地为他人着想。合起来讲，就是忠诚地推己及人、将心比心。也就是说，自己想在社会上立足、建功立业，也要帮助别人在社会上立足、建功立业；自己想通达、发展，也要帮助别人通达、发展。自己不愿做或不愿接受的东西，也不要强加于人。在孔子看来，“君子成人之美，不成人之恶”。爱人，与人为善，是人际交往的基本原则，也是人类公共同生存的根本保证。孔子和儒家提出的道德规范，并不是单向付出，而是双向互惠。“爱人者，人恒爱之”，爱人也就是爱自己。这就是人生智慧。心里只有自己，不关心他人，甚至损人利己做坏事，到头来吃亏的还是自己。人们常说的“以损人开始，以害己告终”“搬起石头砸了自己的脚”，讲的就是这个道理。

孔子的“忠恕之道”，被现代社会看作道德金律。推己及人，这是仁爱的基本精神，也是仁爱的第一步。这一点最简单易行，人人都能够做到。对仁爱精神的提倡、培养，需要我们从日常的事情上，一点一滴地去做、去养成、去积累。

四、义在利先

义，就是我们今天常提的“道义”。它是中华传统道德的“五常”之一，也是古人与人相处中使用频率最高的一种道德规范。义，繁体字写作“義”，由“羊”和“我”两字构成。在中华传统文化中，“羊”象征美和善，“義”的含义即自身所拥有的美好品质。在后来的衍变中，义作为一种道德规范，含义十分丰富。对“义”的道德要求进行系统阐述的是孟子（如图 3-6 所示）。《孟子》一书中，“义”字共出现 108 次，将义作为人立身处世的根本。自孟子后，义开始成为中国人道德生活的基本规范，影响至今。

图 3-6　孟子被尊称为“亚圣”。他对“义”的道德要求进行了系统阐述，将“义”作为中国人立身处世的根本

孟子把“仁”看作人心理上一种应有的道德品性，而“义”是人在生活中应遵循的、内化于心的一种行为标准和道德规定。“利”在孟子的思想学说中主要指实实在在的利益、好处，相当于我们现在通用的“利益”。《孟子》一书中，“利”字共出现 38 次。谈“义”，必然绕不开“利”，“义利”是中华传统文化中无论如何都绕不开的道德话题。孟子把“义利”问题谈得十分透彻。

相关链接

王何必曰利

孟子曾去拜见梁惠王。梁惠王问他："您不远千里而来，一定是有什么对我的国家有利的高见吧？"

孟子就回答："大王，何必说利呢？只要说义就行了。大王说：'怎样使我的国家有利？'大夫说：'怎样使我的家庭有利？'一般人士和老百姓说：'怎样使我自己有利？'结果是上上下下互相争夺利益，国家就危险了啊！在一个拥有一万辆兵车的国家里，杀害它国君的人，一定是拥有一千辆兵车的大夫；在一个拥有一千辆兵车的国家里，杀害它国君的人，一定是拥有一百辆兵车的大夫。这些大夫在一万辆兵车的国家中就拥有一千辆，在一千辆兵车的国家中就拥有一百辆，他们拥有的不算少。可是，如果把义放在后而把利摆在前，他们不夺得国君的地位是永远不会满足的。反过来说，从来没有讲'仁'的人却抛弃父母的，从来也没有讲'义'的人却不顾君王的。所以，大王只说仁义就行了，何必说利呢？"

"义"是一个内容丰富的道德范畴，儒家之"义"强调主体性和实践性，使"义"既内敛为行为主体的品格，在人们的心灵深处播种下道德文明的基因，又外化为主体行为的品格，把"义"由抽象的价值准则贯穿日常生活和个人行为，拓展了伦理道德实践的空间。在儒家看来，"义"既是处理人际关系的重要依据，也是个人道德修身的价值取向，更是具有现实操作性的伦理道德范畴。那么，"义"的现实性具体表现在哪些方面呢？

第一，义的灵魂是适宜。"义者宜也"，意思是说，面对一件事，采取最为适宜、恰当的行动，做出最为合理的反应，便是义。"义"要求超越个人的利益考量，关注的是应不应该，而不是个人利益的大小。一旦考虑了利益的大小，那就是利在义先了。当我们看到歹徒正在行凶，当事人生命受到威胁时，挺身而出，采用一定的行动加以阻止，这就是义；否则就是不义。

第二，义是君子的人格。在孔子看来，义是君子的本质规定。"君子义以为质，礼以行之，孙以出之，信以成之。君子哉！"（《论语·卫灵公》）这说明一个真正的君子，他们的言行是以对是非善恶的正确判断为前提的。在孔子看来，义是区分君子与小人的标准。如果说君子人格是孔子崇尚的，那么，小人人格则是孔子反对的，"近之则不孙，远之则怨"。《论语》经常比较君子与小人的差别，最大的差别与义有关，这就是"君子喻于义，小人喻于利"。

第三，义是人性的规定。孟子认为人性本善，所有道德行为都源自人的本性。对于羞恶之心，朱熹解释："羞，耻己之不善也；恶，憎人之不善也。"这说明羞恶之心是一种情感意识，是一种防范错误的意识，能够促使主体控制自然欲望和负面感情，不去做那些不该做的事情。我们现在生活中流行一个词叫作“讲义气”，但古人早就说过，义的道德要求一定不能违背善，“夫义者，所以限禁人之为恶与奸者也”（《荀子·强国》）。朋友的正当需求，我们当然应该倾力相助，但如果朋友想做的事情是不道德的，甚至是违反法律的，我们更有义务维护道德和法律的尊严。孟子说：“言不必信，行不必果，唯义所在。”（《孟子·离娄下》）我们遇到的所有事，答应别人的所有诺言，都不一定是必须履行的，关键是看这些事情和诺言是否符合道德和法律要求。“义”要求的是做好人，而不是做为了“义气”而作奸犯科的愚人。

第四，义的主旨是敬长。儒家思想的核心是仁爱。仁爱是从血缘亲情之爱开始，逐渐延伸拓展开来，形成亲疏有别的仁爱关系，最终实现“老吾老以及人之老，幼吾幼以及人之幼”的理想社会。义是从血缘关系推演出来的处理社会关系的伦理原则，其主旨是敬长。孟子指出：“亲亲，仁也；敬长，义也。”（《孟子·尽心上》）在古人的传统道德规范中，“尊贤”是相当重要的，尊贤就是要尊敬那些有学问、有道德的贤人。尊师重教就是其中之一的礼，也是中华民族的传统美德。“一日为师终身为父”，我国古代的教师在社会中有相当高的地位，古人所列举的应该受到特别尊崇的对象有“天地君亲师”，教师就占有一席，被列入与君、父共同受特殊尊敬的行列。教育界的祖师爷孔子，更被尊称为“至圣先师”，即使是古代天下至尊的皇帝，对他也要顶礼膜拜。这一中华美德应该得到继续发扬。

儒家之“义”，既是主体品格，又是行为品格，能够在任何情况下把道德的价值原则与行为实践统一起来，从而使得儒家的伦理道德思想历久弥新，成为影响中国人道德修养和性格品质的主导力量，塑造了一批批“忧国忧民”的忠臣、“事亲敬长”的孝子和“文质彬彬”的君子。人们的社会伦理道德实践虽然丰富多彩，但万变不离其宗，即要做一名有情有义有道德的君子。

相关链接

程门立雪

“程门立雪”这一成语家喻户晓，它是北宋著名理学家杨时求学的故事。杨时拜著名理学家、教育家程颐为师，以求学问上的进一步深造。有一次，杨时和学友游酢来拜见他们的老师程颐，但是当他们看见老师坐着睡着了的时候，不忍心打扰，就站在旁边，耐心地等着他们的老师醒过来。天上下起了大雪，而且越下越大，杨时和游酢没有走，等程颐醒来的时候，门外的雪已经有一尺深了。这件事因此作为尊重老师的典范成为学界的佳话。

第三讲　君子怀德：建构理想人格

中国传统的理想人格是“君子”。“内圣外王”的儒家理想是君子人格的集中体现。其中，“内圣”说的是个人修养方面，个人能不能成为品德高尚的仁人，关键在于自己，如果具备了前面所讲的那些美德就完成了“内圣”；但如果要做到“外王”，即把人的主体修养体现到其所在社会领域，那还需要具备下面将要讨论的美德：知耻、容忍和无私。

一、知耻

“行己有耻”是孔子在《论语·子路》中的一句名言。意思是说，对自己的行为，应该有羞耻的观念。知耻是自尊的重要表现。唯有知耻，才有自尊。这是一个正常人所具有的最基本的道德感，也是“外王”的起点，即进入社会后知道哪些事该做，哪些事不该做。康有为也曾说过：“人有所不为，皆赖有耻之心。”这也就是说，凡为善之心，皆起自人正确的荣辱观念；凡为恶之念，皆起自人羞耻感的丧失。在传统道德伦理文化中，人们把知羞明耻作为修养的先决条件，把“行己有耻”作为一种重要的道德修养方法。

知耻才能分清善恶。朱熹说：“人有耻，则能有所不为。”（《朱子语类》卷十三）换句话说，人只有有了羞耻心，才能真正进行道德选择，才能在分辨是非、善恶和美丑的基础上，自觉坚持真、善、美，拒斥假、恶、丑。孟子说：“羞恶之心，义之端也。”（《孟子·公孙丑上》）这种道德感体现着人性的尊严，是社会正义的心理基础。禽兽没有羞耻感，完全依照本能而生活，也正是在这个意义上，孟子提出：“无羞恶之心，非人也。”把这种道德感看作人与禽兽相区别的标志之一。人一旦不知耻，就会失去理性，甚至丧尽天良，肆意妄为或为所欲为。孟子又说：“人不可以无耻，无耻之耻，无耻矣。”（《孟子·尽心上》）可见，“知耻”对一个人来说是多么重要。

知耻既溢于言表，也见于行事。有两句古语这样说：“渴不饮盗泉之水，饥不吃嗟来之食。”前者是说孔子出游，过盗泉，口虽渴，但也拒绝饮用，为什么呢？“恶其名也”，生怕这个泉的水玷污了自己高洁的德操。后者是说时逢齐国大旱，一个人虽饥饿异常，但也不吃“嗟来”之食。为什么呢？因为有辱自己的人格尊严。解放战争时期，在西南联大任教的朱自清先生不但生活很清苦，而且身染重病，但他宁肯饿死，也不去领美国的“救济粮”（如图 3-7 所示）。“知耻近乎勇”，人若知耻，就会奋起。当人们通过道德反省，自觉意识到个人的动机或行为有违道德要求

图 3-7　现代作家朱自清不吃“救济粮”，体现了民族尊严

或自己的良心，从而引起自责时，就会按照道德要求，自觉改正自己的动机或调整自己的行为。

应时刻养护自己的知耻之心。怎样养护呢？需知道两点：一是知耻源于智。一个愚昧无知的人，往往是一个荣辱不分的混沌者。一个有文化素养、道德素养的智者，往往能分清是非、明白义理、辨明荣辱，能在日常生活中以理智来克制和说服自己，能做到“坏念将起时，只觉得可耻便有转机”。二是自尊者方知耻。古人说得好：“人看得自己贵重，方能有耻。”一个自爱自重的人，当其“坏念将起时，只觉得可耻便有转机”。当他做了一件不道德之事时，便会受到良心的谴责，便会产生羞耻感，这种内心发出的自责是对自己违背道德规范行为的否定性评价。

相关链接

梁上君子

陈寔是东汉人，为人仁厚慈爱。有一年闹饥荒，百姓饥饿。一晚，一个小偷进入他的屋子，躲藏在梁上。陈寔在暗中看到了他，于是起身整理衣服，叫他的儿孙起来，神情严肃地教育他们说：“人不能不自己勤勉，不善良的人本性未必是坏的，只是沾染了坏习惯，就变成了这样。”儿孙说：“这样的人是谁？”陈寔指着梁上的小偷说：“就是那梁上的君子。”小偷很吃惊，自己跳下地，磕头认罪。陈寔慢慢地开导他说：“看你的相貌，不像是坏人，应该反省自己，做好事。”陈寔知道他很穷，于是让人给了他二匹绢。从此整个县中再也没有小偷了。

二、容忍

中华民族是一个极具坚忍力的民族，“隐忍谦让”是自古以来就有的传统美德。无论是佛家、道家还是儒家，都对“忍”情有独钟，都认为“忍”是成大事者的一个必备美德。

遇事忍耐是“忍”的崇高品德。中国人把忍耐作为一种崇高的道，并有意识地反复向后代灌输。谚语“小不忍则乱大谋”就是其中一个例子。唐代有个人叫张公艺，有幸九世同堂，为世人羡慕不已。唐高宗问及他其中的秘诀，他唤来纸笔，挥毫写了一百个“忍”字。中国民间对“忍”的理解是非常直接有效地执行，如除夕把它写于红纸，贴在大门上。又如“和气生财”“忍为家训”“得忍且忍，得戒且戒。不忍不戒，小事成大”等。这些都是告诫人们“忍一时海阔天空，让三分风轻云淡”的深刻道理。中华传统美德中的“忍”，其实意味着内心坚毅而决绝，要能忍常人所不能忍，这是一种修养和境界。隐忍不仅是一种美德，而且是成大事者必备的素质。

待人宽容是“忍”的重要规范。《庄子·庚桑楚》中讲：“不能容人者无亲，无亲者尽人。”就是说，不能容人的人就会众叛亲离，众叛亲离者自绝于人。宽以待人是处理好各种人际关系的基础。人们常说：“腹中天地阔，常有渡船人。”人们还说：“水至清则无鱼，人至察则无徒。”一个人如果只看别人的短处，不见别人的长处，看谁都有毛病，看谁都不行，那只能是孤家寡人了。宽容厚道有巨大的道义力量和道德的感召力。

宽恕是“忍”的道德准则。“宽恕”也是中国人处理个人与他人之间人际关系的道德准则。“宽恕”除了以宽容的态度待人，还要“恕”，就是要将心比心，推己及人，设身处地为人着想，要谅解人、饶恕人。按照孔子的说法，“恕”就是“己所不欲，勿施于人”，凡是自己不愿意的事，也不要强加于他人。孔子很早就已提出了“宽以待人，严以律己”的思想，如“躬自厚而薄责于人”（《论语·卫灵公》），这就是要求人们在人际交往中多责备些自己，少责备些别人，这样才能做到和睦相处。荀子（如图 3-8 所示）还提出了“兼容之道”，或称为“容众之道”，其实质也是提倡宽容待人的思想。荀子说：“君子贤而能容罢（音 pí，意为软弱无能），知而能容愚，博而能容浅，粹而能容杂。夫是之谓兼术。”（《荀子·非相》）意思是说，不能凭着自己的聪明有学问而看不起人，宽容不了人，而应该容纳得了人，实行“兼容之道”。在我国历史上，不仅开明君主施以“宽以德政”的思想，就是一般的贤臣良将，乃至一般的老百姓，也都把宽恕原则当作待人接物的基本态度。因此，我国民间有许多像“宰相肚里能撑船”这样的俗语、谚语。可以说，宽恕思想已成为中华民族的性格和美德之一。

图 3-8　荀子，战国末期思想家，儒家学派的代表人物，先秦时代百家争鸣的集大成者。他继承了孔子的“外王”学，强调学以致用

当然，做人要宽容忍让，但绝不能一味退让。“忍字心头一把刀”，这并非是指“忍到心头插刀，也不反抗”，正确的理解应该是“忍无可忍时，便是亮剑之时”。忍，不应该是憋在心里窝气。因为气不顺，憋在胸中，久而不畅，则智昏；智昏，则容易失言失态。最终，忍的修养还是会失去。忍的最高境界应该是主动地、积极地去化解矛盾。

三、无私

无私是中华传统道德中的重要内容。无私就是临事不偏私，即不讲“私情”（私人恩怨），不用“私人”，不凭“私智”（个人的主观成见），一切以国家和全局的利益为指归。西周时人们就提出“以公灭私，民其允怀”（《尚书·周官》）。春秋时人们认为：“公家之利，知无不为，忠也。”（《左传·僖公九年》），无私也是“忠”，是公忠。

从战国时期的儒、墨、道、法诸家，直到明末清初，几乎所有的思想家都倡导公忠。孔子说：“天无私覆，地无私载，日月无私照。”（《礼记·孔子闲居》）那么，人的境界和行为也应该这样，像天一样覆盖万物而无一丝厚此薄彼，像地一样承载万物而无一丝亲疏远近，像日月照耀万物一样而无一丝分配不均，达到“与天地合其德，与日月合其明”的境界。道家认为，无私不仅是一种美德，还是一种成事的智慧。《道德经》用辩证法的思路指出：“非以其无私邪，故能成其私。”意思是说，只有“无私”才能获得“自私”，即只要“无私”了，“自私”自然不请自来。

这方面的事迹，可以说历代皆有。特别是在举贤上，如祁黄羊“外举不避仇，内举不避子”，卫国的石碏“大义灭亲”，汉高祖知人善任，唐太宗谏诤广纳，宋代王旦秉公推荐寇准等。公忠无私要求官吏们在处理各种复杂关系时，根据客观实际情况，忠于事实，忠于国家，忠于百姓。

相关链接

大公无私

春秋时，晋平公有一次问祁黄羊说：“南阳县缺个县长，你看派谁去当比较合适呢？”祁黄羊毫不迟疑地回答说：“叫解狐去最合适了，他一定能够胜任。”平公惊奇地问：“解狐不是你的仇人吗？你为什么还要推荐他呢？”祁黄羊说：“你只问我什么人能够胜任，谁最合适；你并没有问我解狐是不是我的仇人呀！”于是，平公就派解狐到南阳县去上任了。解狐到任后，替那里的人办了不少好事，大家都称颂他。

过了一些日子，平公又问祁黄羊说：“现在朝廷里缺少一个法官。你认为谁能胜任这个职位呢？”祁黄羊说：“祁午能够胜任。”平公又奇怪问道：“祁午不是你的儿子吗？你怎么推荐你的儿子，不怕别人讲闲话吗？”祁黄羊说：“你只问我谁可以胜任，所以我推荐了他；你并没有问我祁午是不是我的儿子呀！”平公就派了祁午去做法官。祁午当上了法官，也办了许多好事，很受人们的欢迎与爱戴。

孔子听到这两件事，十分称赞祁黄羊，说：“祁黄羊说得太好了！他推荐人，完全是用才能做标准，不因为他是自己的仇人，存心偏见，便不推荐；也不因为他是自己的儿子，怕人议论，便不推荐。像祁黄羊这样的人，才够得上‘大公无私’。”

无私这一传统美德，经过千百年的发展，早已融入了中国人的心灵深处，成为中华传统文化的一部分，也成为中华民族的精神。我们今天应该更进一步发扬这种精神，身体力行，做大公无私的君子。

本章小结

正心修身，是加强个人修养的重要途径。如志向方面追求淡泊明志，抱负远大，不贪名利；如作风方面强调克勤克俭，勤劳奋斗，戒奢从简；如气质方面重视文质彬彬，谦和有礼，文雅大度；如品格方面向往浩然正气，忠诚正直，坚守尊严。心正则行正，修身方受敬。

与人为善，其最终目的是人际和谐。中国传统价值观中的“忠孝仁义礼智信”便是和谐的表现，而前四者尤为突出。忠孝分别侧重于个人与国家社会、个人与家庭长辈的人际关系，尽心谓忠，孝为人本；仁义更侧重于人与人之间相处态度、利益关系的考量，仁者爱人，义在利先。与人为善，是建设和谐社会的重要价值取向，也是值得大力弘扬的品质修养。

“君子”是中国传统的理想人格，“内圣外王”则是君子人格的集中体现。“内圣”的个人修养要求之外，“外王”还需要知耻，即明辨是非善恶，知晓荣辱正邪；需要容忍，即宽以待人，将心比心；需要无私，即客观公正，忠于公利。在当今时代，我们仍然需要“君子”这样的理想人格来反省自身，向之看齐，从而促进人民群众品德修养的提升，促进社会的和谐进步。

拓展延伸

儒家论做人（节选）

杜维明

自我修养（即修身）的中心地位

现今的流行观点认为，儒学是一种特别重视人际关系的社会伦理学。这一见解是基本正确的，但是，它未考虑作为独立、自主和有理想目标之过程的修身在儒家传统中的中心地位。诚然，儒家坚持认为，人是通过与他人不断的交往才成为完善的人。人的尊严依赖于群体参与，就像依赖于他自己的自尊意识一样。但是，韦伯（Max Weber）把儒家的精神倾向说成是“对世界的适应”，因为据说儒家曾告诫人们要服从于人际关系的既定模式。这种说法严重地贬抑了儒家的心理整合和宗教超越的能力。实际上，儒家传统经历多次深刻转化而未失去它的精神上的认同，这种能力正出于它对人的内在资源的承诺。

作为人际关系中心的自我，始终是儒学的中心焦点。一个人协调人际关系的能力确实显示了他修身达到的水平，但这种能力与修身孰先孰后的问题显然是已经固定的。修身是协调人际关系的前提，如果人际关系没有修身作为必要因素而只得到表面和谐，那在实际上是行不通的，在目的上也是误导的。“小人之交甜如蜜，君子之交淡如水。”这一中国俗语指明，受某种需要驱使的友谊，要比推进道德发展的非功利友谊浅薄得多。由于种种原因，人必须与他人进行交往，而其中许多原因，在一些现代社会学家看来，在道德上是中性的，因而与人的内心生活不相干。儒家认为，人是社会存在物，但他们坚决认为，社会交往的一切形式都包含着道德内涵，每种交往形式都需要修身来协调。

为己之学的启发意义，也许可以被理解为责成我们去进行修身。既然修身是目的而不是手段，那么，出于诸如名望、地位和财富的缘故，而不是被自我认识所激发的学，就不能视为真正的学。一个未中的而内自省的弓箭手，则实践了儒家的关切，即内在地认识自己是在外部世界中正确行为的前提。

如果人际关系协调一致，那也是由于有关的人都在努力修身。期望在社会交往中出现和谐状态以作为修身的有利条件，在儒家看来，不仅是不现实的，而且是不合逻辑的。修身是本，和谐的人际关系是末。无论从时间是从重要性上看，本末的先后次序都是不可颠倒的。严格说来，作为利他主义之表现的为他人而学，除非建立在自我认识的基础上，否则，是不可能真正利他的。儒家的座右铭“己所不欲，勿施于人”，并不是单纯地指一个人应当为他人考虑，也意味着一个人必须诚以待己。也许，正是出于这个理由，孔子才感到即使是他的一些最好的弟子，要将这一座右铭付诸行动，也仍有许多东西要学。

如果说儒家这一座右铭得不到普遍应用，那么，它在修身中究竟有何作用呢？无疑它不是康德意义上的绝对命令，也不是人们必须遵守的行为指导原则。毋宁说，它是一种令人向往的标准，是一种通过老师的示范而对学生产生意义的亲身体验的理想。对于处在不同道德发展阶段的不同的人来说，修身可能意味着不同的事情，而且，它的实现也可能采取许多不同的形式。但是，修身仍然是儒学的中心点。结果，学做人最后集中到自我上。不过，这不是作为抽象概念的自我，而是作为此时此地生活着的个人的自我。

日常生活的终极意义

儒家的整个理念，正如大师的生活现实所示范的，是一种通往人学的个我途径。简言之，这意味着我们能在日常生活中认识到生命的终极意义。我们在日常生活中的普通行为，恰好是人性获得最崇高表现的活动。从此时此地生活着的人着手，来完成学习做人的全过程，意味着在道德成长的每一关头始终把修身放在中心地位。这一主张隐含着这样一个训谕，即我们应当完全对我们的人性负责。这不是出于任何外在原因，而是出于我们都是人这个不可更改的事实。

在儒家的事物的理序中，一个活生生地活着的个我，远比仅作为短暂存在的生物体要复杂得多和有意义得多。在世俗化的生物生理意义上，最终孤独地死去的完全孤立个体的概念，在儒家对人之真实性的理解中是完全不可思议的。人是漫长的生物链的一个积极参加者，是历史连续体的活的见证者，是得宇宙精华的万物之灵。人的结构中，本来就有无限的生长潜能和取之不竭的发展资源。从本体论上说，人的自我就在其自身的真实存在之中体现着最高的超越，自我的充分实现，无须任何外在帮助。从终极意义上看，自我的实现就意味着天人合一的充分实现。但是，达到这一步的方式，永远不应被理解成在孤立的个人与上帝之间建立一种关系。自我，作为人类群体中种种关系的中心，必须认识到它是整体存在的必要组成部分，因此，它必须通过切身之物为自己开辟道路。

孟子说过一段富有启发性的话：

万物皆备于我矣。反身而诚，乐莫大焉。强恕而行，求仁莫近焉。

人的自我已是完全足够的这一本体论方面的主张，并不能导致人在生存方面的沾沾自喜，从而认为实现自我所包含的，只不过是对内在精神性的追求。相反，我作为一个人，尽管能通过修身欣喜地认识到自己接触到了真正的人性，但仍必须努力与他人严谨而又诚实地建立联系，作为理解我们所共同具有的人性的最有效方式。其中所隐含着的灵魂得救论（如果我们大胆使用这个色彩很浓的概念的话），可在孟子的另一段话中找到：

尽其心者，知其性也。知其性，则知天矣。存其心，养其性，所以事天也。夭寿不贰，修身以俟之，所以立命也。

上述引文中的“不贰”和“立命”两个术语值得我们特别注意。然而，我首先必须做出一项防止误解的说明，即中文文本不可能做出像英文文本那样，似乎能让我们仔细地进行整齐而又有条理的分析。既然我们的目的只是一般性地谈论孟子关于人的概念中隐含的某种灵魂得救论的意向，那么，我们在这里可以不必过多推敲细微的语言差异。孟子在其通过知性而知天的本体论主张中，充分肯定了每个人的独特性。人总是独一无二的。正像不存在两张完全相同的脸一样，有多少人，就有多少自我实现的道路。决定每个独特的人的状态，有许多内在的和外在的因素。但是，按照孟子的想法，“不贰”是人的意志力的直接产物，因此，它是人类群体中任何成员都能获得的，它与一切区别彼此的因素无关。孔子用以说明类似观点的话，这时也用得上：“三军可夺帅也，匹夫不可夺志也。”

“不贰”是自我修养所需要的一切。就关注于人的真实性的这一向度而言，一切人都是平等的。一个有严重残疾的人，为协调他的躯体活动可能要付出极大努力，但他的意志力是绝对独立、自主和自足的。我们称赞海伦·凯勒（Helen Keller）式的人，不仅是由于她实际上设法克服了许多困难，更重要的是，由于她的“不贰”。正是这种“不贰”，才使她能够做出令人惊叹的业绩。事实上，在许多场合，躯体意义上的自我改善是一件不可完成的任务。许多人在能够达到的这种潜力发挥出来以前就死去了。在这个意义上，我们注定是不可能充分实现自我的。例如，孔子最优秀的门徒夭亡时，夫子痛惜地说：“有颜回者好学，不迁怒，不贰过。不幸短命死矣。今也则亡，未闻好学者也。”然而，一个人的立志“不贰”，不仅能超越人的生存结构的限制，而且能将这些限制转化成自我实现的工具。在这里，颜回的例子特别有启发意义。他贫穷、夭亡，而且如按儒家有关服务社会或政府的标准判断，也没有任何具体成就。但是，这一切都没有改变夫子对他的赞誉。夫子一再称赞的是他对学习的渴望和成为一个“儒者”的决心：

贤哉，回也！一箪食，一瓢饮，在陋巷，人不堪其忧，回也不改其乐。贤哉，回也。

据此，一个人的“立命”是同他从心灵深处责成自己的意愿和能力分不开的。一个人的“天召”（calling）——如果用基督教中这个词——指的正是责成一个人成为其所当为的一种感召。这种批判的自我意识，是由一个人面对日益扩展的人际关系圈的开放性态度所赋予的，它是通往人的“立命”的最可靠道路。人的实质就在于孜孜学习以尽心、知性、践仁，这是知天的最切实的道路。既然我们的人性受之于天，因而，参与宇宙生化以便使我们能与天、地构成三位一体，就是我们人的本分。我们的立命，无论是个体的还是群体的，都是无限的。我们并不限于仅仅要成为人。毋宁说，我们的立命意味着被邀约，被赋予一种责任，要我们去关照自己以及我们所居住的世界上的万物。我们必须学会超越我们的生存现状，以便能变成我们在本体论上已注定成为的那样。为了充分实现自我，我们无须离开自我与人类。实际上，我们是通过作为人的我们自己的日益深化和拓展的意识来“事天”的。

这种思维方式的基础结果，在儒家经典《中庸》的一个关键性段落中，是以类比方法来表述的：

天地之道：博也，厚也，高也，明也，悠也，久也。今夫天，斯昭昭之多，及其无穷也，日月星辰系焉，万物覆焉。今夫地，一撮土之多，及其广厚，载华岳而不重，振河海而不泄，万物载焉。今夫山，一卷石之多，及其广大，草木生之，禽兽居之，宝藏兴焉。今夫水，一勺之多，及其不测，鼋、鼍、蛟、龙、鱼、鳖生焉，货财殖焉。

由此类推，摆在我们面前所看到的，不过是不断变化着的身体的物理存在而已。然而，“至诚者”——即通过不断地学习做人已变成人性本身的见证者——则“能经纶天下之大经，立天下之大本，知天地之化育”。圣人象征的真实性并不是超人的真实性，而是真正的人的真实性：“溥博渊泉，而时出之（按指：聪明睿智、大度温厚、坚强刚毅、精微敏锐等美德）。溥博如天，渊泉如渊。”

儒家对人性的固有的“信仰”，是对活生生的人的自我超越的真实可能性的信仰。一个有生命的人的身、心、魂、灵，都充满着深刻的伦理宗教意义。就儒家意义而言，成为宗教，就是进行作为群体行为的终极的自我转化，而“得救”则意味着我们的人性中所固有的既属天又属人的真实性得到充分实现。

作者简介：杜维明，中国当代著名学者，现代新儒家学派代表人物，当代研究和传播儒家文化的重要思想家。

经典领航

浩渺行无极，扬帆但信风。

——《深化改革开放 共创美好亚太——在亚太经合组织工商领导人峰会上的演讲》等文中引用

■ 解读

这是一句格局宏大的诗，正适合表达在亚太这片广阔的“水域”中，各个国家奋力扬帆前行的壮阔局面。亚太地区，可说是一个“命运共同体”。这一地区未来的发展，关系到每个成员的利益，因此更需要各个国家共同努力。从共建丝绸之路经济带、21世纪海上丝绸之路，到建设孟中印缅经济走廊、筹建亚洲基础设施投资银行，来自中国的这些构想和倡议，得到众多国家积极响应，地区经济融合呈现“多路推进，两翼齐飞”的进取阵形，一幅更富活力、繁荣互利的周边外交图景正徐徐展开。这句诗背后充满希望的亚太发展图景，也深深体现了以习近平同志为核心的党中央在外交方面的一些基本原则：弘扬平等互信、包容互鉴、合作共赢的精神，推行更加积极主动的开放战略，扩大同各方利益汇合点。这让中国外交内涵更加丰富，格局更加宽广。

■ 原典

浩渺行无极，扬帆但信风。
云山过海半，乡树入舟中。
波定遥天出，沙平远岸穷。
离心寄何处，目击曙霞东。

——[唐]尚颜《送朴山人归新罗》

■ 释义

《送朴山人归新罗》是唐末湖北荆门僧人尚颜所写的一首赠别诗（一说为唐代诗人马戴作，《全唐诗》中为尚颜作）。

这首诗生动地描绘了海上历程风光，表达了对友人的深情厚谊。首联“浩渺行无极，扬帆但信风”是作者预想的一幅气势恢宏的海景画卷。“信”指听凭，任由。意思是说，广阔无垠的大海没有尽头，扬起风帆向着目的地御风而行。这风是顺风、好风、利风，承载了诗人对友人的美好祝愿。接下来，诗人想象着在一路好风的相送下，友人千里航程一路景。最后一句“离心寄何处，目击曙霞东”写诗人离别后的怀想之情。当友人归去，天各一方，只有向东方太阳升起的地方（指友人的故乡）遥望祝福。以景结情，借眼前之景寄万里不尽之情。

资料来源：中国共产党新闻网.《习近平用典》天下篇 [EB/OL].[2015-03-11]. http://theory.people.com.cn/n/2015/0311/c394175-26672750-2.html.

学思之窗

活动设计

活动主题：“反对舌尖上的浪费”调研。

开展形式：课堂汇报讨论。

组织形式：请按6人一组开展调研宣传活动。活动结束后撰写调查报告，每组派出一名代表以PPT形式汇报调查结果，分析造成“舌尖上的浪费”的主要原因，提出相应可行性解决措施。

观点搜索

1.“中国式剩宴”正成为网络上热议的话题，“光盘行动”正受到越来越多人的关注。

请上网收集网友对上述话题相关评论材料，结合材料尝试对改变食品浪费现象提出可行性建议。

2. 根据话题“多做孝敬父母的事，少说蠢话伤父母的心”，谈谈你对“孝心”和“孝行”的看法。

3. 某相亲节目的女嘉宾曾说过一句话轰动网络：“宁愿在宝马车里哭，也不在自行车上笑！”请谈谈在现代社会应该选择“义大于利”还是选择“利大于义”。

阅读推荐

阅读唐太宗《百字敕》，说说其中体现了中华文化精神的哪些内容。

百字敕

[唐] 李世民

耕夫役役，多无隔宿之粮；蚕妇婆婆，少有御寒之衣。日夜三餐，当思农夫之苦；身穿一缕，每念织女之劳。寸丝千命，匙饭百鞭；无功受禄，寝食不安。交有德之朋，绝无益之友；取本分之财，戒无名之酒。常怀克己之心，闭却是非之口。若以朕之斯言，富贵功名长久。

第四章 文明与交流

教学目标

知识目标： 了解几千年来中华民族所创造的汉字、中医、四大发明及向域外传播文化的重要途径——丝绸之路，了解中华民族在本土所创造的辉煌文化及中华文化在国际舞台上的作用和地位。

能力目标： 了解汉字的起源及形体演变、中医文化的博大精深、四大发明的深远影响，知晓中华文化域外传播的重要途径。能够自觉运用中华文化知识来提升民族自豪感，并向他人传播民族文化。

素质目标： 通过学习中华民族创造的文化，丰富自身的知识结构，并学会用坚定的信念和言出由衷、情理交融的态度去说服他人、取信世界。

导学提示

中华民族一直富有创造力，并用自己的智慧和劳动改变着世界。汉字、中医、四大发明、古丝绸之路等，都是古代劳动人民创造发明并不断创新完善的。中华文明五千年的历史，就是中国人不断创新的历史。从古至今，从文化到科技，中华文明的创造一直存在并延续着。创造不仅是从无到有，还包括向域外传播与辐射，这使得中华文化具有海纳百川、地承万物的气魄。中华文化因历史悠久而底蕴深厚，因推陈出新而不断发展，因兼收并蓄而博大精深。这是文化自信，是中华民族发展壮大的必要保障，也是几千年来中华文化源远流长的基石。

引例导入

说文解字·序(节选)

周礼[①]:八岁入小学,保氏[②]教国子[③],先以六书[④]。一曰指事[⑤]。指事者,视而可识,察而见意,“上、下”是也[⑥]。二曰象形。象形者,画成其物,随体诘诎[⑦],“日、月”是也。三曰形声[⑧]。形声者,以事[⑨]为名[⑩],取譬[⑪]相成,“江、河”是也[⑫]。四曰会意[⑬]。会意者,比类[⑭]合谊[⑮],以见指[⑯]撝,“武、信”是也[⑰]。五曰转注[⑱]。转注者,建类[⑲]一首[⑳],同意相受[㉑],“考、老”是也[㉒]。六曰假借。假借者,本无其事,依声托事,“令、长”是也[㉓]。及宣王太史[㉔]籀[㉕],著大篆[㉖]十五篇,与古文或异[㉗]。至孔子书六经[㉘],左丘明述春秋传,皆以古文[㉙],厥[㉚]意可得而说也。其后[㉛]诸侯力政[㉜],不统于王。恶礼乐之害己,而皆去其典籍[㉝]。分为七国[㉞],田畴[㉟]异亩,车涂[㊱]异轨[㊲],律令异法,衣冠异制,言语异声,文字异形。秦始皇帝初兼天下,丞相李斯乃奏同之[㊳],罢其不与秦文合者。斯作《仓颉篇》。中车府令[㊴]赵高作《爰历篇》。太史令[㊵]胡毋敬[㊶]作《博学篇》[㊷],皆取《史籀》大篆,或颇省改[㊸],所谓小篆也。是时,秦灭书籍,涤除旧典,大发吏卒,兴戍役。官狱职务繁,初有隶书[㊹],以趣约易[㊺],而古文由此绝[㊻]矣。自尔[㊼]秦书有八体:一曰大篆,二曰小篆,三曰刻符,四曰虫书,五曰摹印,六曰署书,七曰殳书,八曰隶书[㊽]。

【注释】

① 礼:制度。② 保氏:官名。③ 国子:公卿大夫之子弟。④ 六书:指事、象形、形声、会意、转注、假借。⑤ 指事:刘歆、班固皆作象事,象事即指事。⑥ 识与意,古音同韵,以下各书之释语,皆为韵语字表示在一之上者,在一之下者。视而可识,是说字形必须显明;察而见意,是说文义不可隐晦。这是造指事字的两个条件。《说文解字》中指事字,多注明“指事”。⑦ 诘诎:弯曲。《说文解字》凡象形字,则言“象某某之形”。象形之别于指事者,象形谓一物,指事该众物,象形专,指事博。如上下所该之物多,日月只指一物也。⑧ 形声:刘歆、班固谓之象声。其字半主义半主声。半主义者,取其义而形之;半主声者,取其声而言之。得其音之近似故曰象声、曰形声。⑨ 事:象形之物,指事之事皆是。⑩ 名:古叫字为名。⑪ 譬:譬近之意此三句,言以事造字,取文之譬近,加以组成,谓之形声。⑫ 江河之字以水为名,其声如“工”“可”,因取“工”“可”与水组合成字。其别于指事象形者,指事象形独体,形声合体。其别于会意者,会意合体主义,形声合体表意与声。⑬ 会:合。会意,合二体之意也。一体不足以见义,故必合二体之意以成字。⑭ 比:比合组合也。类:字类,字群。⑮ 谊:义。⑯ 指:所指向。⑰ 人言比合必为“信”者。以人言会传信人之意,止戈比合必为武者,以止戈会制止战争为武之意。⑱ 转注:展转灌注之意。⑲ 建类:造字类也。⑳ 一首:统一其部首。㉑ 受:加。同意相受,以同意之字加给所造之字。㉒ 如不同地域谓“父”曰“ba”“ye”“duo”,于是即于“巴”“耶”“多”之上各加同意字“父”而造“爸”“爺”“爹”三字。考、老亦然。转注为造同意字之法,其结构必为声形之合,其显著特点乃义符与字义之紧密结合。㉓ 托,寄也。事,义也。依声托事,谓托意于同音之字。假借有纯借音者;以难鸟之难、蜥易之易假借为难易字是也,有引申借音者,如汉人谓县令为令长,而令之本义,发号也,长之本义,久远也,县令县长本无其字,而由发号之令,久远之长引申展转而为之。

《说文解字》凡假借字多言“以为”或“古文以为”。假借之含义有二：一是造字之法，一是用字之法，不可混同。此处之假借为造字之法。㉔太史：官名。㉕籀（zhòu）：人名。㉖大篆之名，上别于古文，下别于小篆。㉗与古文或异：与仓颉之古文稍有不同。㉘六经：指《诗》《书》《礼》《乐》《易》《春秋》。㉙古文含义有二：一是宣王以前之文字，包含仓颉古文、史籀大篆；二是东周初年六国之文字。㉚厥：指示代词厥意，文字构成之义。㉛其后：孔丘左氏之后，即东周后期战国时期。㉜政：通“征”。力政：以武力相征伐。㉝典籍：书籍。㉞七国：指韩、赵、魏、燕、齐、楚、秦。㉟畴：田中沟。田畴：近义复合词，指田地。㊱涂：通“途”。㊲轨：车辙。㊳同：统一之意；之：代天下之文字。㊴中车府令：秦官名，主乘舆路车者也。㊵太史令：掌天时星历者也。㊶胡毋：姓；敬：名。㊷《仓颉篇》《爰历篇》《博学篇》皆讲文字的书，以其开头二字为篇名。汉代合三篇为一篇，总称《仓颉篇》，以六十字为一章，共五十五章。㊸或颇省改：或者略加省改之意。只言史籀大篆者，以史籀大篆即古文之省改，言大篆则古文皆在其中。小篆，与史籀大篆相对之名，又曰“秦篆”。㊹隶书，卫恒曰：“秦既用篆，奏事繁多，篆字难成。即令隶人佐书曰‘隶字’。”㊺趣：趋向；约：指形体之简化；易：指便于书写。㊻古文由此绝：秦行隶书与小篆，趋向简易，故古文大篆遂绝而不行。㊼尔：犹此也。㊽八体有大篆者，古文大篆虽不行，而其体固在，刻符，虫书又每每用之刻符，刻于符信之体。虫书象鸟虫之形，书写信（印旗帜之类）之体。摹印，规印章之体。封检题字，题榜皆日署，署书，题署之体。殳，兵器；殳书，刻于兵器之体。自刻符以下《汉书·艺文志》谓之六技，其中除隶书外，大约都是大篆、小篆之艺术体。

作者简介：许慎，东汉时期著名的经学家、文字学家。他花费至少二十一年编撰了世界上第一部字典——《说文解字》，使汉字的形、音、义趋于规范，被世人尊称为“字圣”。上述节选文字写周秦文字之演变。

知识精讲

第一讲　千年演变：汉字的起源及形体演变

文字是人类文明形成和发展的重要标志之一。汉字用来记录汉语已经有几千年的历史，一直沿用到今天，没有中断过。在世界各大语言体系中，汉语具有十分独特的面貌，作为语言载体的方块汉字被誉为“中华文化的缩微系统”。在如此长的历史时期里，汉字不仅为人们的现实生活服务，而且记录下了极其丰富的文化资料，是内涵丰富的“历史活化石”。汉字文化以其独特的魅力，展现出中华民族的伟大智慧和创造力，是博大精深的中华文化的象征。汉字作为一种文字体系，其负载的文化内涵的丰富性、历史的悠久性和影响的广泛性，是其他任何文字体系都无法比拟的。它跨越国界，被日本、朝鲜、越南等邻国人民作为创制本国语言的母本或参考。

一、汉字的起源与演变

汉字是中华民族的通用文字。它和埃及圣书字、古代苏美尔文字、原始埃兰文字和克里特文字等，同是世界上最古老的文字。但是，只有中华文化是始终没有间断地传承下来的，也只有汉字是世界上唯一从古代一直演变过来没有间断过的文字形式。大约在公元前14世纪，殷商后期的“甲骨文”被认为是“汉字”的第一种形式，到今天，各种字体纷纷诞生。

关于汉字的起源，中国古代文献上有种种说法，如“结绳”“八卦”“图画”，古书上还普遍记载有黄帝史官仓颉造字的传说。今天所能见到的最早的汉字是殷商甲骨文，此后经历了西周金文、春秋金文、战国大篆、秦代小篆、汉代隶书和魏晋以来的楷书等（如图4-1所示）。不同历史时期所形成的各种字体，有着各自鲜明的艺术特征。如篆书古朴典雅；隶书静中有动，富有装饰性；草书风驰电掣，结构紧凑；楷书工整秀丽；行书易识好写，实用性强，且风格多样，个性各异。

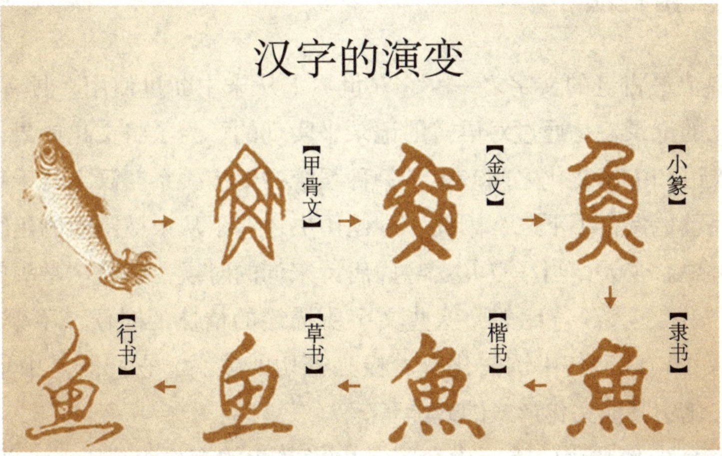

图4-1　汉字经过了三千多年的变化，其演变过程是：甲骨文→金文→小篆→隶书→楷书等

殷商甲骨文是刻在龟甲兽骨上的文字，内容多为占卜记录。甲骨文由于用刀刻，因此线条瘦硬，多有方折。从结构来看，甲骨文已是相当成熟的文字体系，传统六书中的象形、指事、会意、形声等结构方式在甲骨文中已经具备，这说明当时人们已经懂得用已有的字作构件构成新的字，这为汉字系统的进一步完善奠定了基础。

金文，又叫钟鼎文，是铸在钟鼎等青铜器上的文字。金文有粗而宽的笔画，点画圆浑，体势雍容。金文和甲骨文属于同一系统的文字，但比甲骨文更规范，结构更整齐。

大篆又有籀文、籀篆、籀书、史书之称，是因为周宣王的史官史籀著有大篆十五篇，故世称大篆为“籀文”，其中以周宣王时所作石鼓文最为著名。大篆形体趋向线条化，笔画比较整齐、匀称。战国时期，诸侯纷争，文字异形，但都是上承西周春秋金文。

小篆是秦始皇统一六国后推行“书同文”政策所采用的字体。小篆笔画圆转，书写完全线条化，象形性减弱，形声字大量增加，大大增强了字和字之间的联系；从构造来看，小篆使每个字的笔画数固定下来，形成了相当严密的文字体系。

隶书创于秦代，是在秦民间流行的一种更简单的字体，因为统一后的小篆文字虽规范了，但书写还很不方便。到了汉代，隶书是成熟且通行的字体。隶书字形扁平，字的构架多有方折棱角，笔画有粗有细，形成波势和挑法，所谓“一波三折、蚕头燕尾”。隶书是汉字演变史上重要的转折点，是古文字和今文字的分水岭。从此，汉字的象形意味大部分丧失了，突出了符号性。

楷书流行于魏晋，成熟于隋唐，一直使用到今天。楷书可作为习字的法式楷模，所以叫楷书。楷书的形体由隶书的扁方变为正方或竖长方，有了固定的形体，书写更为简便。

与楷书并行的还有草书和行书。草书的特征是笔画连带、结体简约、气势连贯、字形奔放。行书是介于楷书和草书之间的字体，比楷书简便，且比草书易辨认。

二、汉字的文化特质

汉字是世界上最古老的文字之一，它在世界上从未中断过使用，具有惊人的生命力。汉字对中华文化的记录，是通过对语言的记录来实现的。为了将文化成果记录下来并传承下去，汉字、汉语和中华文化之间产生了一种系统的对应关系。汉字几千年的延续性，使其承载的信息完整地保存了下来，因此，中国历史才有了从未被割断的延续性，中华文化才更加丰富和辉煌。今天，当华夏儿女吟诵唐诗宋词的时候，感受“举头望明月，低头思故乡”“海内存知己，天涯若比邻”这些文字所描绘的情愫的时候，不禁会由衷地感叹：汉语太美了！汉语、汉字与中国文化有着极为密切的关系，它们既是中华文化的重要内容，又是中华文化中其他文化形式的载体。

汉语、汉字是中华文化的重要内容，是中华文化的有机组成部分。汉语的诞生意味着中华文化的诞生。首先，有了语言，人类才可以相互交流，才可以进入有组织的社会生活，成为“文化”的人。从这个角度讲，汉语在中华文化中的地位是相当重要的，汉语悠久的历史说明中华文化是源远流长的。其次，汉语是汉民族智慧的结晶，汉语以自身特殊的文化形式，构成了中华文化的重要特征。汉语同音词多，因此而形成的谐音吉利、谐音避讳等语言习俗就成为中华文化的重要内容。例如：隋炀帝的“隋”字，起初是“随”，但他讨厌“走之”，就改为“隋”。汉光武帝姓刘名秀，便把“秀才”改称为“茂才”。再如：根据汉字二维构形的特点，特有的汉字书法艺术和玺印艺术得以形成。这些由汉字直接衍生的文化，使汉字成为整个中华文化系统中不可缺少的重要成分。

汉语、汉字又是中华文化的主要载体，是中华文化传播的媒介，对中华文化的发展起到了很大的促进作用。如果没有汉语、汉字，中华文化的积淀和发展是不可想象的。中国历代古书的失传非常严重，如若不是汉代伏生一家拼死保护《尚书》，我们今天已无法了解这部儒家五经之一的典籍，这证明了文字记载对文化传播的重要性。中华文化行为的发生大都建立在汉语、汉字的基础上，汉语、汉字的发展对人的思维和各种社会生活、文学艺术产生重要影响。例如：汉语方言众多，这为以方言为基础的地域文化的形成、发展和极大丰富提供了条件。汉族居住地地域广阔，方言众多，汉字表意文字的特点使它在共同的地域传播中能够超越方言的局限，使各方言区的人能够顺利交流，这对促进民族文化的发展、促进统一的汉族文化的形成起到了重要作用。

相关链接

伏生护书

伏生原名伏胜，西汉济南（今山东邹平）人，生于周赧王五十五年（公元前260年），卒于汉文帝三年（公元前161年），享年99岁。伏生为秦汉之际的经学大师，专治《尚书》，撰有《尚书大传》。秦始皇焚书坑儒之时，伏生藏《尚书》于壁中，使这部重要的古代文化典籍得以保全而流传至今。后世人极为推崇尊拜伏生，尊其为圣人。伏生舍命护的书到底是一本怎样的书呢？

在古代，“四书五经”是读书人的必读书目，其中五经之一的《书》就是《尚书》。《尚书》最早的书名就叫《书》，到了汉代才改称《尚书》。《尚书》是我国现存最早的历史文献汇编，上起尧、舜、禹传说时期，下讫秦穆公时代，流传了两千多年，素有“政书之祖，史书之源”的美誉。它构建了中国古老文明的知识体系，也因此成为最早被译介到西方的典籍之一。《尚书》相传为孔子整理编纂，在儒家思想中，《尚书》具有极其重要的地位，孔子曾把它用作教育学生的教材。

中华文化对汉字的影响也十分显著。文化的成果随着时间的推移而不断地增加、累积和丰富，于是汉语的语音、词汇、语法也不断地发展、丰富起来。汉字作为记录汉语的工具，为了满足各种新的需求，在字形、字体、字量、字频等方面，也必然会随着文化的发展和语言的发展而变化、发展。例如：“砲”本来是指抛石机一类的冷兵器，后来发明了火药燃放的火炮，于是记录新式火炮的汉字字形变成了“炮”，意符不再写作“石”，而写作“火”。再如：随着近代科技的发展，大量的化学元素被发现，为了记录这些化学元素名称，制造了很多新的汉字。又如：当代科技文化日新月异，因此，借用符号在外来文化和语言的影响下，日益广泛地得到运用。“CCTV”“卡拉OK”“B超”等汉字和借用符号的混用，如今可以说是司空见惯了。每一次重大变革都是在一定文化背景下产生的。秦始皇统一六国以后，为了实现文化上的统一，实行“书同文”政策。新中国成立后，为了解决繁体汉字难学、难记、难认、难读的问题，推行了《简化汉字方案》，对汉字进行了一次全面的改革和调整，这种改革对汉字发展和使用的影响是巨大的。

三、汉语文化的域外传播

汉字不仅是中国的瑰宝，在约两千年前还先后传入朝鲜半岛、日本、越南，在不同历史时期作为正式文字使用，对于促进中国和这些国家的经济、文化交流，发挥了重要作用。汉字在这些国家的文化发展中留下了深刻的印记，例如：1965 年独立的新加坡共和国，汉字就是其官方通用的文字之一。从东北亚到东南亚，已形成了一个汉字圈及汉字文化圈。

汉民族创造了在东方地区遥遥领先的古代文化，汉字记载了先进的文明成果，周边国家通过学习汉语、汉字而使自己文化进步是理所当然的事情。当时东北亚、东南亚这些国家都没有创造自己的官方文字，汉字传入以后，在很长的历史时期内，他们就用汉字作为记录语言的工具。例如：日本人逐渐改造汉字，创造了独特的“假名”。其中“假”的意思是借用；“名”的意思是名号，指汉字。“汉字假名混合文”便成为日语书面形式的主流，一直沿用到今天，汉字在日语中占据着重要地位。再如：朝鲜语中的汉语借词，约占朝鲜语词汇的 60%。朝鲜创制了谚文，谚文是音位文字，字母近似汉字的笔画，每个音节拼成一个方块。19 世纪后期，汉字谚文混合体成为正式文字，汉字写词根，谚文写词尾。现在朝鲜虽已不用汉字，但朝鲜语中存在大量汉语借词的事实并未改变（如图 4-2 所示）。汉字在汉代传入越南后，被确定为越南的官方文字，历时 1000 余年。9 世纪，越南创造了自己的文字——喃字。喃字是用汉字偏旁，会意、形声等汉字构造方式新造的字。其从汉语借去的词，占整个越语词汇的 60% 以上。直到 1945 年，几经变迁的越南国语字日趋成熟，正式成为越南全国统一的通用文字。

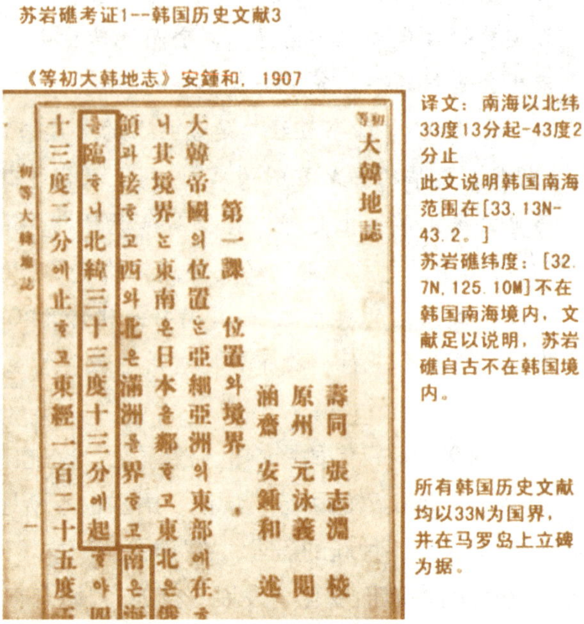

图 4-2　使用汉字记载的韩国历史文献。此页说明具有争议的“苏岩礁”自古就不在韩国境内

尽管三个国家的语言不同，但长期的汉字、汉语借用，必然对其文化精神、思想方式、道德观念、文学艺术趣味、风俗习尚等产生重要影响，从而形成东方文化的许多共同特点。汉语、汉字在境外的传播是中华文化向境外传播的重要纽带，同时汉语、汉字也以自己的方式不断吸收其他语言的营养来丰富自己。进入新世纪，“汉语热”已在全球范围内兴起。我国相关部门陆续在一些国家设立了代表中华文化的“孔子学院”，力求向海外完整准确地介绍和传播中国特有的文化传统和价值观念。汉语所呈现的文化传播力无可替

代，将中华文化再度推向世界。

总之，汉语言文字形成的过程，也就是我国古代先民思维方式形成的过程，是中华文化基本特质形成的过程。在中华传统文化的发展变化中，汉语言文字起到了重要的规范与影响作用。正是由于汉语言文字与中华传统文化有着这样密不可分的关系，因此，学习和弘扬中国古代的语言文字传统，也是我们学习和弘扬中华传统文化的重要内容。

第二讲　平衡艺术：中医的防病于未然

中医是中国传统医学，是一门研究人体生理及疾病的诊断与防治的科学。在研究方法上，它以整体观、相似观为主导思想，以脏腑经络的生理、病理为基础，以辨证论治为诊疗依据，具有朴素的系统论、控制论、分形论和信息论等内容。如果说诊断和治疗是中医的形，那么防范就是它的魂。在“治”和“防”上，中医最重视的是“防”，于是就有了养生。中国医药、养生本是一体，又自成体系，是中华传统文化不可分割的组成部分。中医比较复杂，这里从几个侧面谈谈中医的一些重要特点。

一、中医的发展基础

中医是中华民族在与疾病长期做斗争的过程中逐渐积累和发展起来的，最早起源于漫长的原始社会。传说中的神农氏就是当时一个很了不起的医药发明者。相传，他教人们播种五谷，从事农业生产，还亲自尝百草，发现草木的药用价值，为人治疗疾病。后世有人托名“神农”写了一部中药学著作《神农本草经》，可见神农氏影响之深远。

春秋战国时期，百家争鸣，促进了各种学术的创立与发展，中医中药也出现了蓬勃发展的局面。

第一，实践医学取得了长足的进步。这时人们对巫医的骗术由怀疑到反对，医学开始同巫术分道扬镳。在治病方法上，除了口服中药外，还有药浴、熏蒸、针灸、砭、熨等方法。针灸疗法的独特之处是不用药物，只用针刺入病人身体的穴位，或用艾火的温热刺激穴位皮肤表面，以达到治病的目的。针灸疗法疗效明显，简便易行，所以流传至今。

第二，在当时的哲学思想基础上，开始形成中医理论体系。哲学上有精气、阴阳、五行等观念。“精气说”认为精气是世界的本原，是构成人体的物质，即“人之所以生者，精气也”。“阴阳说”认为世界上一切事物都有正反两个方面，把阴阳交替看作宇宙的根本规律。“五行说”认为世界万物的形成和生长，都是木、火、土、金、水这五种物质相互作用的结果，它们相生相克，循环往复，从而使宇宙永远存在与发展。这些哲学思想对中医理论体系的建立起到了积极作用。我国古代医学家把这些哲学思想广泛地应用于医学理论，形成了独特的生理学和病理学。春秋战国时期的医学家还用五行的属性来区别脏腑器官的特性，如肝属木，心属火，脾属土，肺属金，肾属水，并用相生相克的理论解释内脏之间的相互关系，对病人施行辨证治疗。总之，中医理论体系在战国时期已经基本形成，奠定了中国传统医学的基础。

第三，不少名医涌现，形成了各种医学流派。春秋战国时期有许多名医，如扁鹊。扁鹊医术高超，天下闻名。他是总结医学经验的第一个突出人物，相传古医书《难经》就是他的著作。由于医家辈出，师承多门，就形成了不同的医学流派。现存古医书中，多有不同见解，反映了当时百家争鸣的情况。

相关链接

《黄帝内经》——中国现存最早的较完整的医学理论著作

中国现存最早的一部较完整的医学理论著作就成书于战国时期，名为《黄帝内经》。在生理学方面，《黄帝内经》主要阐述了精神、气血、津液、脏腑、经络等的作用和生理功能，以及它们之间的辨证关系。在病理学方面，《黄帝内经》突出地分析了虚、实、寒、热这四种基本的病理变化。此外，《黄帝内经》在诊疗学、治疗学、药理学等方面也都有明确的记述。

秦始皇统一六国为中医的发展创造了有利的条件。汉代中医的成就突出地表现为中药方剂和诊断方法的进步，特别是把《黄帝内经》的基本理论与临床实践紧密结合起来，初步建立了后世称为“辨证论治”的临床理论体系。两汉三国时期的名医有华佗、张仲景等，流传至今的重要医学著作有《神农本草经》和张仲景的《伤寒杂病论》。

两晋至隋唐五代时期，中医药学有了更大的发展，医学教育事业逐步形成，医科分工也更趋细致。这时期的名医和医著不胜枚举，如王叔和的《脉经》、皇甫谧的《针灸甲乙经》、葛洪的《抱朴子》、陶弘景的《本草经集注》、巢元方的《诸病源候论》等。唐代更是名医济济，如张文仲、孙思邈等，都是当时的名医。唐代的中外医学交流也达到了空前的规模。印度乃至欧洲的医术和药物传入中国，而中医也被移植到日本、朝鲜、越南等国。

相关链接

《备急千金要方》——中国最早的临床实用百科全书

唐代孙思邈著有《备急千金要方》，这部书总结了唐以前的临床经验和医学理论，收集了大量药方、诊法、针灸等内容，还记述了食疗、导引、按摩等养生方法，规模相当宏大，是中国最早的一部临床实用百科全书。

宋元时期的医学实践进一步发展，各种医学流派相互争论，促进了中医生理、病理和药理学说的完善，辨证论治原则得到了更充分的运用和发挥。宋元时期是中医学发展的繁荣时期。如宋代太医院中所设医科很细。南宋时还出现了宋慈的法医学专著《洗冤录》，标志着法医学的创立和重大发展，是世界上最早的法医学著作，欧洲人真正把医学知识应用到司法验尸上，要比我国晚 400 年左右。宋元各种医学流派相互争论，促进了医学界的学术争鸣，推动了中国医学学术水平的进一步提高。

图 4-3　湖北蕲春李时珍纪念馆李时珍雕像。李时珍，明代著名医药学家。他历经 27 个寒暑，完成了 192 万字的巨著《本草纲目》

明清时期中药学得到空前发展。明朝李时珍（如图 4-3 所示）所著《本草纲目》共收药 1892 种，附药方 11096 种，插图 1160 幅。这本书对中国 16 世纪以前的药物学做了较全面的总结，还收藏了许多新发现的有效药物，是世界药学史上的名著。明清时期发现了治疗、预防传染病的方法，形成了中医的瘟病学说。对天花这种传染病的防治，中国医学家们在明朝后期就发明了人痘接种法。这是世界免疫学的一次跃进。人痘接种法很快传播到世界许多国家，直到 18 世纪末英国人爱德华·詹纳才在人痘接种的基础上，成功改用牛痘接种，并在几年后传回中国。明清时期辨证论治原则最终确立，成为中医普遍遵循的理论原则。辨证，就是指运用四诊，即望诊、闻诊、问诊、切诊。

中医、中药是中华民族贡献给人类文明的一份巨大财富，其独特的医学理论和实践使之成为世界医学发展史上的重要组成部分。中医、中药受到世界医学领域越来越多的重视，其自身也在和西方医药学相结合的过程中得到进一步发展。

二、中医的平衡术

中医的平衡术主要体现在两点：一是注重防病于未然，二是诊断重视整体统一观。

（一）注重防病于未然

中国传统医学经典著作《黄帝内经》说：“圣人不治已病治未病，不治已乱治未乱。”又说：“病已成而后药之，乱已成而后治之，譬犹渴而穿井，斗而铸锥，不亦晚乎！”这是中医的一个重要的指导思想。它表明，中医在治病和防病二者之间，以防病为主。中医认为，人生病的原因不在于发病之时，而是没有发病的时候病根已经存在了，所以应当在人没有生病的时候下功夫。这与中医治病要治本的思想是一致的。中医有发达的预防医学，这是中医不同于西医的重要特色之一。中医说："养之不素则病生。"这个"素"，是人生命的根本，也就是人生命的平衡态。中医是奉行中道的医学，和谐是它防病治病所奉行的至高原则。

中医预防医学首先强调人体在能量摄入上的平衡。没有能量，人的生命将无法维持。但中医提出"饮食有节"的思想，强调适度地获取能量。因为能量的过剩，不仅不能给身体带来好处，过分的能量摄取无法吸收反而成了身体的负担。当下，随着生活水平的提高，人们常常成为各种食物和营养滋补品的"牺牲品"，摄入大量的营养破坏了身体的应有平衡，如不少孩子的性早熟现象就是其表现出的弊端之一。中医还强调能量消耗的适度，提出"不妄作劳"的观点，即不要过分劳累。中医重视"固本培元"，注意身体内部根基的培植。人生病往往与对自身能量无节制的消耗有关，入不敷出，最终破坏了内在平衡，形成病症。

中医认为防病的关键还在于人与自然的平衡。人生活在自然界之中，人的生命来自自然界，自然界的变化对人的身体会产生影响。中医主张人要注意契合自然的节奏，实现人与外在世界的和谐。对此，中医提出"起居有常"的思想，人的活动要适应自然的规律。例如：春天气温上升，人的身体也渐渐形成外张的态势，气血由内部浮向体表，皮肤松弛，汗腺舒张，容易产生湿症，必须防湿；夏天天气燥热，此时人容易急躁不安，要有所抑制；秋天是收缩的季节，人的气血由外部而潜向内里，皮肤紧缩，汗腺收紧，这时要注意水的补充，饮食要清淡；冬季多有寒症，如伤寒、关节疼痛，由于室外活动少，长期封闭，容易消沉，必须注意调节。可见，中医的起居有常，其实就是伴着自然的节律而运动。

中医预防医学最重要的方面，还在于保持精神的平衡。病从心起，养生重在养心。人不是机器，而是具有复杂的感情和精神，人的精神性因素是内在平衡的根本。精神平衡被打破，容易引起疾病。例如：心胸狭窄、患得患失、性情暴烈、盲目攀比，或者是消极郁闷、孤独无依、偏执独断等，都是不良心理状态，都容易带来疾病。中医养心的思想与中华文化重视人的德性修养的思想是一致的。中国人有"仁者寿"的说法，也就是心理比较健康的人往往容易长寿。

相关链接

失衡的身体健康——亚健康

2006年，中华中医药学会发布了《亚健康中医临床指南》，从中医的角度对亚健康的概念、常见临床表现、诊断标准等进行了明确描述，产生了较为广泛的影响。亚健康的主要临床特征包括：（1）身心上不适应的感觉所反映出来的种种症状，如疲劳、虚弱、情绪改变等，其状况在相当时期内难以明确；（2）与年龄不相适应的组织结构或生理功能减退所致的各种虚弱表现；（3）微生态失衡状态；（4）某些疾病的病前生理病理学改变。导致亚健康的主要原因有饮食不合理、缺乏运动、作息不规律、睡眠不足、精神紧张、心理压力大、长期不良情绪等。

（二）诊断重视整体统一观

注重防病于未然，可以减少人患病的概率，但不等于完全消灭疾病。人吃五谷，难免会生病。生了病就要治疗，中医有一套丰富复杂的诊治理论，其基本原则就是整体思想，即俗话所说的“不能头痛医头、脚痛医脚”。

中医认为，人体是一个有机的整体。人体是由若干脏腑、组织和器官组成的。每个脏腑、组织或器官各有其独特的生理功能，而这些不同的功能又都是人体整体活动的一个组成部分，这就决定了人体内部的统一性。也就是说，人体各个组成部分之间，在结构上是不可分割的，在生理上是相互联系、相互支持而又相互制约的，在病理上也是相互影响的。人体的这种统一性，是以五脏为中心，配以六腑，通过经络系统“内属于腑脏，外络于肢节”的作用而实现的。五脏是代表着整个人体的五个系统，人体所有器官都可以包括在这个系统之中。人体以五脏为中心，通过经络系统，把六腑、五体、五官、九窍、四肢、百骸等全身组织器官联系成有机的整体，并通过精、气、血、津液的作用，完成机体统一的机能活动。

同时，中医也非常重视人体与自然界的关系，认为人体与自然界也是密不可分的，自然界的变化随时影响人体，人类在能动地适应自然和改造自然的过程中维持着正常的生命活动。这种机体自身整体性和内环境统一性的思想即整体观念。这也牵涉中华文化中重要概念——“气”的问题。中国人将天地自然以及人的生命视为一个整体，且这个整体来自“气”。中国人认为，人的生命能否撑起，全在一口“气”。“气”是生命的基础，这个“气”不仅指人呼吸的气体，还指人生命的活力。人的生命因“气”而活着，决定生命的是一个气脉流动的整体。

相关链接

《十问歌》

明代医学家张景岳在总结前人问诊要点的基础上写成《十问歌》，清代陈修园又将其略做修改补充为：

一问寒热二问汗，三问头身四问便。

五问饮食六胸腹，七聋八渴俱当辨。

九问旧病十问因，再兼服药参机变。

妇女尤必问经期，迟速闭崩皆可见。

再添片语告儿科，天花麻疹全占验。

《十问歌》内容言简意赅，可作为问诊的参考。但在实际问诊中，还必须根据患者的具体病情灵活而重点地询问，不能千篇一律地机械套问。

正是由于人体本身的统一性及人与自然界之间存在既对立又统一的关系，因此对待疾病应因时、因地、因人制宜，这是中医治疗学上的重要原则。在对病人作诊断和决定治疗方案时，必须注意分析和考虑外在环境与人体情况的有机联系以及人体局部病变与全身情况的有机联系，这就是中医学的重要特点——整体观念。

三、穴位和经络

中医认为，经络是运行气血、联系脏腑与体表及全身各部的通道，是人体功能的调控系统。经络学也是人体针灸和按摩的基础，是中医学的重要组成部分。经络学是博大精深的中医基础理论的核心之一，为保障中华民族的健康发挥了重要作用。

中医认为，人的内在世界是一个生命网络，中医的经络学说就是尝试对这一网络进行的描述。中医认为，学医如果不懂经络学说，开口动手便错。中医对“经络”的解释是：“经”的原意是“纵丝”，有路径的意思，简单而言就是经络系统中的主要路径，存在于机体内部，贯穿上下，沟通内外；“络”的原意是“网络”，简单而言就是主路分出的辅路，存在于机体的表面，纵横交错，遍布全身。“经”和“络”上下左右内外贯串起来，将人体联结成一个整体。经络可以说是人的生命体的隐藏系统。经络在生理上的作用主要表现在两个方面：一是沟通表里上下，联系脏腑器官；二是通行气血，濡养脏腑组织。通俗一点说，经络是气血运行的通道。

相关链接

任督二脉

任督二脉在中医诊脉与道家导引养生上相当重要，同时因武侠小说里渲染与夸张的描述，如借由武功高强之人打通自身的任督二脉等，武功即可突飞猛进等，成为一般人最为熟知的气脉名称。

如图 4-4 所示，任脉是以人体正下方双腿间的会阴穴为起点，从身体正面沿着正中间往上到唇下承浆穴的一条经脉；督脉则是由会阴穴（也有人说是长强穴）向后沿着脊椎往上走，到达头顶再往前穿过两眼之间，到达口腔上的龈交穴。任脉主血，督脉主气，为人体经络主脉。任督二脉若通，则八脉通；八脉通，则百脉通，进而能改善体质，强筋健骨，促进循环。

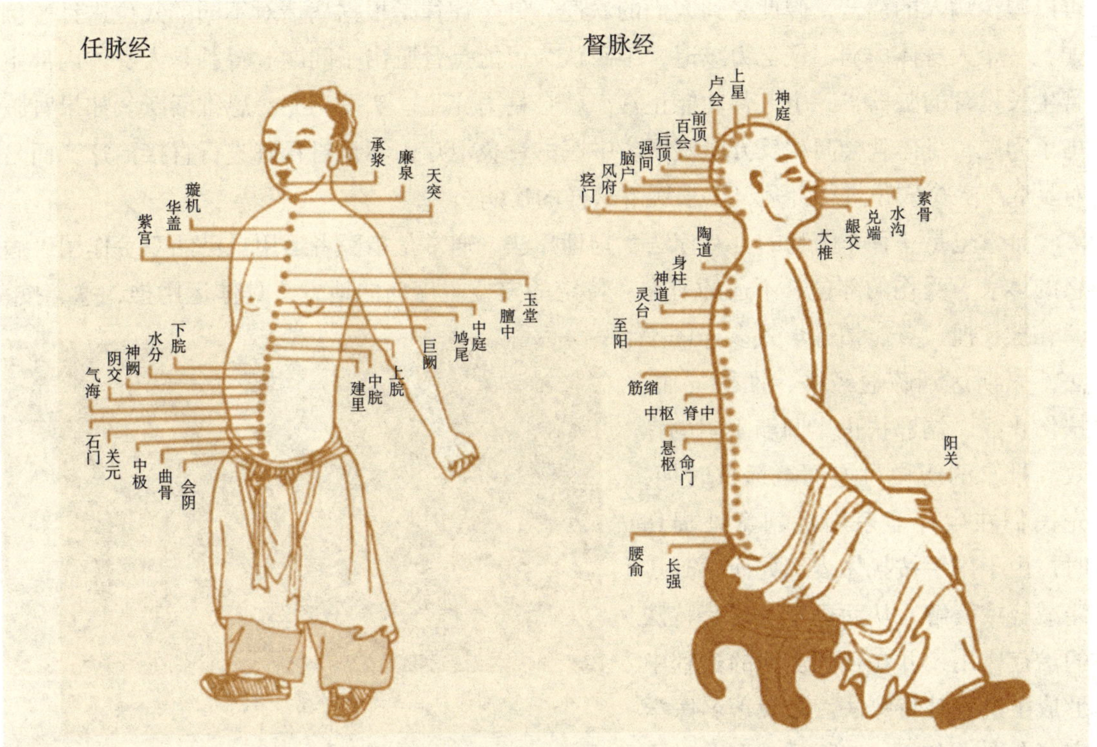

图 4-4 任督二脉。左为任脉经示意图，右为督脉经示意图

人的生命靠的是经络内气血的运行，人生病是经络不贯通造成的，治病的关键就是疏通经络。正常人的经络是畅通的，一旦经络被阻塞了，原有的通道被打断，影响了整体的平衡，人就会生病。这就像交通一样，遇到阻碍，汽车就会绕道而行，这样还会打破其他道路的平衡，其他道路也会拥挤起来。

中医里面的另一个重要概念是穴位。穴位依存于经络，它是人体经络线上特殊的点区部位，多为神经末梢和血管较少的地方，中医可以通过针灸或者推拿等方式刺激相应的经络点治疗疾病。人体穴位的总数远超过 1000 个。我们比较熟知的穴位有头部的“太阳穴”、面部鼻沟处的“人中穴”和足部的“涌泉穴”等。中医认为，按不同的穴位能产生不同的效果。例如：猛击“太阳穴”可能致人死亡；如果对中风的人掐“人中穴”，则可能“起死回生”；对于失眠的人，如果按“神门穴”（位于手腕内侧）15 分钟，他便能很快入睡。

中医认为，经络、气血和穴位都是能看得到、摸得着的，如果一个人阴阳失调生了病，就可以从这三方面着手进行治疗，治疗的方法包括针灸和推拿等。

针灸是中医的重要治疗方法，它的神奇疗效已为世人所知。中医在长期的经验积累中，发现了大量连通身体的穴位，并通过穴位的针灸来治疗疾病。例如：一个人肩背痛，西医很难处理，但中医通过针灸疗法，疏通脉络，可以有效地缓解甚至治愈这样的疾病。由于针灸治病不用开刀或吃药，只是在病人身体的一定部位用细针刺入，简便易行，而且可以减少病人的痛苦，因此受到人们的欢迎。针灸往往是根据病情对不同的穴位进针。例如：一个人身体虚弱，记忆力减退，中医认为可能是肾脏出了问题。肾脏是人身体内部主管生长发育的脏器，一个人肾功能正常，就会精力充足、头发乌亮、思维活跃。如果肾脏出了问题，身体就会向相反方向发展。中医的针灸治疗，不是对肾脏进行直接治疗，而是对足底下一个穴位进行针灸，以求缓解这样的疾病。

推拿也是一种非药物的自然疗法、物理疗法，通常是指医者运用自己的双手作用于病患的体表、受伤的部位、不适的所在、特定的穴位、疼痛的地方，具体运用推、拿、按、摩、揉、捏、点、拍等形式多样的手法，以期达到疏通经络、推行气血、扶伤止痛、祛邪扶正、调和阴阳的疗效。推拿的历史可追溯至远古时期，先民们在生存竞争中遇到意外损伤时，由于用手按抚体表患处而感到疼痛减轻或缓解，从而逐渐发现其特殊的治疗作用，并在长期实践的过程中形成了这一独特疗法。东汉著名医学家张仲景（如图 4-5 所示）在《金匮要略》中，介绍了类似于今天的前胸按压抢救心跳呼吸骤停的心肺复苏术等的治疗方法。

图 4-5　河南南阳医圣祠张仲景雕像。张仲景，著名医学家，被后人尊称为“医圣”。其代表作《伤寒杂病论》是我国第一部从理论到实践确立辨证论治法则的医学专著。《金匮要略》是后人根据《伤寒杂病论》的残简整理成册的

我们今天常见的一种推拿方式就是按摩。按摩是指医者运用按摩手法，在人体的适当部位进行操作，所产生的刺激信息通过反射方式对人体的神经体液调整功能施以影响，从而达到消除疲劳、调节体内信息、增强体质、健美防衰、延年益寿的目的。

第三讲　文明进程：四大发明的深远影响

我国科学技术的发展历史悠久，科技水平在古代一直处于世界的前端。英国人李约瑟在《中国科学技术史》序言中指出：“中国在公元 3 世纪到 13 世纪之间保持着一个西方望尘莫及的科学知识水平。”在几千年的文明史上，中国人有无数发明和创造，如汉字、中医、丝绸、瓷器、指南针、造纸术、印刷术、火药、万里长城、紫禁城等，这些独特的发明和创造是中国人对世界文明的伟大贡献，证明中华民族是一个富于原创性的民族。

中国古代的科技文化成就辉煌灿烂，成就斐然，尤其以四大发明对世界的影响最为显著。四大发明是指指南针、造纸术、印刷术、火药。四大发明不仅对中国古代的政治、经

济、文化的发展产生了巨大的推动作用，而且经由各种途径传至世界各地，对世界文明的发展史也产生了很大的影响。

一、指南针和航海术

指南针是古人在长期的生产生活中逐步发明和完善的。大约在公元前 5 世纪，中国人就发现了磁铁的指极性，并有将其制成“司南”（如图 4-6 所示）用来定位方向的记载。今天，我们常常将其作为中国古代科学技术的象征物。据古文献记载，司南由青铜地盘和磁勺组成。地盘上标示有东、南、西、北 4 个方向和 24 个方位。在平滑的“地盘”上，放上一个像勺子一样的物品，勺子以天然磁石经过琢磨制成，重心恰好落到勺底的正中。勺子可以自由旋转，当它停下之时，勺柄就会指向南方。当时人们就将它派上了用场，如郑国人到远方采玉，就使用司南，确保不迷失方向。这种类型的司南在我国曾被长期使用。

图 4-6　司南。据了解，考古专家说真的司南并没有出土过，现在看到的司南是 1940 年王振铎老先生依据明嘉靖通津草堂本流传下来的东汉王充《论衡·是应》通行本中的 12 个字“司南之杓，投之于地，其柢指南”复制的

司南利用的是地球磁场的作用。地球是一个大磁体，它的两极分别在接近南极和北极的地方，因此地球表面的磁体自由转动时，就会因磁体同性相斥、异性相吸的性质指示南北。

此外，古代还有许多有关“人工磁化”和其他指南器物的记载。古代民间常用薄铁叶剪裁成鱼形，鱼的腹部略下凹，像一只小船，磁化后浮在水面，就能指南北。西晋的崔豹在《古今注》中曾提到了这种“指南鱼”。这是中国人利用磁化作用的众多小发明之一。人工磁化方法的发明，对指南针的应用和发展起了巨大的作用，在磁学和地磁学的发展史上也是一件大事。

大约在唐末或宋初，人们发明了人工磁化方法，制造出了指南针。指南针最初是由风水先生发明的，他们用铁针摩擦磁铁，使其磁化，制成指南针。宋代的指南针有了重大发展，北宋沈括在《梦溪笔谈》中指出，当时的指南针是用“磁石磨针锋”的人工磁化方法制成的，并且记载了水浮、置指爪、置碗唇和缕悬四种指南针的装置方法，同时提到指南针“常微偏东”的地磁偏角现象，这是世界上关于磁偏角的最早记载。

相关链接

指南针的制造技术

指南针的制造技术在沈括（如图 4-7 所示）的《梦溪笔谈》中最早得到系统阐述。

沈括指出，在磁石上磨过的小铁针具有较稳固的磁性，因此应采用这种造磁针代替天然磁石制造指向工具。沈括讨论了磁针装置的四种方法，即水浮、置指爪、置碗唇和缕悬。他认为，水浮法虽应用较广，但“水浮多荡摇”是一重大缺陷。置指爪和置碗唇的方法是指将磁针放在指甲或碗边，这样做虽然摩擦力很小，但太不稳定。只有缕悬法是比较好的。它是用细线将磁针悬吊，在无风的地方指向效果很好。沈括在制造指南针的过程中还发现了“磁偏角”。他在书中写道：“磁针‘常微偏东，不全南也’。”这是磁学史上一个极其重要的发现，欧洲人直到400年后才有关于这一现象的记载。

图 4-7　北宋沈括一生致力于科学研究，其代表作《梦溪笔谈》，内容丰富，集前代科学成就之大成，在世界文化史上有着重要的地位，被称为“中国科学史上的里程碑”

大致在北宋时，指南针就被用于航海。开始时人们对它的性能并不太熟悉，所以航海人员晚上靠星星、白天靠太阳辨别方向，逢阴天才靠指南针。到了元代，指南针成为海上指航的最重要的仪器，人们还编制出了使用罗盘导航、在不同航行地点指南针针位的连线图。不过，当时的指南针技术还比较粗犷，多是将指南针放到水中，即“浮针”，后来把它和罗盘结合起来，指南针的使用范围才更加广泛。

指南针的发明促进了中国人航海事业的发展。我国先人们配合对潮汐、季风等的观察，在航海中创造了一套实用性很强的导航技术。正是凭借这样的导航技术，才出现像郑和下西洋那样的海上壮举，将中国人的航海事业推进到一个新时代。大约在12世纪末到13世纪初，指南针由海路传入阿拉伯，然后由阿拉伯传入欧洲。指南针的传播和改进，为欧洲新航路的开辟做出了非常重要的贡献，大大推动了世界文明的进步。

二、造纸术和文化的传播

人类发明了文字，有了文字就要书写。自古以来，我国先人们发明了许多种书写的方式：有刻在龟甲上的，那是甲骨文；有铸在青铜器上的，那是金文；有锲刻在石头上的，那叫碑文；也有刻在竹简上的；还有写在布帛上的。

甲骨和简牍，无论是书写还是携带都不易，也不易传播。铸造在青铜器上的金文或写在布帛上的帛书，用材都很昂贵，也无法大规模使用和普及。正是在这样的基础上，人类发明了纸。

我们都知道蔡伦造纸，实际上，东汉蔡伦是在总结前人经验的基础上，改进了造纸术。20世纪在我国各地出土的许多西汉时期的古纸片，可以证明在蔡伦大规模造纸之前，中国人就已经发明了造纸术，这说明蔡伦的造纸术并非是突然之间的发明，而是有一个技术积累的过程。西安出土的西汉时期的植物纤维纸，是蔡伦造纸的前身。蔡伦扩大了造纸原料的范围，即破布、鱼网、树皮、麻头等都可以造纸，其中树皮造纸便是他的发明。蔡伦的造纸工艺更为精细，造纸术到他这里，摆脱了纺织品附庸的地位——此前都是利用纺织之后抛弃的副产品来造纸的。蔡伦将造纸发展为一种独立的工艺，人们把他创造的这种纸叫作“蔡侯纸”。

东汉末年，蔡伦的造纸术被广泛运用。到了公元 3 至 5 世纪的两晋时期，人们利用纸张写字，并由此发展出写在纸上的书法艺术，还利用纸来作画。后来，造纸技术日渐提高，一些特殊的纸张也诞生了，如对中国书法和绘画影响深远的宣纸。

自蔡伦以后，造纸术得到持续发展。人们一方面不断开拓新的造纸原料，另一方面在工艺技术上不断进行改造，使纸的品质越来越高，品种越来越多。唐时竹纸的问世是造纸术的重大突破，表明造纸技术已达到相当成熟的地步。

中国发明的造纸术在 7 世纪经朝鲜传到日本，8 世纪中叶经中亚传入阿拉伯，到 12 世纪，欧洲才仿效中国的方法开始设厂造纸。据说中世纪的欧洲，抄一本《圣经》要用 300 多张羊皮，价格极其昂贵，文化信息的传播因材料受限。应该说，造纸术的发明，开创了人类文明的新纪元。

相关链接

《天工开物》中记载的中国造纸术

明代著名科学家宋应星一生致力于对农业和手工业生产的科学考察和研究，其杰出著作《天工开物》被誉为“中国 17 世纪的工艺百科全书”。《天工开物》第十三卷《杀青》中关于竹纸和皮纸的记载，可以说是具有总结性的叙述。书中还附有造纸操作图，是当时世界上关于造纸的最详尽的记载。法国伟大作家巴尔扎克《人间喜剧》中的重要代表作《幻灭》，其主人公大卫·赛夏是个有理想、有抱负的青年科学实业家，一心致力于研究用新型原料造纸，并在中国造纸术专著的启发下做了很多试验，最后因遭到奸商暗算而放弃发明专利，从而使他的科学研究的幻想破灭，成了真正的“人间悲剧”。巴尔扎克在《幻灭》中通过大卫之口说：“我们要解决的造纸问题，对于文学、科学、政治重要无比。”

三、印刷术和知识的传播

在电子媒介出现之前，人们靠书本传递知识。今天我们很难想象，没有书本，知识将如何传播，如果仅仅是口耳相传，那么传播的力度实在太有限了。书本通过印刷，可以大量复制，很多人读着同样的书本，这便有了知识的传播和思想的交流。因此，印刷术对人类文明的发展极为重要。有人说，印刷术是“文明之母”，这是一点也不过分的。

印刷术的发明出现在中国，一点也不奇怪，这与中国特有的文化传统密切相关。中国人向来有重视历史的传统，且很早就发明了文字，并通过文字将思想和知识传到千里之外，传至绵绵后代。印刷术的产生与演变经历了一个漫长的历史过程，其产生与古代印章刻印术、碑刻拓印法关系密切，它们可以被视为印刷术的前身。

早在春秋战国时期，就有了印章，今天我们还可以看到三千多年前的印章。印章的产生，最初是出于实用。在一个相当长的时期内，印章只是作为持信之物和政治权力的象征。印章是将姓名（并扩展到其他内容的文字）镌刻在铜器或者是镤刻在石头上，作为凭信，实际上也是一种复制方法。这就为以后的雕版印刷术的产生打下了良好的基础。

在印章出现的同时，石刻也产生了。秦汉时期，碑刻已相当普遍，但当时主要用于记载祭祀活动和作为墓志。东汉末年，为了规范儒家经典，开始将经文刻在石碑上，供读书人抄阅。学习书法的人都知道，学书要临碑帖，有汉碑、魏碑等说法。碑刻文字多是汉代以来流传下来的，这些刻有文字的碑有的今天还存在（如西安碑林收集了大量的碑刻），有的已经不在了，但其中有的内容已经被前代人用纸张蒙在碑刻上拓印下来了。拓印碑刻的方法，其实也是一种文本复制，可以说是雕版印刷术的雏形。

我国印刷术的发明，经过了由雕版印刷到活字印刷的发展阶段。大约在公元 7 世纪的初唐时期，我国出现了雕版印刷术。它的方法是用刀在一块块木板上雕刻出凸出来的反写字，然后上墨，印到纸上。唐咸通九年印制的《金刚经》，是世界上现存最早的有刻印时间的雕版印刷品，这一印刷品的雕版现在藏在英国伦敦大英图书馆。从雕版印刷术的刻印方法上，也可看出它与印章、碑刻的渊源关系。如印章，也是在石料等上刻上反字，然后用墨或印泥，在纸上印出字来。雕版是更大规模的印刻。雕版印刷在唐宋时期是我国主要的印刷方法，今天可以看到雕版印刷的不少传世精品，如被后人视为珍本的宋版书（如图 4-8 所示）。南宋时还出现了彩色套印版术，每页要刻两张板，这对印刷技术要求很高。

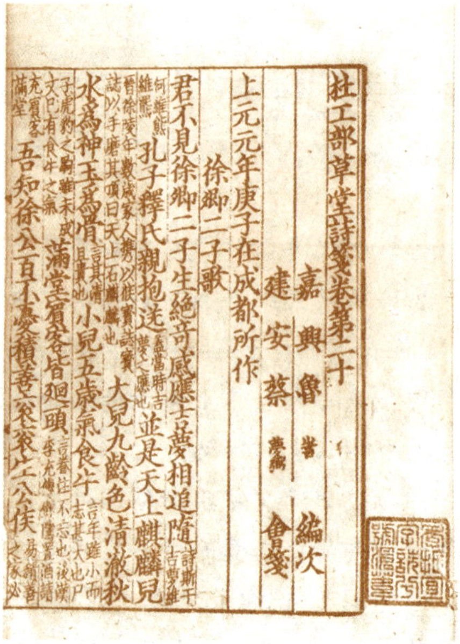
杜工部草堂詩箋卷第二十
嘉興魯訔編次
建安蔡夢弼會箋
上元元年庚子在成都所作
徐卿二子歌
君不見徐卿二子生絶奇感應吉夢相追隨
孔子釋氏親抱送並是天上麒麟兒
大兒九齡色清澈秋水爲神玉爲骨
小兒五歲氣食牛滿堂賓客皆迴頭
吾知徐公百不憂積善衮衮生公侯

图 4-8　宋本《杜工部草堂诗笺》卷二十首页，该卷藏于上海图书馆。《杜工部草堂诗笺》五十卷，宋蔡梦弼撰，宋建刻本，存一册，为卷二十至二十一，共二卷。钤有“季振宜字诜兮号沧苇”印，为清初藏书家季振宜旧藏品。此本今中国国家图书馆藏有一部，存三十九卷，也有“季振宜字诜兮号沧苇”印，知上图藏此册原与国图藏本为同一部，在流传中分离二处。此为南宋宁宗嘉泰元年（1201 年）成书后建阳第一刻本，刊刻精美

但雕版印刷有很大局限，每印一种新书，木板就得从头雕起，书有多少页，就需要刻多少板，效率较低。同时，雕刻本身工艺要求高，极为辛苦。北宋一位名叫毕昇的平民，发明了活字印刷。活字印刷是用胶泥刻字，每字一印，烧后制成字印。将一颗颗字印排列、镶嵌于铁板之上，经烧烤、压平

等工艺制成印版后，便可印刷。印版上的字印可取下反复使用。与毕昇同时代的沈括在其《梦溪笔谈》中记载了这项重要发明，并说这种方法“若印十百千本则极为神速”。毕昇发明的活字印刷方法，对后代印刷术产生了很大影响。后人根据他的经验制成了磁活字、木活字、锡活字、铜活字等。

雕版印刷在我国出现后不久，其技术就传到了日本和朝鲜。北宋时活字印刷术出现，13 世纪初传入朝鲜后，朝鲜人又在活字印刷的基础上，率先用浇铸法制造成铜活字。顺着陆上和海上两条丝绸之路，我国的印刷术很快传到了亚非等国。意大利旅行家马可·波罗通过他的《马可·波罗游记》，将雕版印刷术介绍到了欧洲，引起了轰动。到了 15 世纪中叶，德国人谷登堡用铅、锡等合金制造成字母文字系统的活字，由此，世界印刷术进入了一个新时代。这个时代一直持续到 20 世纪 40 年代计算机发明之时。

四、炼丹术带来的发明——火药

13 世纪上半叶，蒙古军队西征西亚和欧洲，凭借骁勇善战的骑兵，长驱直入。据波兰历史学家德鲁果斯《波兰史》一书记载：1241 年 4 月 9 日，蒙古大军与波兰和日耳曼的 3 万联军在离里格尼茨城约 10 千米的平原地带激战，最后蒙古人取得了胜利。波兰人将这场战争的胜利归因于蒙古人使用了威力强大的火器。蒙古人从木筒中成束地发射火箭，木筒上都绘有龙头，波兰人将其称作“中国喷火龙”。

蒙古人的这种“中国喷火龙”，其实就是在中国发明的火药基础上制造出的武器。火药作为人类掌握的第一类爆炸物，起源于中国的炼丹术。在两千多年前，中国就有了炼丹术，人们企图炼制出“仙丹”，以求长生不老。虽然从来没见过吃这种“仙丹”而长生不老的人，但“仙丹”的炼制方法却促使了“火药”的发明。

火药是以硝石、木炭、硫黄为主要成分，点燃后能迅速燃烧或发生猛烈爆炸的混合物。在火药的发明过程中，中国古代医学家和道教的炼丹家发挥了特殊的作用。由于火药的发明来自制丹配药的过程，因此火药曾被当作药类。《本草纲目》中就提到了火药能治疮癣，杀虫，辟湿气、瘟疫。由于火药不能解决长生不老的问题，又容易着火，因此炼丹家对火药并不感兴趣。后来火药的配方转到军事家手里，就成为“火药”。

中国人至迟在公元 9 世纪时，就将这种寻求长生的药物用到军事之上。唐朝末年的军阀混战中，曾有“发机飞火”的记载，人们利用抛石机来发射石头，就是将火药包点火以后，产生爆炸，石头便随之飞射出去，以打击敌人，这是最原始的火炮。

北宋时期，火药在军事上的运用更加广泛，国家将火药投入大规模的兵器生产中。各类源自火药的兵器相继产生，并在战争中得到运用。宋仁宗时成书的《武经总要》记载了许多火器的制作方法。在宋朝，人们将火药装填在竹筒里，火药背后扎有细小的“定向棒”，点燃火管上的火硝，引起筒里的火药迅速燃烧，产生向前的推力，使之飞向敌阵爆炸，这是世界上第一种火药火箭。12 世纪初（南宋初年），宋军和金兵作战，宋军大放

"霹雳炮"，一声炮响，声震天下，随之而喷出大量的纸屑、石灰散、硫黄等，漫天飞撒，这一招对以骑兵为主的金兵很有杀伤力。在飞沙走石中，人与马都迷失了方向，金兵大败而归。

火枪是用竹管制成的原始管形火器，是近代枪炮的祖先。火枪是一个具有重要意义的发明，人们可以掌握和控制火药的起爆时间，它是人类告别冷兵器时代的巨大飞跃。后来元人在此基础上发明了真正的手枪——"火铳"，以金属制造，以手持之，威力巨大，人称"铜将军"。

利用火药制成兵器，初始阶段都是国家绝密之事，但最终还是会流传出去，因为只要有战争，就会交手，战争其实是敌我双方兵器大展示的机会。火药在蒙古人横扫欧亚的时候，其实就传到了世界各地。随着资本主义的发展，新的精锐火炮在欧洲的工厂中被制造出来。装备威力强大的舰队，便开始了环球殖民。

从历史发展来看，中国古代的四大发明都是为人类社会生活带来革命性变化的科学发明，这是中国人对世界文明的伟大贡献。

第四讲　域外传播：丝绸之路的文明流通

丝绸之路是公元前 2 世纪开始出现的一条连接中国和欧亚大陆的交通要道。由于这条道路开始时以丝绸贸易为主，因此人们便称它为丝绸之路，也指陆上丝绸之路。"丝绸之路"一词最早是由德国地理学家费迪南·冯·李希霍芬在 19 世纪末提出的。

这条陆上道路从中国的长安（今陕西西安）开始，经甘肃、新疆，进而到中亚、西亚，并一直连接到地中海沿岸各国。这条总长 7000 多千米的古代东西交通要道，把中国古老的中原文化、印度的恒河流域文化与古老的希腊文化、波斯文化联系在一起。古希腊人开始知道有一个东方的古国，但对这个古国文明的情况不甚了解。考古学家已经证实，在丝绸之路没有开通之前，黄河流域、印度河流域到两河流域、尼罗河流域的草原上，已经有人踩出了一条时断时续的草原贸易小道，但这完全不能与丝绸之路相提并论。到了公元 7 世纪左右，丝绸之路开通后，中国和欧亚大陆诸国才开始有真正的交往。

从广义上说，丝绸之路还有一条，即海上丝绸之路。海上丝绸之路是古代中国与外国交通贸易和文化交往的海上通道，该路主要以南海为中心，所以又称南海丝绸之路。海上丝绸之路形成于秦汉时期，发展于三国至隋朝时期，繁荣于唐宋时期，转变于明清时期，是已知的最为古老的海上航线。

丝绸之路不仅是一条古代通商的道路，更是连接世界其他古老文明的纽带，是东西方文化和科学技术交流的桥梁，是横贯欧亚大陆的历史文化大动脉。丝绸之路促使人类文明在不同地域之间进行交流。不同文明传来的新鲜养分，孕育着新的文化。它是古老的中国走向世界、接受世界其他地方文明营养的主要通道。中华文化性格的塑造与丝绸之路息息相关。

一、丝绸之路的代表物——丝绸

大约在四五千年之前，中国人就开始养蚕、种桑、缫丝、织丝。传说中的黄帝后妃嫘祖，就是养蚕的创始人。直到纪元之后的很长时间，中国仍然是世界上唯一养蚕织丝的国家。丝绸技术是我国古代在纤维利用上的重大成就，对世界纺织生产做出了非凡贡献，它堪称我国古代四大发明以外的又一项伟大发明，在世界文明史上写下了光辉的一页。

历史上欧洲人对中国的了解，来自两个关键物品：一个是瓷器（“中国”一词，就与瓷器有关），另一个就是丝绸。古罗马人称中国为赛里斯（Seres），意即为“丝国”，当时他们听说这个遥远的东方古国生产丝绸，于是有了这样的称呼。

西汉张骞出使西域，走的就是以长安为起点，经甘肃、新疆，到中亚、西亚，并连接地中海各国的陆上通道，这条道路也被称为西北丝绸之路。在通过这条漫漫长路进行贸易的货物中，中国的丝绸最具代表性，“丝绸之路”因此得名。通过这条贯穿欧亚的大道，中国的丝、绸、绫、缎、绢等丝制品，源源不断地运向中亚和欧洲（如图 4-9 所示）。

图 4-9　尼雅出土的汉代织锦护臂，以织锦为面料，织有八个篆体汉字：“五星出东方利中国”。现藏于新疆维吾尔自治区博物馆，是国家禁止出国展出的国宝之一

现代人很难想象，大约在公元 1 世纪时，古希腊人、古罗马人从帕提亚人手中得到中国丝绸时的激动心情：终于见到了那个来自遥远东方古国的神秘产品——他们早就知道这个地方以产丝绸而著名，古希腊人在公元前 7 世纪至公元前 6 世纪就知道中国人生产丝绸了。但古希腊人、古罗马人当时并不知道，它是蚕吐出的丝。他们想当然地认为：“赛里斯人用织绸缎之丝，则非来自植物，另有他法以制之也。其国有虫，八足，大小约二倍于甲虫，饲养五年后，血多身裂而后死，体内即是丝。”这都说明，古希腊人、古罗马人当时并不知道蚕为何物。

据说，恺撒大帝非常喜欢丝绸，他穿着丝绸衣服到剧院看戏，轰动全场，丝绸因此受到了古罗马人的狂热追捧，他们以使用丝绸为时髦。当时罗马的著名学者普林尼在他的《自然史》中曾写道：因为遥远的中国“生产出了这种琳琅满目、绚丽多彩的产品，这才使得罗马贵妇得以扮饰这样透明的服装在社交场合抛头露面”。由于当时的丝绸十分昂贵，以致罗马的元老院只好诏令禁止男性公民穿戴丝绸服装，说这样的过分豪华会“败坏”他们的名声，相应地，对罗马妇女使用丝绸也做了某些限制。这说明在古罗马，中国丝绸已作为生活品不可避免地进入欧洲人的社会生活中了。

丝绸之路由丝绸而发端，当然并不止于丝绸。开始的交流是由丝绸的“魔力”而起的，在后来的交流中，就由丝绸扩大到其他产品，并进而由产品的交流扩大到文化的交流。

二、张骞出使西域

丝绸之路不仅是古代欧亚互通有无的商贸大道，还是促进欧亚各国和中国的友好往来、沟通东西方文化的友谊之路。历史上一些著名人物，如出使西域的张骞、投笔从戎的班超、西天取经的玄奘等，他们的一些故事都与这条路有关。

提起丝绸之路，就不得不从张骞出使西域说起。他是西汉时期的一位宫廷侍郎，这条横跨欧亚的路，就是他率领一小队人马，在千辛万苦中开拓出来的。人们称张骞“凿空”西域——意思是本来没有路，路是他开辟出来的，是张骞和他的探险队伍开启了中西方互相了解的大门。

汉武帝在位时，西域有36个小国，这些小国后来都被匈奴征服。匈奴的力量强大后，对西汉王朝构成直接威胁。匈奴控制了西域，特别是向西必经之路——河西走廊，汉朝向西的道路就断绝了。汉武帝为了消除这个心头大患，就派勇敢而卓识的张骞出使西域，一方面了解西域的情况，另一方面意在联合大月氏，以共谋讨伐匈奴之事。

公元前139年，张骞率领一百多人，从长安出发，出使西域，但刚进入河西走廊就被匈奴俘获，软禁了十多年。后来张骞逃脱软禁，又经千辛万苦，最后回到长安，一百多人的队伍只剩下两人。但张骞带回的有关西域的情况，为汉朝的人们打开了一扇新世界的大门。在汉武帝的宫廷中，文武百官听张骞描述西域的情况，大开眼界。

这之后的二十年中，汉武帝根据张骞了解的情况，先后三次出击匈奴，极大地削弱了匈奴的力量，使其不得不退守到大沙漠以北。公元前119年，汉武帝又派遣张骞出使西域，这次张骞所去的道路更远。张骞还派出副使分别去往西域各国，他们到了南亚、西亚以及地中海地区，足迹遍及十多个国家。

张骞通过两次出使西域，打通了通向西方的道路。汉武帝采取了一系列增强汉朝与西域联系的措施，鼓励汉朝人到西域经商。西行道路上的驼铃声此起彼伏，不同文明之间的人员往来日益频繁，商品的交换空前繁荣。中国和中亚、南亚、西亚一直到欧洲的贸易往来真正建立了起来，经过几代人的努力，终于开拓出一条具有三路通道的连接中西方的交通干道。这三路通道均起自西安，北路由河西走廊，经哈密，然后沿北疆的吉木萨尔、乌鲁木齐、伊宁，顺伊犁河下游通往里海沿岸；中路由河西走廊，经敦煌、玉门关、顺汉古长城经古楼兰，沿塔里木盆地北缘，经库尔勒、轮台、库车、拜城、阿克苏、喀什通往伊朗及地中海沿岸各地；南路由河西走廊，经敦煌折向古阳关，沿若羌、且末、和田、叶城、莎车，穿越南疆，取道塔什库尔干南去印度、克什米尔，西去阿富汗、伊朗。这南、北、中三路只是就其大致走向而言，并非互不相干，途中往往彼此沟通，形成许多支道。沿着这条交通干道，不仅是中国与这些国家进行交流，印度、东南亚、中东、非洲和欧洲之间的贸易交流也迅速活跃起来，无数新奇的商品以及新颖的技术在大陆上交换，从而推进了各自文明的发展。

三、海上丝绸之路

海上丝绸之路与陆上丝绸之路南北呼应，相互补充，为中外经济文化交流发挥了极为重要的作用。海上丝绸之路也早在秦汉时期就已经开辟。据《汉书·地理志》记载：船舶从合浦郡的徐闻县（今广东徐闻县西）出发，沿途经过今天的东南亚国家，经过8个月抵达中途的皮宗（在马来半岛），过皮宗后转向东北航行回国。这条航线一直延续到东晋和南朝未有改变。这是已知最为古老的海上航线。

隋唐时期，随着经济的繁荣、国力的增强，这条海上航线有所拓展。尤其是安史之乱以后，陆上丝绸之路被崛起的吐蕃切断，迫使东西方各国改走海路交往，这条海上航线进一步拓展。它从中国广州推进到波斯湾，达到幼发拉底河口的阿巴丹和巴士拉城；向南延伸到阿拉伯半岛上的亚丁；又由广州沿海北进，一直延伸到长江河口北岸的扬州，全长约14450海里。

宋朝，海上交通更胜过隋唐。南宋偏安江南，对外交往主要依赖海路。宋代的造船技术和航海技术明显提高，指南针广泛应用于航海，中国商船的远航能力大为加强。从在南非和津巴布韦发现过宋朝的货币和瓷器等情况看，宋朝的海船可能也已到达了非洲南部。

元朝，海运事业大力发展。中国沿海开辟了黄海和渤海两条南北海运线，使它和传统的海外航线、港口沟通起来，将海外与内地的联系，进一步向北推展。在宋元时期，支撑海上丝绸之路的主要大宗商品，已由原来的丝绸为主变为瓷器为主。沿线国家也开始以陶瓷代称中国。自Seres（丝）到China（陶瓷）的称谓变化，从另一个方面佐证了陶瓷在海上丝路中的主导地位。那时，海上航行的大都是中国的商船，船中大都是瓷器商品。

中国境内海上丝绸之路由广州、泉州、宁波三个主港和其他支线港组成。唐宋时期，广州成为中国第一大港，宋末至元朝时，泉州成为中国第一大港，而泉州也是唯一被联合国教科文组织承认的海上丝绸之路起点。宋元及明初经济的一个最大特点是工商业发达，而这也仰赖海上丝绸之路。海上丝路的南北航线在元明时期达到最大限度的交融。元明时期的中国，经济中心在南方而政治中心在北方，相对先进的航海技术使得南北方之间的海运成为保证南方粮食、丝绸、瓷器等北上的重要运输方式。在对外贸易上，明朝中期的郑和率船队七下西洋，开创了中国远洋航海的新时代。

海上丝绸之路在清政府实施海禁政策后开始走下坡路。鸦片战争后，西方列强的船只大规模地东进，中国海权丧失，沦为西方列强的半殖民地，沿海口岸被迫开放，成为西方倾销商品的市场，西方列强掠夺中国资源，垄断中国丝、瓷、茶等商品的出口贸易。从此，海上丝绸之路一蹶不振，进入衰落期。这种状况一直延续至新中国成立前夕。

历史证明，由海上丝绸之路带动的不同文化的交流碰撞，推动了世界的进步和发展，国际化视野的开放交流也因此成为世界发展的思想共识。当下，我国正在与东盟及世界各国共建21世纪海上丝绸之路，利用长角、珠三角、海峡西岸、环渤海等经济区开放程度高、经济实力强、辐射带动作用大的优势，加快推进中国（上海）自由贸易试验区建设，支持福建建设21世纪海上丝绸之路核心区。充分发挥深圳前海、广州南沙、珠海横琴、福建平潭开放合作区作用，深化与港澳台合作，打造粤港澳大湾区。历史上曾创下的海洋经济观念和谐共荣意识、多元共生意愿，将为国家发展战略再次提供丰厚的历史基础。友善、包容、互惠、共生、坚韧的海上丝绸之路的文化内涵，对于建设21世纪海上丝绸之路，对于中国与世界更深层次的互动，无疑具有深刻的启迪和极其重要的当代意义。

从秦汉至明朝，在这条连接东南亚、西亚、北非的海上通道上，无数船只来来往往，传播着东西方的文化，交流着东西方的物品。文化交流是经济交流带动下的产物。千余年来，海上通道承担的历史使命主要是贸易往来。频繁的中西海上贸易交往，丰富了海路各国人民的物质生活，为世界物质文明的进步做出了重大贡献。

本章小结

文字是文明的关键元素之一，汉字自诞生起经过几千年的发展演变，由繁到简，从未间断。以汉字为基础，不仅发展出风格多样的书法艺术，还直接促进了其他传统文化艺术的产生和发展，亦对周边国家文化的发展产生了重要影响。随着中国的发展强大，如今汉字文化正在全球进一步传播。

中医药学自发展起便融入了传统哲学思想，自成体系，独具特色。饮食有节有度、养生固本培元是中医预防之道的重要理念，针灸推拿、活经通络则是中医药诊治的重要手段，而传统医典药集的发展更是曾领先世界。随着中医药研究的发展，中国医药学正在世界面前焕发出新的生机。

以“四大发明”为代表的中国科学技术一度曾领先世界，并对世界文明进程产生了深远影响。囿于认知的局限，古时中国的一些科技并未得到有效利用和发扬，如今我国强调“科教兴国”和“创新驱动”，瞄准前沿领域，大力推进科技创新，科技水平的国际地位越来越高。

从陆上到海上，从丝绸到文化，从古代到现代，丝绸之路架起了东西方物品特产与思想文化交流的桥梁。起初，丝绸之路开启了中国对世界的认知；如今，丝绸之路刷新着世界看待中国的眼光。历经两千多年，丝绸之路对于中国古今的域外交流传播始终发挥着重要作用。

拓展延伸

大唐西域记（节选）

素叶水城

清池西北行①五百余里，至素叶水城②。城周③六七里，诸国商胡④杂居也。土宜糜、麦、蒲萄⑤，林树稀疏。气序⑥风寒，人衣毡褐⑦。

素叶已[8]西数十孤城，城皆立长[9]，虽不相禀命[10]，然皆役属突厥[11]。

千泉

素叶城西行四百余里，至千泉[12]。千泉者，地方二百余里，南面雪山，三陲平陆[13]。水土沃润[14]，林树扶疏[15]，暮春之月，杂花若绮[16]，泉池千所，故以名焉。突厥可汗[17]每来避暑。中有群鹿，多饰铃环[18]，驯狎[19]于人，不甚惊走[20]。可汗爱赏，下命群属[21]："敢加杀害，有诛无赦[22]。"故此群鹿，得终其寿。

呾逻私城

千泉西行百四五十里，至呾逻私城[23]。城周八九里，诸国商胡杂居也。土宜气序，大同[24]素叶。

小孤城

南行十余里，有小孤城，三百余户，本中国人也，昔为突厥所掠，后遂鸠集同国[25]，共保此城，于中宅居[26]。衣裳去就[27]，遂同突厥；言辞仪范，犹存本国[28]。

【注释】

①清池：这一节的前面也称此池为大清池，原注："或名热海，又谓咸海。"即今伊塞克湖。西北行：向西北方向走。②素叶水城：即碎叶城，故址在今吉尔吉斯斯坦北部托克马克附近，在楚河旁边，当时是东西交通要道。玄奘曾在此和西突厥叶护可汗相见。据唐范传正《唐左拾遗翰林学士李公新墓碑并序》记载，大诗人李白就出生于此。当时这里一带是唐朝管辖的疆土。③城周：城的周围。④胡：古代泛称北方和西方族及这些族的人。⑤土宜：土性，不同的土性对于不同的人和物各有所宜，所以叫土宜。糜（mí）：糜子，一年生草本植物，形态跟黍子相似，但子实不粘，可以做饭。蒲萄：即葡萄。⑥气序：气候季节。⑦衣：穿着。毡褐：毛毡短衣。⑧已：通"以"。⑨长：首领。⑩不相禀命：不相互承受命令，意思是彼此平列。禀：承受。⑪役属：臣服和隶属。突厥：古族名，隋时分为东突厥和西突厥。这里指的是西突厥。隋王朝亡，东、西突厥割据自立。唐太宗贞观四年（公元630年），击破了割据在蒙古高原的东突厥，在那里设置定襄、云中等都督府，使北方广大地区直接处在唐王朝政府的统一领导之下。在唐高宗显庆四年（公元659年）时，西突厥政权也被摧垮，唐王朝在那里设置了一系列政府机构，使巴东喀什湖以东以南等一带地区重新与内地归于统一。⑫千泉：又名屏聿，故址在今吉尔吉斯斯坦北部吉尔吉斯山脉北麓，当时是东西交通线的要冲。⑬陲：边地。平陆：平地。⑭沃润：肥沃滋润。⑮扶疏：枝叶茂盛而疏密有致。⑯绮：有花纹的丝织品。⑰可汗：古代鲜卑、突厥、蒙古等族君主的称号。⑱环：指环圈状的装饰物。⑲驯：顺服。狎：亲近。⑳走：逃跑。㉑群属：所有的下属。㉒这两句的意思是：有谁胆敢加以杀害（指鹿），就要受到重罚而不予宽恕。㉓呾逻私城：故址在今哈萨克斯坦南部江布尔附近。㉔大同：与……大体相同。㉕鸠集：集合，联合。同国：这里指同从内地来的人。㉖于中宅居：在城中安家定居。㉗衣裳去就：指服饰等生活习惯。㉘言辞：语言。仪范：仪表，指人的容貌、风度等。这两句的意思是：（住在小孤城里的人们）语言和仪表，还保存着内地的样子。

作者简介：玄奘，通称三藏法师，大唐高僧，俗称唐僧。他于唐太宗贞观元年（公元627年）从长安出发西行，沿古丝绸之路所经过国，学习佛教教义，并从事讲学和著作，最后从印度携带所取佛经回到长安。历时十九年，跋涉五万里。他回来以后和协助他翻译佛经的和尚辩机合作，由玄奘口述，辩机撰文，用一年多时间写成了《大唐西域记》。《大唐西域记》共12卷，是玄奘从印度回国以后，追述他亲身经历和传闻得知的城邦、地区、国家情况的书。内容十分丰富，山川地形、城邑关防、交通道路、风土习俗、物产气候、文化政治等都有具体描述。《大唐西域记》文笔也很优美，在散文中用了较多整齐的四字句，言简意明，绚丽雅致，质朴而灵活，严谨而流畅，表现了唐朝佛教徒译著文字的特点。

经典领航

新丝路连接“中国梦”与“世界梦”

中国将同各国一道，加快推进“丝绸之路经济带”和“21 世纪海上丝绸之路”建设，尽早启动亚洲基础设施投资银行，更加深入参与区域合作进程，推动亚洲发展和安全相互促进、相得益彰。

——2014 年 5 月 21 日，习近平总书记在亚信峰会上的主旨发言

■ 解读

打开世界地图可以发现，“一带一路”这条世界上跨度最长的经济大走廊，发端于中国，贯通中亚、东南亚、南亚、西亚乃至欧洲部分区域，东牵亚太经济圈，西系欧洲经济圈。它是世界上最具发展潜力的经济带，无论是从发展经济、改善民生，还是从应对金融危机、加快转型升级的角度看，沿线各国的前途命运，从未像今天这样紧密相连、休戚与共。

“一带一路”不仅是实现中华民族振兴的构想，更是沿线各国的共同事业，有利于将政治互信、地缘毗邻、经济互补等优势转化为务实合作、持续增长优势。

通过“一带一路”，无论是“东出海”还是“西挺进”，都将使我国与周边国家形成“五通”。遵循和平合作、开放包容、互学互鉴、互利共赢的丝路精神，中国与沿线各国在交通基础设施、贸易与投资、能源合作、区域一体化、人民币国际化等领域，必将迎来一个共创共享的新时代。

筑牢“利益共同体”和“命运共同体”

希望双方弘扬丝绸之路精神，以共建“丝绸之路经济带”和“21 世纪海上丝绸之路”为新机遇新起点，不断深化全面合作、共同发展的中阿战略合作关系。

——2014 年 6 月 5 日，习近平总书记出席中阿合作论坛第六届部长级会议时的讲话

■ 解读

“一带一路”是开放包容的经济合作倡议，不限国别范围，不是一个实体，不搞封闭机制，有意愿的国家和经济体均可参与进来，成为“一带一路”的支持者、建设者和受益者。在共同建设的未来，“一带一路”无疑将释放更大的活力。

“一带一路”正在世界各国人民心中落地生根。复兴丝绸之路，一幅横贯东西、共谋

发展的宏大蓝图正在铺展开来。有梦想，有追求，有奋斗，一切都有可能。中国人民有梦想，世界各国人民有梦想，这将给世界带来无限生机和美好前景。

资料来源：新华网．“一带一路”打开“筑梦空间”[EB/OL].[2014-08-11]. http://www.xinhuanet.com/politics/2014-08/11/c_1112013039.htm?isappinstalled=0.

学思之窗

活动设计

活动主题：中国科技与西方科技的差异。

开展形式：课堂汇报讨论。

组织形式：请按 6 人一组开展资料收集活动。活动结束后撰写分析报告，每组派出一名代表以 PPT 形式汇报分析结果，明晰中国科技与西方科技的差异，增强民族科技文化的自信心与自豪感。

观点搜索

1. 围绕此次新冠肺炎疫情的治疗，中国社会又一次展开了对中西医的争论。张伯礼院士在接受白岩松采访时，对中医防止轻症转变成重症的效果给予了充分肯定。请结合上述话题搜索网上相关评论材料，谈谈中医防治疾病的重要作用。

2. 尝试翻译《黄帝内经·素问》的《上古天真论》和《四气调神大论》中重要段落，感知中医的博大精深。

3. 古丝绸之路留给我们的文化非常生动灿烂。丝绸之路沿线文化遗产众多，仅“长安-天山廊道路网”这一段列入世界遗产名录的遗产点就有 33 处，其中我国境内 22 处。请查询现甘肃、新疆境内的若干世界文化遗产，谈谈文化遗产的保护与利用。

阅读推荐

1. 请观看央视《典籍里的中国》第二期《天工开物》、第四期《本草纲目》，并搜集中国古代科技发展的故事和思想，梳理它们对中国科技发展的具体贡献。

2. 阅读《中国武术文化与艺术》一书，谈谈你对中国武术与养生的关系的看法。

第五章 艺术与美感

教学目标

知识目标：了解中国传统艺术的发展演变过程，品味中国艺术的独特风格和美感，知道其对于中国现代文学艺术发展的价值和意义。

能力目标：学习中国传统艺术的相关知识，丰富对中国传统艺术的理解和认知，并能够将传统艺术体现出的美学精神运用到现实生活的艺术创造中。

素质目标：体会传统艺术发展变迁的社会背景与文化环境，感受不同时期代表性艺术的魅力，提高对传统艺术的审美鉴赏能力；理解中国传统艺术“写意传神”的美学观，为现代中国艺术在文化全球化浪潮中坚持神韵追求、凸显自身特色提供思考。

导学提示

唐诗宋词吟诵出人生境界，书法绘画晕染开文人风骨，元曲小说描摹出社会百态，雕刻塑造定格下风采一瞬。中国传统艺术以实物为载体，以神韵为追求，以共情为目标，在几千年的历史长河中不断发展演变，在不同时代创造了各具特色的艺术王国。从总体趋势来看，中国传统艺术的世俗化越来越明显，民族艺术、世界艺术的交融越来越突出，思想情感的表达越来越直接和深刻，批判性和反思性也越来越强烈。但无论不同时代下主流艺术形式如何变化，中国优秀传统艺术带来的诗意境界、审美享受是经久不息的。在世界艺术长河中，中国传统艺术风格自成一派，艺术地位始终屹立不败。如今，中国艺术走向世界，我们更应认真学习、用心感受，在中国传统艺术中寻找智慧与力量。

引例导入

红楼梦（节选）[①]

上了正房台阶，小丫头打起猩红毡帘，才入堂屋，只闻一阵香扑了脸来，竟不知是何气味，身子就像在云端里一般。满屋中之物都是耀眼争光，使人头晕目眩，刘姥姥此时只有点头咂嘴，念佛而已。于是走到东边这间屋里，乃是贾琏的女儿睡觉之所。平儿站在炕沿边，打量了刘姥姥两眼，只得问个好，让了坐。刘姥姥见平儿遍身绫罗，插金戴银，花容月貌，便当是凤姐了，才要称“姑奶奶”，只见周瑞家的说：“他是平姑娘。”又见平儿赶着周瑞家的叫他“周大娘”，方知不过是个有体面的丫头。于是让刘姥姥和板儿上了炕，平儿和周瑞家的对面坐在炕沿上，小丫头们倒了茶来吃。

刘姥姥只听见咯当咯当的响声，很似打箩柜筛面的一般，不免东瞧西望的。忽见堂屋中柱子上挂着一个匣子，底下又坠着一个秤砣似的，却不住的乱晃。刘姥姥心中想着：“这是什么东西？有煞用呢？”正发呆时，陡听得“当”的一声，又若金钟铜磬一般，倒吓了一展眼儿，接着又是一连八九下，欲待问时，只见小丫头们一齐乱跑，说：“奶奶下来了。”平儿和周瑞家的忙起身说：“姥姥只管坐着，等是时候儿，我们来请你。”说着迎出去了。

刘姥姥只屏声侧耳默候。只听远远有人笑声，约有一二十个妇人，衣裙窸窣，渐入堂屋，往那边屋内去了。又见三两个妇人，都捧着大红油漆盒，进这边来等候。听得那边说道“摆饭”，渐渐的人才散出去，只有伺候端菜的几个人。半日鸦雀不闻。忽见两个人抬了一张炕桌来，放在这边炕上，桌上碗盘摆列，仍是满满的鱼肉，不过略动了几样。板儿一见就吵着要肉吃，刘姥姥一巴掌打了开去。忽见周瑞家的笑嘻嘻走过来，点手儿叫他。刘姥姥会意，于是带着板儿下炕。至堂屋中间，周瑞家的又和他咕唧了一会子，方蹭到这边屋内。

只见门外铜钩上悬着大红撒花软帘，南窗下是炕，炕上大红毡条，靠东边板壁立着一个锁子锦的靠背和一个引枕，铺着金线闪的大坐褥，旁边有银唾盒。那凤姐家常带着紫貂昭君套，围着那攒珠勒子，穿着桃红撒花袄，石青刻丝灰鼠披风，大红洋绉银鼠皮裙，粉光脂艳，端端正正坐在那里，手内拿着小铜火箸儿拨手炉内的灰。平儿站在炕沿边，捧着小小的一个填漆茶盘，盘内一个小盖钟儿。凤姐也不接茶，也不抬头，只管拨那灰，慢慢的道：“怎么还不请进来？”一面说，一面抬头要茶时，只见周瑞家的已带了两个人立在面前了，这才忙欲起身，犹未起身，满面春风的问好，又嗔着周瑞家的：“怎么不早说！”刘姥姥已在地下拜了几拜，问姑奶奶安。凤姐忙说：“周姐姐，搀着不拜罢。我年轻，不大认得，可也不知是什么辈数儿，不敢称呼。”周瑞家的忙回道：“这就是我才回的那个姥姥了。”凤姐点头，刘姥姥已在炕沿上坐下了。板儿便躲在他背后，百般的哄他出来作揖，他死也不肯。

凤姐笑道：“亲戚们不大走动，都疏远了。知道的呢说你们弃嫌我们，不肯常来；

不知道的那起小人，还只当我们眼里没人似的。”刘姥姥忙念佛道：“我们家道艰难，走不起。来到这里，没的给姑奶奶打嘴，就是管家爷们瞧着也不像。”凤姐笑道：“这话没的叫人恶心。不过托赖着祖父的虚名，作个穷官儿罢咧，谁家有什么？不过也是个旧日的空架子。俗语儿说的好，‘朝廷还有三门子穷亲’呢，何况你我。”说着，又问周瑞家的：“回了太太了没有？”周瑞家的道：“等奶奶的示下。”凤姐道：“你去瞧瞧，要是有人就罢；要得闲呢，就回了，看怎么说。”周瑞家的答应去了。

【注释】

① 节选自《红楼梦》第六回《贾宝玉初试云雨情 刘姥姥一进荣国府》。

作者简介：曹雪芹，名霑，字梦阮，号雪芹，又号芹溪、芹圃。中国古典名著《红楼梦》的作者，一生坎坷困顿而又光辉灿烂。在《红楼梦》开篇，曹雪芹自言：“满纸荒唐言，一把辛酸泪。都云作者痴，谁解其中味？”

知识精讲

第一讲　诗意人生：唐诗与宋词的境界

诗是最古老的，也是最具文学特征的文学样式，几千年来一直是我国文学史的主流。诗意人生，更是中国人千百年来矢志不渝的追求。何为诗意？由本源来看，即诗的意境。最早把意境作为一个美学范畴提出来是从唐朝开始的，唐代诗人王昌龄在《诗格》中说：“诗有三境，一曰物境，二曰情境，三曰意境。”王国维继承并发展了源远流长的“境界说”，他在《人间词话》等一系列著作中，对于“境界”有精辟的理解：“言气质，言神韵，不如言境界。有境界，本也；气质、神韵，末也。有境界二者随之矣。……境非独谓景物也，喜怒哀乐亦人心中之一境界。故能写真景物、真感情者，谓之有境界。否则谓之无境界。”

一、诗词缘起：抒情明志

春秋末年，中国出现了第一部诗歌总集《诗经》。《诗经》收录了西周至春秋中期的三百多首诗歌，分为风、雅、颂三部分。《诗经》的诗，以四言为主，多重章叠句，内容丰富，语言质朴，现实感强。《诗经》经孔子整理编订，奠定了中国古典文学现实主义的基础，被后世奉为儒家经典。战国时期，楚国诗人屈原（如图 5-1 所示）以南方民歌为基础，创作了一种新的诗歌体裁——楚辞。楚辞采用楚国方言，句式灵活，易于表达情感。屈原的抒情长诗《离骚》想象奇特，具有浪漫主义风格，是楚辞的代表作，楚辞因此又称“骚体”。一句“长太息以掩涕兮，哀民生之多艰”，表达了诗人对人民的无比热爱。

图 5-1　公元前 278 年，秦国军队攻破楚国郢都，屈原悲愤绝望，投汨罗江而死，传说这一天为农历五月初五，后人就在这一天划龙舟、吃粽子，以纪念屈原

《诗经》的诗，均可配乐而歌，流行于今陕西中部和山西、河南、山东，是北方民族的歌；楚辞的发生地约在今湖北、湖南，是诵读的韵文，是南方民族的歌。在文学史上，人们常以“风”“骚”并举，“风”指《诗经》，“骚”指楚辞。清朝文人赵翼在《论诗》中说：“江山代有才人出，各领风骚数百年。”《诗经》和楚辞的影响早已突破文学领域，渗透到社会生活和文化的各个方面。

汉朝时，楚辞盛行。文学家以楚辞为基础，创造出半诗半文的综合文体——赋。汉赋辞藻华丽，手法夸张，内容丰富，表现出大一统时代恢宏的文化气度。西汉司马相如的《子虚赋》《上林赋》，东汉张衡的《二京赋》，都是汉赋中的佳作。

诗歌在唐朝进入发展的黄金时期。唐朝开放与繁荣的社会环境，以及科举考试中以诗赋为主，都促进了诗歌的繁荣。至今，我们还能见到唐朝两千多位诗人的近五万首诗歌。初唐的著名诗人有王勃、陈子昂等。李白（如图 5-2 所示）、杜甫和白居易的诗是唐诗发展繁荣的代表人物。李白以浪漫主义的创作，赢得“诗仙”的美誉；杜甫以现实主义的“诗史”，被誉为“诗圣”。中唐的白居易，主张“文章合为时而著，歌诗合为事而作”，创作了大量平实浅近、针砭时弊的讽喻诗。

唐朝还出现了诗的另一种形式——词。词的句子长短不齐，更便于抒发感情。到了宋朝，随着商业的发展、城市的繁荣、市民数量的不断增加，能够歌唱的词更适应市井生活的需要，受到市民的欢迎。于是，词成为宋朝文学的主流形式。流传至今的宋词仍有两万多首，著名的词作家有婉约派的柳永、李清照，豪放派的苏轼（如图 5-3 所示）、辛弃疾等。

图 5-2　李白，字太白，性格豪放，是一位伟大的浪漫主义诗人

图 5-3　苏轼，号东坡居士，宋词中豪放派的开创者，把怀古、感旧、记游、说理等题材，都纳入词的书写范围

相关链接

诗的社会文化功能：兴、观、群、怨

在我国文学的长河中，诗不但占有重要地位，而且具有重要的社会文化功能。中国诗歌的功能，用孔子的话来说就是："可以兴，可以观，可以群，可以怨。"（《论语·阳货》）

兴，指诗歌的教化功能。诗歌可以使读者受到启发，产生联想，从而"感发兴起"。

观，指可以从诗歌中观社会风俗的盛衰，观民风就可以知政事得失。

群，指诗歌能起到鼓舞人心、催人上进、增强民族凝聚力的作用。一个国家、一个单位，乃至一个家庭都需要有一种向心力，而诗歌无疑为增强这种向心力提供了思想保障。

怨，指诗歌可以有宣泄大众不满情绪，以利当政者补察的功能。中国历史上那些讽刺诗歌就是这一功能的代表。

兴、观、群、怨这四种传统诗歌的作用是相辅相成的，任何一首好的诗歌，无不是各种社会作用相统一的佳作。

在我国文学的长河中，诗是主流。诗不但在中国文学中占有重要地位，而且具有重要的社会文化功能。"诗歌明志"有两个很重要的方面：

一是兼济天下，即爱国、忠君的价值取向。我国古代有一大批爱国诗人和诗歌。例如：屈原为理想而顽强奋斗的精神，"虽九死其犹未悔"，表现得十分突出，"兼济"之志，彰明较著。

二是独善其身，即气节、修养的人格表露。如果不能兼济天下，那就独善其身，这是儒家思想进退自如的表现。我国古代诗人们的独善其身，"善"的就是气节和修养。如晋朝陶渊明为了节操和修养大发豪言："吾不能为五斗米折腰，拳拳事乡里小人邪！"唐朝李白冲天豪情道："安能摧眉折腰事权贵，使我不得开心颜。"由此可见，我国古代诗人们都是安贫乐道的君子。气节不但表现为临危不惧的品格，而且表现为百折不挠的意志。宋朝苏轼写诗高度评价为匈奴所扣、在天寒地冻的贝加尔湖放羊 19 年的西汉人苏武的气节："苏卿别驾复西挥，气压匈奴守帝威。持节云中怀汉志，牧羊北海望鹄归。三更泪湿鸳鸯枕，数岁风寒褴褛衣。一片丹心垂万史，空留世代叹唏嘘。"

二、意象之境界：从物象斟酌到字字推敲

著名古典文学专家袁行霈认为，意境是"作者的主观情意与客观物境互相交融而形成的艺术境界"，而意象则是"融入了主观情意的客观物象，或者是借助客观物象表现出来

的主观情意”。意象是诗歌的基本单元，古人作诗先把事物的物象改造成意象，若干意象组合在一起便创造出富有魅力的意境。欣赏中国古代诗歌，就要体会它的意象。诗词作者往往容易用自己独特的意象群，构建起诗词独特的风格。

唐诗宋词中有许多令人惊叹的意象表达，其中有些频频出现，已然成为特定思想态度或情感心绪的标志，也是特定意境风格中的典型元素，具有强大的塑造功能，如杨柳、明月、梅花、凭栏远望、孤舟、锦书、危楼、香草、美人、红烛、西风等，都是蕴含着深意的。此外，还有一些诗词中特有的意象表达。它们不是两个或多个意象的简单堆叠，而往往是表现出一个丰富的画面或者动态的景象。

以“烟蓑”为例，“烟蓑”不是“烟和蓑”，南宋爱国词人张元干词中“烟蓑雨笠”并列指烟雨中所披之蓑，而南宋婉约派词人史达祖词中“烟蓑散响”还指雨打蓑衣之声响。北宋文学大家苏轼在《定风波·莫听穿林打叶声》写道：“竹杖芒鞋轻胜马，谁怕？一蓑烟雨任平生。”其中的“一蓑烟雨”在宋词中多次出现。“一蓑烟雨”就是在烟雨中披着一领蓑衣，表达生动而极简，塑造出一幅极富中国写意风格的风景画，意蕴丰富，一词而意境全出。

在意象的动词搭配上，更加体现古人对“炼字”的执着。炼字对于文学作品来说相当重要，不炼字，则情不真、意不切，形象不鲜活，气韵不灵动。“诗圣”杜甫曾说：“为人性僻耽佳句，语不惊人死不休。”中唐诗人贾岛也曾说过：“两句三年得，一吟双泪流。”《人间词话》（清末明初学者王国维著）便有两句因一动词的考究而使意境全出的例子：“‘红杏枝头春意闹’，着一‘闹’字而境界全出；‘云破月来花弄影’，着一‘弄’字而境界全出矣。”在诗词里面，要能够真切而且生动地把感受传达表述出来，只需有那样的一个活泼的字，整个句子就有了境界了。

相关链接

推敲

据说，唐代诗人贾岛在京城长安骑着毛驴作诗，得到“鸟宿池边树，僧敲月下门”两句。第二句的“敲”字又想改用“推”字，犹豫不决，就用手做推、敲的样子，无意中冲撞了京兆尹韩愈的仪仗队。贾岛被带去见韩愈，向韩愈说明原委。韩愈没有怪罪他，还为他出主意说，用“敲”字好。后来人们用推敲比喻斟酌字句，反复琢磨。

王国维说：“有造境，有写境，此‘理想’与‘写实’二派之所由分。然二者颇难分别，因诗人所造之境必合乎自然，所写之境亦必邻于理想故也。”很多有意境的句子，用的不是普通的词语，而是融入了主观情意的意象。例如：一般不会只用一个“日”字，而会用“旭日”“落日”“淡日”等；一般不会只用一个“月”字，而会用“明月”“残月”“冷月”等。有时候，几个意象可以直接组合或拼合成一个包含主观情意的图景。如晚唐诗人温庭筠在《商山早行》中写道："鸡声茅店月，人迹板桥霜。"杜甫在《登高》中写道："风急天高猿啸哀，渚清沙白鸟飞回。"这些诗句便是几个意象直接组合而构成一幅包含主观情意的图景，构成一种意境。

三、表达之境界：从格律体式到含蓄曲笔

在古诗词中，工整对仗、平仄押韵是基本的格律要求，而各种修辞手法、描写手法、表现手法更是屡见不鲜，这些形式上的表达特征不仅是诗词意境塑造的重要诉诸点，也体现出中华传统文化中表达风格的代表性特点。

中国古代诗歌特别讲究音律，即诗歌之格律，西方也是如此。黑格尔在《美学》中谈到，诗歌最核心的还是它的声律，是它的韵律，远远高出于其他方面，例如辞藻。中国诗在这方面有更丰富的说法，中国人认为诗词都有格律，欣赏诗词要考量诗词特定的格律体式，如果不考虑这个特定的体式，对诗词的内涵是把握不准的。要把内涵的欣赏和对形式美的玩味有机地结合起来，因为中国古典诗词本身就存在形式美。

诗歌写作要符合格律的另一个重要原因是，其写出来之后还要吟诵，"吟诗作对"自古便是文人活动的重要组成。诗歌吟诵不是读，清代沈德潜在《说诗晬语》中提出："诗以声为用者也，其微妙在抑扬抗坠之间。"朱熹说："讽咏以昌之，涵濡以体之。"中国古代是要吟诗的，诗歌吟咏有各种流派，但总体上看，吟诗的特点是要抑扬顿挫，要把它的读音像唱歌一样拉长，从中品味它的内涵。

诗的格律特点主要体现在押韵、对仗、粘对等方面，律诗则一定要依照格律规范。杜甫是律诗创作的大家，《秋兴八首》和《登高》都是标准的律诗。杜甫的《绝句》："两个黄鹂鸣翠柳，一行白鹭上青天。窗含西岭千秋雪，门泊东吴万里船。"数词对数词，量词对量词，颜色对颜色，动词对动词，"两个"对"一行"，"黄鹂"对"白鹭"，"鸣"对"上"，"翠柳"对"青天"，非常工整，是为"工对"。

相关链接

诗歌的造句讲究

唐诗除对偶外，还有一些遣词造句的讲究。《红楼梦》第四十八回香菱向林黛玉请教作诗的方法，黛玉说："作诗什么难事，也值得去学！不过是起承转合，当中承转是两副对子，平声对仄声，虚的对实的，实的对虚的，若是果有了奇句，连平仄虚实不对都使得的。"古人有特别好的句子，不一定符合格律，即"一三五不论，二四六分明"。诗歌创作讲究词句新奇为上，总而言之是比较开放的。后来的八股也从唐诗创作中受到启发，讲究篇章结构。

词在格律上也有特点。词是长短句，它的格律有时候比诗更复杂。诗和词的关系，如果从形式美感上来说，诗更加稳重，词更加跳跃。词比诗晚，它是从诗里转化出来的。

词有词调，是为了唱而写的。每首词都有一定的词调，每个词调都有相对固定的格式，在句数、字数、平仄、用韵方面都受到乐律的影响，它跟音乐是紧密相关的。不同乐谱的句式有长短，节奏有缓急，音调有抑扬，情趣有哀乐，形成不同风格的词调，如《蝶恋花》《沁园春》《念奴娇》《摸鱼儿》《破阵子》等词牌，都是有歌曲的。

从《离骚》等作品开始，明志和抒情便成为诗歌的重要功能。而囿于现实的不便甚至危险，加之中国传统文人品格中的委婉暗示之特点，古诗词中有许多曲笔之作，或对比衬托，或象征暗喻，或借古讽今，言他物而意在此。如唐朝朱庆馀的《闺意献张水部》："洞房昨夜停红烛，待晓堂前拜舅姑。妆罢低声问夫婿，画眉深浅入时无。"一看到"洞房""画眉"，很容易把它当作一首闺怨的诗。大家如果看标题，就知道这首诗另有寓意，实际上是作者朱庆馀要考进士，他事先把自己的文章集中起来送给主考官，并用诗的语言写了这封自荐信，意思是请张水部看看其文章怎么样，希望能留下个好印象。那位张水部即水部员外郎张籍，看过送来的文章后，同样写了一首诗《酬朱庆馀》作为回信，很雅："越女新妆出镜心，自知明艳更沉吟。齐纨未足时人贵，一曲菱歌敌万金。"意思是你从浙江镜泊湖来，自认为文采出众，我看了你的文章后，感觉确实好，就像一曲菱歌，天然去雕饰。你很有前途，不用担心。

唐诗里有很多类似香草美人这样另有所指的诗篇，这种另有所指的创作手法在词中也比比皆是。如苏东坡的《卜算子·黄州定慧院寓居作》，"缺月挂疏桐，漏断人初静。谁见幽人独往来，缥缈孤鸿影。惊起却回头，有恨无人省。拣尽寒枝不肯栖，寂寞沙洲冷。"其中"幽人""孤鸿"写的都是自己，表达了作者当时精神苦闷的境况。

有些诗篇是时代的象征，如晚唐诗人李商隐的《乐游原》："向晚意不适，驱车登古原。夕阳无限好，只是近黄昏。"后面两句被当成大唐帝国的时代象征。晚唐诗人写的东西，几乎都蕴含着类似"夕阳无限好，只是近黄昏"的情绪。大唐帝国经过安史之乱，已经与之前明显不同了。宋词中有时代象征意蕴的作品也很多，如蒋捷的《虞美人·听雨》："少年听雨歌楼上，红烛昏罗帐。壮年听雨客舟中，江阔云低，断雁叫西风。而今听雨僧庐下，鬓已星星也。悲欢离合总无情，一任阶前，点滴到天明。"这首词是蒋捷在南宋亡国以后写出来的，听雨的三个不同阶段饱含着对家国命运遭际的深深叹息。

四、情感之境界：从端庄婉转到酣畅淋漓

王国维说："境非独谓景物也，喜怒哀乐亦人心中之一境界。故能写真景物、真感情者，谓之有境界。否则谓之无境界。"情感是诗词创作的动因，贯穿词句之中，情真意切方能撼动人心，令人感同身受。诗词在表达传统上有一定的差异，常常被认为"诗以言志，词以抒情"，但事实上，诗词都常言志和抒情，只是由于格律体式的差异，在意境上诗往往更加端庄，词常常更加快意。

相关链接

词比诗抒情更“真”

王国维说得非常好，他说：“以其写之于诗者，不若写之于词者之真也。”因为宋人他们写在诗歌里边的不像写在词里边的真诚。在写诗的时候，诗要言志嘛，一定要端起一个架子来定要说得很好，要说得冠冕堂皇的。每当有一个政治上的大题目，或者社会上的大事件，你也写一首诗，他也写一首诗，所说的话都是冠冕堂皇的，但是，他们内心中最真实的、最底层的那种活动，是不肯暴露出来的。王国维说，宋人写在词里边的比写在诗里边的更真诚，为什么？就是因为词脱去了“言志”的约束——我就是给歌女填一个歌词，它不代表我的“志”嘛！

摘自 叶嘉莹《人间词话七讲》

作者简介：叶嘉莹，女，号迦陵。中国古典文学研究专家，现为南开大学中华古典文化研究所所长，中华诗词学会名誉会长。

以李白为例，其作品大多为抒情之作，其中律诗、绝句抒情较为含蓄克制，如《渡荆门送别》：“渡远荆门外，来从楚国游。山随平野尽，江入大荒流。月下飞天镜，云生结海楼。仍怜故乡水，万里送行舟。”这首诗大约作于李白出蜀之时。从诗的内容看，诗人已离开故乡，经巴渝，出三峡，这时刚刚渡过有“楚蜀咽喉”之称的荆门山，前面便是浩渺无垠的洞庭湖了。二三联写景，最后两句诗人的思绪从眼前之景跳到对故乡的思念，但又不明说思念故乡，而出以“仍怜故乡水”。

而李白的乐府诗等古体诗，在抒情时则更加恣意酣畅，以《将进酒》为例：“岑夫子，丹丘生，将进酒，杯莫停。与君歌一曲，请君为我侧耳听。钟鼓馔玉不足贵，但愿长醉不复醒。古来圣贤皆寂寞，惟有饮者留其名。陈王昔时宴平乐，斗酒十千恣欢谑。主人何为言少钱，径须沽取对君酌。五花马，千金裘，呼儿将出换美酒，与尔同销万古愁。”李白一生与酒结下不解之缘，有“酒仙”之称。他的饮酒诗篇最能表现其狂放率真的个性，《将进酒》就是李白咏酒的代表作，极能表现他的个性。此诗是李白天宝年间离京后，漫游梁、宋，与友人岑勋、元丹丘相会时所作，诗人豪饮高歌，借酒消愁，抒发了忧愤深广的人生感慨。诗中交织着失望与自信、悲愤与抗争的情怀，体现出强烈的豪纵狂放的个性。全诗情感饱满，无论喜怒哀乐，其奔涌迸发均如江河流泻，不可遏止，且起伏跌宕，变化剧烈；在手法上多用夸张，且往往以巨额数量词进行修饰，既表现出诗人豪迈洒脱的情怀，又使诗作本身显得笔墨酣畅，抒情有力，可谓“一往豪情，使人不能句字赏摘。盖他人作诗用笔想，太白但用胸口一喷即是，此其所长”。

词生来便是表现各种情绪的，词谱也有长短、句式、声情变化，适应于表达各种各样的情感，有喜有悲、有刚有柔、有哀有乐，各种情感都可以找到相应的词调词谱。词作以苏东坡、辛弃疾为代表的豪放派，以柳永、李清照为代表的婉约派最为突出，在情感表达上常常直抒胸臆，深切动人。

以苏轼为例，其词作中有渴望建功立业的呐喊，如：“会挽雕弓如满月，西北望，射天狼。”有身处挫折逆境的乐观无畏，如：“竹杖芒鞋轻胜马，谁怕？一蓑烟雨任平生。”有孤寂处境中的高洁自许，如：“惊起却回头，有恨无人省。拣尽寒枝不肯栖，寂寞沙洲冷。”更有感人肺腑的悼妻之作《江城子·乙卯正月二十日夜记梦》：“十年生死两茫茫，不思量，自难忘。千里孤坟，无处话凄凉。纵使相逢应不识，尘满面，鬓如霜。夜来幽梦忽还乡，小轩窗，正梳妆。相顾无言，惟有泪千行。料得年年肠断处，明月夜，短松冈。”在中国文学史上，从《诗经》开始，就已经出现“悼亡诗”。而用词写悼亡，是苏轼的首创。苏轼的这首悼亡之作与前人相比，它的表现艺术另具特色。这首词是“记梦”，而且明确写了做梦的日子。虽说是“记梦”，其实只有下阕五句是记梦境，其他都是抒胸臆。全篇无一处不情真意切，感人至深。

相关链接

宋词的豪放派和婉约派

宋词是继唐诗之后的又一种文学体裁，基本分为豪放派、婉约派两大类。豪放派的特点是创作视野较为广阔，气象恢宏雄放，代表人物有辛弃疾、苏轼、陆游等人，代表作有苏轼的《念奴娇·赤壁怀古》《江城子·密州出猎》、辛弃疾的《永遇乐·京口北固亭怀古》等。婉约派的特点主要是内容侧重儿女风情，结构深细缜密，重视音律谐婉，语音圆润，清新绮丽，具有一种柔婉之美。婉约派的代表人物有柳永、李清照、李煜等，代表作有柳永的《雨霖铃·寒蝉凄切》、李清照的《如梦令·常记溪亭日暮》、李煜的《虞美人·春花秋月何时了》等。

第二讲　水墨丹青：书法与绘画的韵味

唐代张彦远在《历代名画记》中说：“夫象物必在于形似，形似须全其骨气。骨气形似，皆本于立意而归乎用笔。故工画者多善书。”古代书法绘画在技法上均讲究运笔着墨，在风格上均追求神韵意境。中国书画的发展深受传统哲学尤其是道家美学思想的影响，显示出独特的美学韵味。

一、书画同源　源远流长

《历代名画记》中记载：“是时也，书画同体而未分，象制肇创而犹略，无以传其意，故有书；无以见其形，故有画。”“书画同源”理论中最本质、也是最原始的“同源”是从线条开始的，之后的“同源”，又有笔法、墨法、章法、理法、精神的同源。

（一）书法：审美实用 由繁到简

六千多年前，中国的原始文字是可以读出来的图画，称为“图画文字”。象形文字后来逐渐符号化，脱离图画，形成汉字。到了商朝，汉字已形成完整体系。此后，汉字按照甲骨文、金文、大篆、小篆、隶书、楷书的脉络演变发展，至今已有大约三千多年的历史，其演变的总趋势是由繁到简。

相关链接

从甲骨文到书法艺术

甲骨文是一种象形文字，是世界上最古老的文字之一。同样古老的文字还有两河流域苏美尔人创造的楔形文字、尼罗河流域古埃及人创造的象形文字，但是它们早已湮没在历史长河中。唯独甲骨文演变为现代汉字，仍然保持着旺盛的生命力。同时，以文意为内容、以某种字体为形式的汉字书写早已成为一门艺术，是中华民族古老文化中一颗璀璨的明珠。

书法与汉字，相伴而生。中国书法艺术的发展大致可以分为两个阶段，魏晋以前基本上是自发阶段，魏晋时期开始进入自觉阶段。由隶书衍生而来的楷书、行书、草书，通过众多书法家的努力实践，臻于成熟。从此，中国书法兼具审美功能与实用功能，自觉地创造书法美成为体现中华民族文化特色的一种艺术形式。

楷书笔画详备，结构形体严整，具有其他书体不可比拟的实用价值。魏晋楷书有定鼎之功，钟繇、王羲之贡献最大。唐代楷书步入盛世，欧阳询、颜真卿、柳公权的楷书各具特点，分别被称为欧体、颜体和柳体，成为后人学习、临摹的范式。

草书笔画简约，勾连不断，线条流畅纵情，具有极高的审美价值。魏晋以来，草书盛行不衰，名家辈出。东晋的王羲之、王献之，唐朝的张旭、怀素等，都是草书大家。

行书兼具楷书的规矩和草书的放纵，既有审美价值，又具实用价值，雅俗共赏（如图 5-4 所示）。

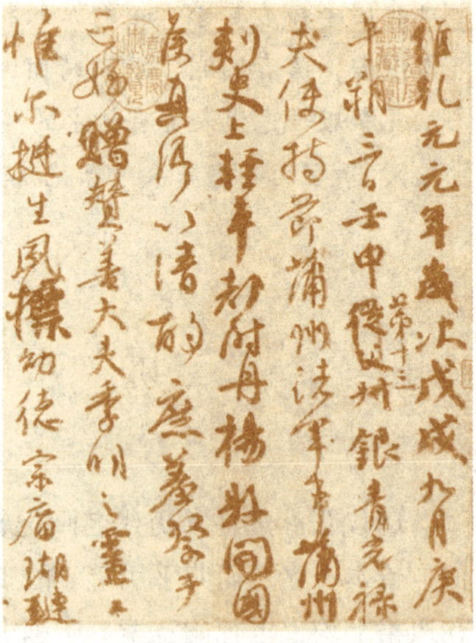

图 5-4　安史之乱时，颜真卿堂兄颜杲卿父子英勇就义，颜真卿用行书起草祭文时，感情激昂悲愤，气粗而字险，气郁而字敛，墨妙通神、情切意真，将作者的心声表露无遗，后人评价《祭侄文稿》为“天下第二行书”

东晋王羲之、唐朝颜真卿、北宋苏轼、元朝赵孟頫、明朝文徵明等人的行书，历来备受世人喜爱。

（二）国画：写意传神 得意忘形

中国画又称国画，注重写意传神，追求“得意忘形”。中国的绘画艺术，可以追溯到远古时代，彩陶画《鹳鱼石斧图》是其中的杰作。留存至今的战国帛画《人物龙凤图》和《人物御龙图》，造型准确，线条流畅，色彩绚丽，表明中国绘画艺术从萌芽走向成熟。秦汉以后的历代画家们，用笔、墨和矿物颜料，在纸、绢等材料上创作出大量不同风格、不同类型的人物画、山水画和花鸟画。

在绘画发展过程中，士大夫画家总结出许多精辟的绘画理论，有力地推动了绘画艺术的发展。如东晋画家顾恺之不仅留下了《女史箴图》《洛神赋图》等传世佳作，而且潜心研究绘画理论，提出“以形写神”，即画人物要注重表现人的精神气质。

中国绘画在发展中呈现包容的艺术态度，善于吸收借鉴外来艺术理念，进而打造新的风格。如隋唐时期，展子虔、阎立本、吴道子等画家在继承前代基础上，吸取印度、波斯等外来美术风格，创作出《游春图》《步辇图》和《送子天王图》等许多优秀作品。这一时期，敦煌莫高窟的壁画更是盛极一时。

中国绘画除了人物画、山水画等类型，还有许多反映人民生活、社会图景的作品，其中的代表如两宋时期的风俗画，而最为著名的就是北宋画家张择端的《清明上河图》。此后的中国传统绘画风格走向文人画阶段，最能反映文人画风貌的是写意画。文人画集文学、书法、绘画及篆刻艺术为一体，强调表现个性，讲究借物抒情，追求神韵意趣。元朝王冕的《墨梅图》、明朝徐渭的《牡丹蕉石图》、清朝郑板桥的《墨兰图》，都是写意画中的精品。

相关链接

清明上河图

《清明上河图》（如图 5-5 所示）描绘的是清明时节北宋都城汴京（今河南开封）东角子门内外和汴河两岸的繁华热闹景象。全卷画面内容丰富生动，集中概括地再现了 12 世纪北宋全盛时期都城汴京的生活面貌。此画用笔兼工带写，设色淡雅，不同一般的界画，即“别成家数”。构图采用鸟瞰式全景法，真实而又集中概括地描绘了当时汴京东南城角这一典型的区域。作者用传统的手卷形式，采取“散点透视法”组织画面。画面长而不冗，繁而不乱，严密紧凑，如一气呵成。画中所摄取的景物，大至寂静的原野、浩瀚的河流、高耸的城郭，小到舟车里的人物、摊贩上的陈设货物、市招上的文字，丝毫不失。在多达 500 余人物的画面中，穿插着各种情节，组织得既有条不紊，又具有情趣。

图 5-5 《清明上河图》(局部)。《清明上河图》是中国十大传世名画之一，北宋风俗画，北宋画家张择端仅见的存世精品，属国宝级文物，现藏于北京故宫博物院

二、有无相生 虚实相衬

纵观五千多年的中华文明历史，中国书画的笔墨渗透了儒道哲学的精神，具有深刻的美学意蕴。虚、实章法之理则是中国书法美学中的重要课题。老子云："天下万物生于有，有生于无。""有无相生，难易相成，长短相形，高下相倾，音声相和，前后相随。"艺术是有与无的统一，"有"为有形——物象形式，即美的艺术表现符号；"无"为内在——意识状态，即原发本源。主体的美感与客体美感相应时，就是老子所说的"有无相生"的理想结果。

山水画中运用虚实章法，有的远近实写，中景虚拟；有的云山掩映，通篇虚实交错。古代山水画家视"虚"重于实，认为空白处比实相处更重要。如被称为"剩水残山"的南宋马远、夏圭的山水画，大多取自然景色中的一角半岩或半截树枝，画面大部分留出空白，构成远山平野，令人看来辽阔无限而又心旷神怡，给人一种轻柔优美的愉悦感。"布白"是中国画构成形式的重要表现方法之一，历来受到画家的重视。著名画家陆俨少在他的《山水画刍议》中说："画贵虚灵，不宜刻实。"所以用笔要多用虚笔，少用实笔。

"计白当黑"其实就是绘画中的以虚映实的处理手法。画家在作画之前不仅要考虑如何布置画面，哪些地方该落墨，哪些地方该置实等，而且要考虑哪些地方该留白。中国画的黑白概念与西方素描中的黑白关系是完全不同的。如果说西方人的色彩观念是运用"画学"的眼光的话，那么中国人的黑白色彩观则是用"哲学"的眼光。孔子的色彩观是从"成人"以"礼"的观念出发的，他认为"黑白"之色是大礼之色。老子思想则以朴素为本，在他看来，虚、无、静、玄的境界是道的境界，黑与白又是通于虚无的。中国画中黑白的运用实质上也是验证了两种极色交融后，所产生的那种神秘、幽远、无限、深奥、缥缈等带有“玄”味的色彩感受。著名画家潘天寿说：“黑白二色，对比最为明豁，为吾国群众所喜爱。故自隋唐以后，水墨之画随而勃兴，非偶然也。然黑无白不显，白无黑不彰，故水墨之画不能离白色之底也。”

中国画强调“空白”，以其暗示“实相”，也是构成空间结构形态的基本符号。李白有诗：“地形连海尽，天影落江虚。”指出天地虽远，而山由“空白”点化，形成一片空灵，使远境得以呈现。山水画空白的特殊性，就在于空处凸显灵气，或宁静，或悠远，或空旷，或萧疏。这正是中国画表现“空灵”之境最擅长和最具无限魅力的一面，也是中国画的主要特色。

虚实与黑白不仅在中国画中得到“重用”，而且在书法中也得到推广。书法中的虚实关系，简单些就是研究点画之间的空白处理。清朝的宋曹在《书法约言》中说：“运笔有虚实。”清朝朱和羹《临池心解》云：“作行草最贵虚实并见。笔不虚则欠圆脱；笔不实则欠沉着。专用虚笔，似近油滑；仅用实笔，又形滞笨，虚实并见，即虚实相生。”

“内贵盈，外贵虚。”东晋大书法家王羲之在《记白云先生书诀》中曾记下这一诀。内部贵以充实为美，是一种真美，这种盈实讲究质的实在；而外部贵以虚为美，即是由内在的充实美产生一种外露的精神。王羲之的《兰亭集序》便是“内贵盈，外贵虚”的典范。

相关链接

王羲之与《兰亭集序》

王羲之，东晋大臣、书法家，有“书圣”之称。其书法风格平和自然，笔势委婉含蓄，遒美健秀。王羲之的《兰亭集序》（如图5-6所示）为历代书法家所敬仰。此帖为草稿，28行，324字。作者因当时天时地利人和效果发挥极致，据说后来再写已不能逮。其中有21个“之”字，写法各不相同。宋代米芾称之为“天下第一行书”。王羲之真迹早已不存于世，现博物馆所存均为后世摹本。

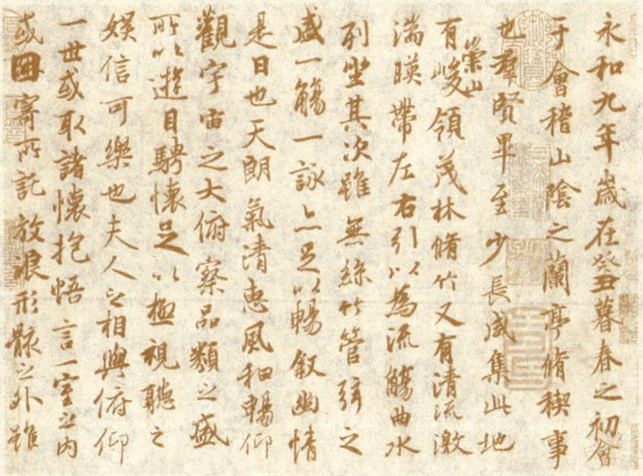

图5-6 唐代冯承素《兰亭集序》摹本（现藏于北京故宫博物院）。千百年来，《兰亭集序》被书法界奉为“中华第一书”，有多个版本在世间流传，最受推崇的就是冯承素摹本。然而，经权威专家王开儒先生考证，现存于天阁博物馆内的《兰亭集序》碑刻，是唐代冯承素在贞观年间奉旨摹自王羲之真迹的刻本，确认是真正的“神龙本”，展现了一代“书圣”的书法神，堪称“书法界的国宝”

三、大巧若拙 素淡求真

中国文人对素雅美、简约美的审美追求，对至真至纯的精神和道德追求，在书画艺术中体现明显。

老子说："恬淡为上，胜而不美。"中国书画艺术审美的重要范畴之一就是"淡"的标准——"空故纳万境"。无论是音乐、舞蹈，还是绘画、书法，甚至是电影、服装等，其艺术表现的最高法则之一就是"返朴归真"。老子的话就旨在告诫人们，做事情时趋于"淡"的境界才是高妙的，因而，书法家常常运用淡墨、枯笔等技法来达到其理想的书艺境界，如唐代书法家柳公权的《神策军碑》（如图 5-7 所示）和《蒙诏帖》、宋代黄庭坚的《范滂传》和《廉颇蔺相如传》（如图 5-8 所示）等。

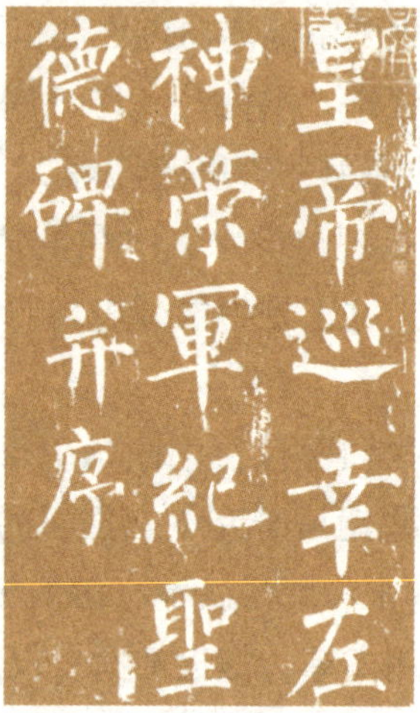

图 5-7　宋拓《神策军碑》，全称《皇帝巡幸左神策军纪圣德碑》，又称为《柳公权神策军纪圣德碑》，是唐代书法家柳公权晚年所书，纯熟稳健的书风令后人赞叹这是其"生平第一妙迹"。此碑刻工精良，拓本与真迹无异，故后世奉为柳书代表作。石碑刻于唐会昌三年（公元 843 年），本来立于长安宫廷禁地，但终毁于战火，拓本极少。1965 年，在周恩来总理的关心下，长期流传于海外的宋拓本回归祖国，现藏于中国国家图书馆

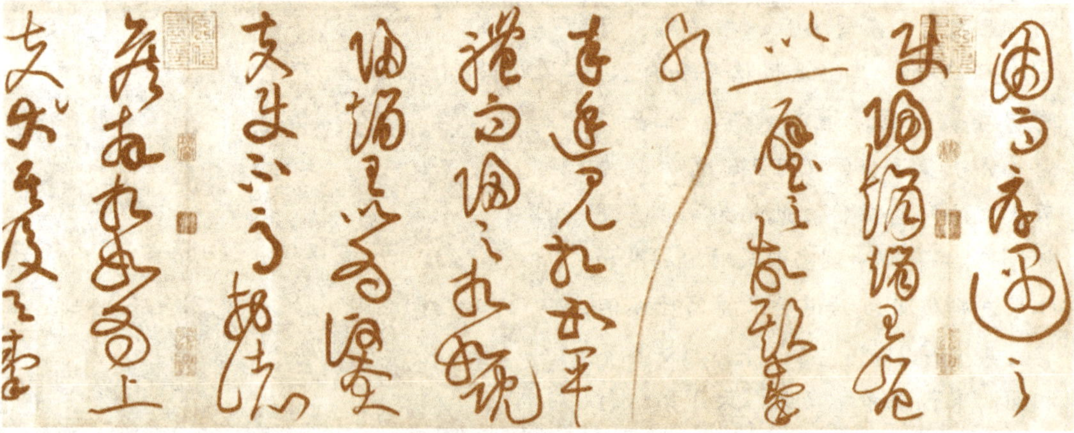

图 5-8　北宋有四位伟大的书法家，他们是苏轼、黄庭坚、米芾、蔡襄，人称"苏黄米蔡"。其中黄庭坚独以草书闻名于世，其影响力一直长盛不衰。黄庭坚草书名作《廉颇蔺相如传》现藏于美国纽约大都会博物馆

"贵真"是庄子核心思想之一，"贵真"学说始终贯穿和体现在其艺术思想及审美观中。庄子美学思想中的"朴"与"素"的理性观念也是体现"真"的具体形式。庄子的"朴"，其实质就是强调事物的真实与自然本性。他认为"素朴"能够使人们处于一种本真的状态，获得自己的本性，并得以显示，这实则是一种很高的人生境界。因而，他又提出"吾

子使天下无失其朴”的美学主张。这里的“朴”就是真性情、真自然与真实在的显现，反对浮华、修饰、雕琢、夸张、做作的行为。这种本真的状态和境界，是中国书画艺术家在艺术创作表现中不可或缺的首要条件与必要过程。清初大书画家傅山也曾明确提出“宁拙毋巧，宁丑毋媚，宁支离毋轻滑，宁真率毋安排”的“四宁四毋”的艺术主张，其实质就是要求艺术家在创作中保持自我的本色，回归自我的本性——真。这也正是中国书画艺术（文人画）所遵循的最高宗旨。

中国书画艺术始终强调平淡致远的高妙境界，从唐朝开始，以王维为主要代表的一些艺术家就主张以表现水墨为上，以体现“纯素”的画格与画品，其最终目的就是体现中国传统美学思想中这一深层的艺术境界。

四、形神兼备 书画有德

中华民族的艺术创作和审美法则一贯具有真、善、美的人格化倾向，强调对一切艺术表象的认识作用、审美作用和教育作用，这一文化传统和思维模式可以追溯到中国古代先秦诸子百家的艺术观和审美观。

（一）社会教化

庄子说：“形非道不生，生非德不明。存形穷生，立德明道。”（《庄子·天地》）在庄子审美思想中，德成为万物彰显的崇高审美标准，形神成为德的存在条件。他对万物的审美思想认识，是古代中国书画艺术审美及艺术创造的美学思想核心。

张彦远在《历代名画记》中开篇明义，对绘画的社会功能问题作了如下阐发：“夫画者，成教化，助人伦；穷神变，测幽微。与六籍同功，四时并运；发于天然，非由述作。”这段文字，是张彦远对绘画的基本作用，或者说是根本特性的认识。“成教化，助人伦”，这是绘画所产生的社会功能；“穷神变，测幽微”，则是绘画在表现自然万物时所具有的特殊意义。从人为的方面来看，绘画当与匡时济世的经典著作具有相同的作用；从自然的力量方面来看，绘画则与天地之间的变化规律一致。

不仅绘画如此，书法也具有社会教化意义。自古以来，中国绘画作品主题丰富，无论是借物、景言志，如文人画家向来偏爱梅、兰、竹、菊等象征高洁志趣的自然物；还是通过对生活情景、历史故事、人物情态的刻画，表达画家的思考与态度，都具有深刻的教化意义。绘画也是定格的艺术，图像往往要比文字更具教育空间。例如：苏轼的《潇湘竹石图》（如图 5-9 所示）是文人画的典型代表。书法作品则是文字、形态兼备，文字直接表达教化内容，而字形的笔画勾连、线条力度都在无声诉说着作者的心情和态度，如前面提到的《祭侄文稿》，字字有力，笔笔有义。

图 5-9　苏轼的《潇湘竹石图》是文人画的典型代表。整幅画的内容非常简单，一片土坡，两块怪石，幼竹冲破巨石的重压，昂扬着向上的生命激情，反映了苏轼对于险恶逆境的抗争与不屈

（二）生命审美

庄子有关人物形、神、骨、气的美学阐述，是中国书画笔墨形态最完美的表达形式。在老庄哲学审美基础上，张彦远在《历代名画记》提道："夫象物必在于形似，形似须全其骨气。"李世民《笔法诀》指出："夫字以神为精魄，神若不和，则字无态度也；以心为筋骨，心若不坚，则字无劲健也。"东晋顾恺之《魏晋胜流画赞》通篇关于人物画"骨"的描述更是比比皆是。

老庄对万物"形神"审美思想有重要影响，人物"骨"的审美认识也被后人逐渐展开。汉代王充《论衡》对"骨相"有直接的审美品鉴："人命禀于天，则有表候于体。察表候以知命……表候者，骨法之谓也。"王充直接把骨法同人的命世相联系，骨的俊美程度，决定了人的命运福祸贵贱。《论衡》率先拉开了魏晋南北朝时期对人物品藻的审美大幕，追求对人物"风骨、神韵、精气"的品格审美境界，人物绘画的艺术审美被艺术家所重视。南朝谢赫在"六法"的绘画审美标准中，明确把"骨法用笔"和"气韵生动"作为中国古代绘画的最基本审美标准，其艺术作用万古不移。

第三讲　万家共赏：元曲与明清小说的人生百味

在表达形式、主题思想、审美追求等方面，元曲和明清小说都与此前的文学样式迥然不同。在特定的时代和社会背景下，元曲与明清小说表现出较强的世俗性、现实性、反叛性、悲观性，作品中刻画的人物形形色色，描绘的世间百态耐人寻味，是古代通俗文学的盛世，也是中国戏曲和现代小说的重要发展阶段。

一、文化交融　叙事突出

（一）元曲

宋朝时期，民间兴起一种新的诗歌形式，即散曲。散曲题材广泛，可雅可俗，抒情叙事兼长，更为生动活泼。杂剧，则是流行于元朝的一种歌舞剧，属舞台艺术。到元朝，散曲的创作进入繁荣阶段，与元杂剧一起合称为元曲。

就散曲这一新诗体而言，它是沿着“十五国风→汉乐府→南北朝乐府民歌→唐诗→宋词”这个传统发展起来的。特别是宋词，对元散曲的产生有着更直接的影响。仅从形式上看，不少曲调是由词调变来的，词调与曲调不仅调名相同，句式也基本相同。元杂剧也不是在元朝偶然出现的，它是沿着“秦汉的俳优→唐参军戏→宋杂剧→金院本”这一戏剧传统逐渐形成的。散曲分小令（单是一支曲子，相当于一首诗）和套曲（将同一宫调的两支以上的小令连缀在一起组成一套）；杂剧在结构上规定每本四折（一折相当于一场或一幕），剧本主要由曲词和宾白组成。

相关链接

多民族文化交融促成元曲

南宋后期，随着我国北方各民族的融合和文化的交流，契丹、女真、蒙古等少数民族的“胡夷之曲”和河北、山西、辽东等地的“俗谣俚曲”相结合，就逐渐形成散曲这一新诗体。明人王世贞云：“自金元入主中国，所用胡乐，嘈杂凄紧，缓急之间，词不能按，乃更为新声以媚之。”从元人周德清《中原音韵》等书记载的曲调来看，像“者刺古”“阿纳忽”“唐古歹”等，显然是“胡之曲”；而“木兰花慢”“摸鱼子”“生查子”“采茶歌”等则是流行在中原一带的“俗谣俚曲”。这说明，散曲是中国各族人民共同创造的文化财富。

元杂剧对中国戏曲发展影响深远。它是以剧本文学为基础，以舞台表演为中心，融北曲音乐、科白舞蹈、勾栏及庙台建筑、化妆美术等多种技艺于一体的综合性艺术，它的产生标志着中国戏曲在历史上第一次占据主流文体和主流艺术的地位。元杂剧作为我国戏曲史上第一座高峰，涌现了“元曲四大家”——关汉卿、马致远、白朴、郑光祖，以及王实甫、纪君祥、乔吉等一大批堪称一流的剧作家，创作了《西厢记》《窦娥冤》《赵氏孤儿》《墙头马上》等一大批优秀名作。

（二）明清小说

魏晋南北朝时期，出现了《搜神记》等志怪小说。唐朝情节曲折离奇的短篇小说传奇和宋朝供说话人用的话本，把中国小说推向一个新的阶段。明清时期，一方面专制中央集权进入强化阶段，另一方面经济领域出现了一些新的气象，手工业、商业繁荣，资本主义萌芽出现，市民阶层扩大，为小说创作提供了丰富素材。为适应市民阶层的需要，小说创作进入蓬勃发展的阶段。

明清小说数量繁多，体裁多样，表现手法丰富，在反映社会生活的深度和广度、人物性格的塑造、细节的描绘、语言的运用等各个方面，都大大超过了前代。在众多作品中，以《西游记》《红楼梦》《三国演义》和《水浒传》四部长篇小说最为著名，它们是中国文学的瑰宝，也是世界文学的明珠。

按内容主题来看，明清之际的小说类型多样，鲁迅在《中国小说史略》中对明清小说作了分类，具体为“元明传来之讲史”“明之神魔小说”“明之人情小说”“明之拟宋市人小说”“清之拟晋唐小说”“清之讽刺小说”“清之人情小说”“清之以小说见才学者”“清之狭邪小说”“清之侠义小说及公案”“清末之谴责小说”。

明清时期的“人情小说”尤为突出，鲁迅不惜篇幅将其分为两个时代分别论述。个中缘由也不难理解，因为“明之人情小说”中有中国四大奇书之一的《金瓶梅》，无论民间士林，颇多披阅，影响甚广；而“清之人情小说”，则有另一部“奇书”——中国封建社会的百科全书《红楼梦》，士林间甚至有“开口不谈红楼梦，纵读诗书也枉然”之说，可见“红学”影响至大至广。

二、时代高压 文学解放

（一）时代背景：社会黑暗 正统衰微

蒙元统治时期，实行严酷的民族压迫和种族歧视政策，如把各民族依贵贱分为蒙古人、色目人（包括西域各部族，亦称“诸国人”）、汉人（较早被统治的黄河流域的汉人、金人）、南人（最后被统治的长江流域及其以南的各族人民），这四种人在政治待遇、经济地位等方面都大不相同。

人民遭受的经济剥削也很重，而压迫越重，反抗越激烈，元代城乡人民的反抗斗争此伏彼起。人民的反抗斗争为元杂剧提供了丰富的生活素材，并赋予它积极的思想内容。关汉卿的《窦娥冤》《救风尘》《鲁斋郎》，李直夫的《虎头牌》，孟汉卿的《魔合罗》，秦简夫的《东堂老》，武汉臣的《生金阁》等，都直接地反映了当时的现实生活和人民的反抗意志。

蒙元对汉人的统治虽极严厉，但在文艺思想上比较自由放任。元朝（特别是元初），儒家思想衰微，唐宋时期建立起来的“文以载道”的理论销声匿迹。“以马上得天下”的蒙古统治者一向迷信于武力征服，他们习惯于逐水草而居的游牧生活，因而使封建礼教的束缚有所松弛。加之处于社会下层的贫苦市民在政治上、经济上遭到种种歧视、压迫和剥削而引起的愤懑、不满，要求杂剧舞台加以表现的客观需要，戏剧家就能在题材和主题的选择上有较大的回旋余地。

在蒙元时代，文人的地位极其低下。据《郑所南先生集》记载，蒙元统治者依据身份职业把人分为十等："一官、二吏、三僧、四道、五医、六工、七猎、八民、九儒、十丐。"据史书记载，元代除太宗九年（1237年）举行过一次科举外，以后废止达七十七年。科举的废止，堵死了文人的晋升之阶，既导致了文人地位的下降，也使长期禁锢人们头脑的儒家思想受到扼制。这对文人来说，在思想上无疑是一次很大的解放。

任何一种文学、艺术样式，它的产生和发展，都与一定的外在条件制约有着种种复杂的联系。明清之时，一直奉诗文为文学的正统，而小说、戏曲，则被视为不登大雅之堂的"小道"。明初，由于受程朱理学思想的影响，对"文"的理解更趋于狭隘。如理学大儒宋濂就曾经说过："余之所谓文者，乃尧、舜、文王、孔子之文，非流俗之文也。"至清，法律对小说的遏制则更为严酷。在文化政策的高压之下，为文者"徒取老生腐儒训诂讲解之语"，被视为文章之正轨；诗歌创作则转相模拟，"句句字字拾人饤饾""傍他人门户，拾其唾余"，缺乏真情实感。

相关链接

明代对小说的压制

明正统七年（1442年）三月，国子监祭酒李时勉就曾要求禁毁《剪灯新话》诸小说，称："近有俗儒，假托怪异之事，饰以无根之言，如《剪灯新话》之类，不惟市井轻浮之徒争相诵习，至于经生儒士多舍正学不讲，日夜记忆，以资谈论。若不严禁，恐邪说异端日新月盛，惑乱人心。乞敕礼部行文内外衙门及提调学校佥事、御史并按察司官，巡历去处，凡遇此等书籍，即令焚毁。有印卖及藏习者，问罪如律。庶俾人知正道，不为邪妄所惑。"

小说则不然，它所关心的是与国计民生息息相关的热点问题，向往的是公平、正义、诚信、善良社会风气的重新建构，追求的是平等、自由、摆脱封建教条羁绊的潇洒人生。与正统文学相比，小说极易唤起社会中下层（尤其是市井百姓）的强烈认同感，极易在广大平民百姓中产生影响。以江苏为例，官府尽管屡次对小说施行严禁政策，但往往事与愿违，其结果却是禁而不止，各类小说依然顶着巨大的压力大量产生，以致"农工商贩，抄写绘画，家蓄而人有之；痴呆文妇，尤所酷好""吴中廛市闹处，辄有书籍列入檐部下，谓之摊子。所鬻悉小说、门事、唱本之类。所谓门事，皆闺中儿女子之所唱说也""稍微识字者，也每每购置小说、戏剧文本来阅读"。

（二）美学风格：言辞解放 本色自然

王国维的《宋元戏曲史》说："古代文学之形容事物也，率用古语，其用俗语者绝无。所用之字数亦不甚多。独元曲以许用衬字故，故辄以许多俗语或自然之声音形容之。此自古文学上所未有也。”对于俗语的运用，有人认为是文学的退化，而梁启超则说：“寻常论者，多谓宋元以降，为中国文学退化时代，余曰不然。”“文学之进化有一大关键，即由古语之文学变为俗语之文学是也。”

唐宋以前，我国文学作品基本上都是用文言写成的，到唐宋时期，由于城市和商业的发展，市民阶层开始兴起。随着他们力量的壮大，就必然要求有适应他们欣赏习惯的文艺形式。于是运用口语创作的多种形式的说唱文学（如唐变文、宋话本等）便应运而生。之前在宋词中已有口语的运用，但为数不多。到了元朝，由于元杂剧的主要观众是市民，因而不用口语便不能为他们所理解；同时，由于蒙古统治者不懂得中原的传统文化，因此他们也提倡白话，甚至连诏敕公文也用俗文，再加上蒙古统治者喜欢繁音促节的胡乐，而文言不能自然和谐地配合这种乐曲。于是元杂剧与过去的文学语言相比便产生了革命性的变化。但是元杂剧的语言风格并不能简单地用口语和方言俗语来概括。它既不同于文言作品的文言，也不同于宋话本的白话，它文而不文，俗而不俗，雅俗共赏，智愚皆宜，具有独特的语言风格。

元曲作为一种新的韵语文体，其文体解放首先体现在格律形式上的解放。由于元曲自产生之初就受到北方民间文艺的直接影响，格律形式相对比较宽松，突破了传统诗词格律的严格规范，采用了平仄通押、不避重韵的押韵方式，因此它享有了最大限度的用韵自由（就韵语体文学而言）。在句式方面，它可加衬字，甚至可以根据需要增减句子，且不避俗字，不求对仗。元杂剧的曲词从每句一字到每句十几字都有，奇偶骈散，长短简繁，参差错落，自由变化。此诚如王骥德《曲律》所述：“夫诗之限于律与绝也，即不尽于意，欲为一字之益，不可得也。词之限于调也，即不尽于吻，欲为一语之益，不可得也。若曲，则调可累用，字可衬增。”这些改革都是朝着更符合语言发展规律的方向进行的。

元曲在遣词用语上不拘一格，纯任自然，与其他文体迥然不同。它采用了大量宋金元时期的方言俚语、村语乡谈，甚至少数民族语言，达到了“无语不可以入”的地步。元曲是我国古代各种文体中语言最接近生活本色的一种，达到了任情而发、随境生成的境界。如王实甫的《西厢记》，不但成功地大量使用了方言俚语，而且成语、俗语、诗词语、经史子集语随处可见，作品俱化而用之，而有自然天成之妙，语言风格朴实优美且具有浓郁的生活气息，即使是数百年后的今天，我们仍为其语言之生动丰富而倾倒。

相关链接

谁是“贾府第一段子手”？盘点《红楼梦》中有意思的俗语

据统计，《红楼梦》中引用俗语最多的人物是王熙凤，可谓“贾府第一段子手”。在第十六回里，她就连着讲了好几个歇后语，如“坐山观虎斗——坐收其利”“借剑杀人——不露痕迹”“引风吹火——费力不多”“推倒油瓶不扶——懒到家了”等。诙谐且接地气的语言风格突出了她幽默风趣的性格，也与她文化水平不高、性格泼辣的形象特征相吻合。

例如，贾蓉被派去姑苏采买家班唱戏的女孩子，贾琏得知后质疑他没做过这种事，能不能办好这件差事，这时凤姐出来打圆场说道："你也太操心了！难道大爷比咱们还不会用人？……孩子们这么大了，没吃过猪肉也见过猪跑。"这里的"没吃过猪肉也见过猪跑"就是比喻虽没有亲身经历，但也听说过、了解过。凤姐以此帮助贾蓉劝贾琏允了这件事。

经过元曲的解放，明清小说的文字表达几近白话文，更加通俗易懂，表情达意同样具有直接、自然之特征。在语言风格上，嬉笑怒骂，风格多样，颇有趣味。

三、世俗百态 悲剧突出

从现存元杂剧剧本看，多数作家熟悉生活，洞晓世情，作品大都具有深刻的思想内容和强烈的生活气息，真实地反映了当时的社会现实，并塑造出了一系列下层社会被压迫者——特别是女性的典型形象，歌颂了他们勇敢不屈的反抗斗争，展示了他们对美好的生活理想。关汉卿的《窦娥冤》，王实甫的《西厢记》，马致远的《汉宫秋》，白朴的《梧桐雨》，无名氏的《陈州粜米》，高文秀的《渑池会》等都是这样的作品。

从优秀的元曲作品中，我们可以看到作者坦率的人生自白、对封建伦理道德的否定、愤世嫉俗的狂呼以及对人生如梦的感叹。像关汉卿、王实甫、白朴、马致远等，都毫无掩饰地把自己的真实情感表现在作品中，没有士大夫文人的矜持，也没有传统儒士的拘谨，他们所写的，就是其所见所感与所思。《曲律》称："晋人言：'丝不如竹，竹不如肉'。以为渐近自然。吾谓：诗不如词，词不如曲，故是渐近人情。"此语揭示了元曲对于诗词的超越，而其重要原因之一则是元曲在文体观念上的解放，使它具有了更多的人情味。

王国维说："明以后，传奇无非喜剧，而元则有悲剧在其中。就其存者言之：如《汉宫秋》《梧桐雨》《西蜀梦》《火烧介子推》《张千替杀妻》等，初无所谓先离后合，始困终亨之事也。其最有悲剧之性质者，则如关汉卿之《窦娥冤》，纪君祥之《赵氏孤儿》。剧中虽有恶人交构其间，而其蹈汤赴火者，仍出于其主人翁之意志，即列之于世界大悲剧中，亦无愧色也。"元杂剧的代表作品，即包括"四大悲剧"：关汉卿的《窦娥冤》(《感天动地窦娥冤》)，马致远的《汉宫秋》(《破幽梦孤雁汉宫秋》)，白朴的《梧桐雨》(《唐明皇秋夜梧桐雨》)，以及纪君祥的《赵氏孤儿》(《赵氏孤儿大报仇》)。追求人格美是"四大悲剧"首要的审美特征，具体表现在它所肯定、歌颂的人物形象，是广大人民意志的代表，是富于牺牲精神的勇士。在我国封建社会，忠义节孝是传统道德准则，"四大悲剧"就是从这些方面入手，使剧中悲剧人物成为理想道德的化身，从而表现对剧中人物的肯定与赞颂。

元杂剧的悲剧突出表现三种情结：牺牲情结、复仇情结与忧郁情结。

（一）牺牲情结

这一情结的出现并非偶然，而是长期以来社会文化心理积淀而成，又在元朝这一特定历史环境冲撞下凸显的。中国人的民族心理结构以人伦和谐为中心，从而奠立了中国悲剧精神中的主人公是主动为伦理和谐、道德完善而至死不渝的殉道者，是舍生取义的自愿牺牲者。这种牺牲是极其悲壮的，昭示着内在精神的悲壮与伟大，也就是中国儒家文化人生观极其看重的“明知不可为而为之”的英雄主义。

（二）复仇情结

如果说元代悲剧主人公的直面失败、蔑视死亡的殉道精神，透露出中国人文理想之英雄主义与现实相撞击的矛盾的话，那么《赵氏孤儿》《哭存孝》《窦娥冤》等悲剧作品则以主人公的无辜受难和死后复仇的行动方式来表达对奸陷忠、强凌弱的社会现实的批判精神。

相关链接

赵氏孤儿（片段）

【一煞】摘了他斗来大印一颗，剥了他花来簇几套服。把麻绳背绑在将军柱，把铁钳拔出他斓斑舌，把锥子生挑他贼眼珠，把尖刀细剐他浑身肉，把钢锤敲残他骨髓，把钢铡切掉他头颅！

（三）忧郁情结

元剧作家以极其细腻且耐人寻味的抒情笔调来宣泄悲怨，表现出忧郁情结。这突出地呈现在两个方面：一者为生死之叹，二者为爱情伤感。前者贯通着悲剧作品《西蜀梦》，后者联系着另两部悲剧杰作——《汉宫秋》与《梧桐雨》。两剧以戏剧形式，借取了帝王爱情得而复失的悲剧模式，成功地抒发了亡国之悲和历史哀叹。两剧在结构上颇为相似，都是在最后一折中用二十多支曲子，将唐明皇和汉元帝的追思悲情渲染得深沉厚重，使忧郁情结的悲怨漫透人心。

孔尚任的《桃花扇》则体现着中国古代悲剧的一种变体。在这个意义上，其有类于中国古代小说中的《红楼梦》和《浮生六记》。它们的共同特点是更多地融入了作为一个中国知识分子的独立人生感受和现实感受，它们的作者都把自己个体性的内在精神感受注入了这种世俗的文化娱乐形式之中，使之超越了浮面的社会揭露、个人道德的谴责，也超越了世俗娱乐的性质，从而进入了具有哲理性的艺术审美的境界。

曹雪芹的《红楼梦》标志着中国古代长篇小说悲剧艺术的最高水平。《红楼梦》悲剧的深刻性恰恰在于其人物的悲剧命运不是他们可以自由选择的，而是必然的，是在人的存在本身的矛盾关系中形成的。在《红楼梦》中，不仅贾宝玉是悲剧性的，甄宝玉也是悲剧性的；不仅林黛玉是悲剧性的，薛宝钗也是悲剧性的；不仅晴雯是悲剧性的，袭人也是悲剧性的；不仅凤姐是悲剧性的，妙玉也是悲剧性的；不仅尤二姐是悲剧性的，尤三姐也是悲剧性的……人生莫不是悲剧性的，他们各以自己的方式完成了自己的悲剧。

曹雪芹的喜怒哀乐是包含在《红楼梦》所描写的这个封建大家庭的盛衰荣辱之中的，它的悲剧也就是自己的悲剧。作者对他所描写的一切都无法采取超然的旁观态度，这就把小说这种世俗娱乐形式真正提高到了严肃的高雅艺术的高度。在这样一个高度上，作者思考了人与世界的关系、个人与整体的关系、个别与一般的关系、偶然和必然的关系，从而把小说艺术提高到了人生哲理的高度。而正是在这人生哲理的高度，人的存在的悲剧性才重新被小说家所深刻地感受到，并以自然朴素的手法入木三分地表现出来。

四、突破传统 反叛教条

在特殊的政治与经济社会环境下，元曲和明清小说呈现与以往截然不同的文学风格，其不仅关注现实、接近底层人民，更是在主题内容和思想情感上大胆突破传统，具有突出的反叛性。其思想特征主要有以下两个方面：

（一）关于表现爱情

追求爱情虽是人的本能欲望，但传统观念认为包括爱情在内的人的所有感情，均应受到理（礼）的制约，不能违理（礼）而行。表现爱情虽是文学作品的永恒主题之一，但传统观念认为对爱情的表现应该遵循“发乎情，止乎礼义”（《青霞先生文集序》）和“乐而不淫”（《论语·八佾》）等原则，不能毫无掩饰地表现。宋儒更将包括爱情在内的所有“人欲”与“天理”对立起来，认为二者水火不容，难以并存，主张文学作品只能“载道”，不能表现爱情。这更将传统观念推向极端，成为限制文学作品表现爱情的桎梏。

元曲则不同，它突破“发乎情，止乎礼义”等传统观念，毫无掩饰地表现爱情（包括情爱、情欲、性爱）。王实甫的《西厢记》是这方面的代表作品，作者不但认为男女婚姻要以真挚爱情为基础，而且大胆地肯定情欲和性爱，细腻地展示了崔张二人追求情爱的心理历程。在散曲中，作者更是高扬人性美的大旗，热情歌颂情欲和性爱，表现出大胆的反传统精神。关汉卿对自己的性爱追求直言不讳，他在《一枝花·不伏老》中说：“我玩的是梁园月，饮的是东京酒，赏的是洛阳花，攀的是章台柳。”并表示即使遭受惩罚，也决不放弃天赋的禀性：“你便是落了我牙，歪了我嘴，瘸了我腿，折了我手，天赐与我这几般儿歹症候，尚兀自不肯休。”嬉笑怒骂，痛快淋漓，既表现出他风流倜傥的奇特个性，也表现出他反抗传统、不怕打压的“铜豌豆”精神。

在这一方面，明清的才子佳人小说是代表。因其违反“男女授受不亲”的传统教化而表现出来的大胆开放的自由恋爱的呼声，传统社会的统治阶层将其视为异端邪说，并将之列为禁书。然其却曾经在文坛上形成了一种前所未有的繁荣趋势，以至从明末清初到康熙、雍正、乾隆年间，模仿者纷起，产生了数十部类似的作品。

（二）关于揭露批判社会现实

传统观念认为，文学作品虽然可以揭露批判社会现实，但不能毫无忌讳，应该遵循“主文而谲谏”（《毛诗序》）、“温柔敦厚”（《礼记·经解》）、“怨而不怒”等原则，即不能直言其过，只能和颜悦色地微言讽谏，情绪可怨而不可怒。

元曲则不同，它毫无忌讳地揭露批判社会现实，朱权称元曲为“不讳体”，沈德符称元曲深具“蒜酪”味，都是在说这一方面。关汉卿的剧作就是这方面的代表。郭沫若说：“关汉卿用杂剧这种艺术形式作武器，勇敢地、无情地抨击着罪恶的统治阶级。无论是皇帝国威，还是地主恶霸，只要是欺压善良的，都是他抨击的对象。但关汉卿的目光，没有停滞于某些恶人身上，他深刻的观察力，使他在作品中触及十三世纪社会生活中的许多根本问题。他在许多剧本中，实质上反对了封建制度的各个方面。”

明清时期，以《金瓶梅》、“三言”“二拍”等为代表，兴起了一股世情小说的潮流，它们直接面对广大的市民群众，描摹和揭示了当时人们的生活实际，对中国人的日常生活作了充分的批判。除此之外，时事戏曲、时事小说和讽刺小说对于现实的批判更为猛烈。时事戏曲以反奸臣、反阉宦为主，小说则以明清易代之际的农民造反、民众抗清为主，其中有些作品的产生与所描述的事件时间非常近，作品已经面世，生活中的事件尚未结束。

明清小说的社会批判有很多是以讽刺切入的，如《红楼梦》对封建教化的犀利掊击，《金瓶梅》所展示的世俗风情画，充满讽刺的斑驳色彩。同样地，不管《西游记》的主题意旨如何界定，对一切妖魔鬼怪、牛鬼蛇神的打击和揭露也蕴含讽刺功能。《西游记》有着明显寄寓性讽刺的成分，不仅在取经途中，作者别具匠心地安排了九个人间国度，这里“文也不贤武也不良，国君也不是有道”，在描绘神魔世界的主干故事里，也渗透了浓厚的讽刺意图，如写皇帝的昏庸无能、贤愚不分，写如来佛门下的索贿弄鬼等，都隐喻着对现实的嘲讽，它已经将讽刺渗透到形象描绘中。

第四讲　运刀如笔：雕刻塑造的风范

当代建筑学家梁思成说：“盖历来社会一般观念，均以雕刻作为‘雕虫小技’，士大夫不道也。然而艺术之始，雕塑为先。盖在先民穴居野处之时，必先凿石为器，以谋生存；其后既有居室，乃作绘事，故雕塑之术，实始于石器时代，艺术之最古者也。”中国雕塑历史悠久，作品丰富，具有独特的艺术风格，是世界雕塑艺术的重要组成部分。

一、历史悠久 延绵不绝

中国雕塑的起源可以追溯到史前时期。在传说中的黄帝、尧舜时代，人们用木头、石器等雕刻出人或物的形状，用于祭祀、驱邪、礼仪等场合。到大禹时期，天下平定，人们铸造九鼎以求驱邪庇佑。这时候的鼎，便是中国青铜雕塑的开始。中国古代青铜工艺精湛，工匠们在青铜器上雕刻出花纹、雷纹等图案，用来装饰器物。

相关链接

殷墟出土大量雕塑品

梁思成在《中国雕塑史》中写道："近年殷墟（安阳）出土器饰龟甲尤多。象牙，犀角，牛骨，雕刻甚多，刀痕犹劲，刻工细巧。去年李济之博士在殷墟从事发掘，出土者有半身石像一躯，无首无足，全身有雷纹，盖纹身之义欤。李先生以为此石像之用为柱础，其言亦当。此外更有铜贝一，径约三寸，精巧有如希腊全盛时代物，良可贵也。"

在中国雕塑作品中，玉刻较为特别。从玉的使用上看，周朝时玉的用途就非常广泛了，而且玉在当时社会中占有重要位置，被人们赋予了"高尚"的象征意义，常用来比喻君子的德行和风范，如"温润如玉"之类的形容。战国时期，重视玉器的风气更加强盛，从蔺相如"完璧归赵"等故事也可以看出来。不过，由于玉比较昂贵，玉刻物品主要为王室贵族所有，一般人是难以使用的。

中国雕塑具有突出的装饰性，尤其是对建筑物的装饰，秦朝的阿房宫便是早期的代表。除了对于一般建筑物的装饰，在中国雕塑传统中，更为重要的是对墓陵的装饰，如秦始皇墓穴中的兵马俑（如图5-10所示）、两汉时期的墓室碑阙雕刻等。秦汉开始天下一统，社会太平，百姓有了余力建造房屋陵墓。在宗庙思想的影响下，人们重视家族祭拜和功名延续，墓室碑阙上的雕刻十分盛行。陵墓的装饰也非常丰富，如盛行设立石兽、石柱等塑像，在陵墓中用石头建造堂室，在石壁上雕刻图画，用来表彰死者功业等。

提起雕刻艺术，不可不谈"四大石窟"，而石窟雕塑又与佛教在国内的发展密不可分。梁思成认为，东汉时期是佛像在中国发展的最初潜伏期，"至桓帝笃信浮图，延熹八年，于宫中铸老子及佛像，设华盖之座，奏郊天之乐，亲祀于濯龙宫。此中国佛像之始也"。不过起初中国社会并没有礼拜佛像的风气，直到汉和帝时犍陀罗古建筑中才开始出现佛像雕刻，这是世界建造佛像的开始，中国受犍陀罗美术影响尤其深远。而晋代实际上是中国制造佛教雕像的开始，敦煌莫高窟就是当时开始雕刻的作品。

图 5-10　秦始皇兵马俑，位于今陕西省西安市临潼区秦始皇陵以东 1.5 千米处的兵马俑坑内。兵马俑即制成兵马（战车、战马、士兵）形状的殉葬品。秦始皇兵马俑成为中国古代辉煌文明的一张金字名片，被誉为“世界八大古墓稀世珍宝之一”

相关链接

敦煌莫高窟的开凿

唐朝《李克让重修莫高窟佛龛碑》一书记载：“莫高窟者，厥初，前秦建元二年有沙门乐僔，戒行空虚，执心恬静，尝杖锡林野。行至此山，忽见金光，状有千佛……造窟一龛。次有法良禅师，从东届此，又于僔师窟侧更即营建。伽蓝之起，滥觞于二僧。”这段文字详细记载了乐僔、法良这两位僧人先后开凿莫高窟的真实历史，两人也被一同尊为莫高窟的开窟鼻祖。

由于自然和人为的破坏，初创期的洞窟已不可考，现存最早的洞窟是北凉时期（公元 430 年左右）修建的。此后，莫高窟的开窟造像历经北凉、北魏、西魏、北周、隋、唐、五代、宋、西夏、元 10 个朝代，在鸣沙山东麓长 1680 米、高 15 至 30 米的南北两区断崖上，鳞次栉比地开凿了各种洞窟，成为古代僧侣信众礼佛的场所。如今，莫高窟以千姿百态的精美彩塑、灿烂丰富的灵动壁画吸引着全世界的目光，是一个无与伦比的历史文化艺术宝藏、人类文化史上的一大奇迹。图 5-11 为“敦煌的女儿”樊锦诗。

图 5-11　樊锦诗，曾任敦煌研究院院长，现任敦煌研究院名誉院长。守护敦煌 40 余年，被誉为“敦煌的女儿”，2019 年被授予“文物保护杰出贡献者”国家荣誉称号

从南北朝开始，佛教盛行，中华文化受到佛教文化的冲击，雕塑也渐渐受到佛教的影响。南朝时陵墓石兽雕刻较为突出，石狮是其中的突出代表。到了北朝，建造佛像的风气盛行，不过由于政治等影响，发展较为曲折。而大同云冈石窟（如图 5-12 所示）的建造，是我国雕塑在此期间第一次绽放的光彩。云冈石窟雕刻源于西域，但在传入中国时融入了汉族传统样式，并且在后来受到印度艺术的较大影响，可谓世界雕刻艺术的集大成者。北魏孝文帝时期，龙门石窟开始凿造。龙门石窟（如图 5-13 所示）在龛窟布置上与云冈石窟基本一致，不过匠人手艺有所不同，而石料也更好一些。龙门石窟中最古老的是古阳洞，由比丘慧成主持、孝文帝大力支持而完成，所以梁思成说："孝文及慧成，实灵岩无数佛窟开凿之始祖，其在我国美术史上，功弗可没也。"

图 5-12　云冈石窟位于山西省大同市，是我国规模最大的古代石窟群之一。此图为云冈石窟第五窟，中央坐像高 17 米，是云冈石窟最大的佛像，堪称云冈石窟的"万佛之冠"，正如清代王度所写——"耸峰危阁与天齐，俯瞰尘寰处处低"

图 5-13　龙门石窟位于河南省洛阳市，是世界上造像最多、规模最大的石刻艺术宝库，被联合国教科文组织评为"中国石刻艺术的最高峰"，位居中国各大石窟之首，现为世界文化遗产。龙门石窟造像多为皇家贵族所建，展现了盛唐气象。此图为武则天根据自己的容貌仪态雕刻的卢舍那大佛

佛像和佛教主题雕塑在隋唐时期进一步发展。隋代石窟雕刻极多，主要在山东境内，如历城千佛山、玉函山、益都（青州）驼山、云门山等处。中国现当代雕塑理论艺术家王子云在《中国雕塑艺术史》一书中说："谓唐代雕塑，在中国雕塑艺术史上正是成熟灿烂阶段，其成就是空前的。"唐朝时，受到多国文化交流的影响，雕塑变迁也极为显著，不过动机仍然在宗教（佛教）与丧葬（墓表）的支配之下。贞观年间，玄奘带回印度七佛像，放在专门建造的大雁塔中，"此七像者，盖为佛教造像之标准，中部北印皆有之，故其影响之大，无待赘述"。武后时期，对于佛像雕刻更加热心，"龙门天龙山诸石室及长安寺院中造像，俱足证明此时期间美术之发达及其作品之善美"。

相关链接

龙门石窟

龙门石窟是中国石刻艺术宝库之一，是世界文化遗产、全国重点文物保护单位，与敦煌莫高窟、云冈石窟并称中国三大石窟。龙门石窟开凿于北魏孝文帝年间，之后

历经东魏、西魏、北齐、隋、唐、五代、宋等朝代连续大规模营造达400余年之久，南北长达1千米，今存有窟龛2345个，造像10万余尊，碑刻题记2800余品。其中“龙门二十品”是书法魏碑精华，褚遂良所书的“伊阙佛龛之碑”则是初唐楷书艺术的典范。

中国雕塑虽然曾长期不被纳入主流艺术形式，有记载的雕刻家也不多，但还是出现了一些造诣颇深的大家，晋代的戴逵父子就是其中的代表。戴逵曾耗时三年，完成了无量寿木像，此木像与狮子国玉像及顾恺之维摩图世称“瓦棺寺三绝”。戴逵是南朝佛像样式的开创者，这种中国式佛像，在技术上、形式上都不是出自印度蓝本，而是中国原创。后来戴逵的儿子戴颙也如他一样成为雕塑大师，据唐人李绰《尚书故实》记载：“佛像本胡夷，朴陋，人不生敬。今之藻绘雕刻，自戴颙始也。”就目前材料看，或许可以认为戴颙是将彩绘与雕塑相结合的手法率先运用于佛教雕塑的第一人。他们父子二人被称作“二戴像制，历代独步”。

相关链接

瓦官寺“三绝”

瓦官寺（史称瓦棺寺）位于南京市，始建于东晋，至今已经1000多年的历史，是一座极负盛名的千年古刹。后又因异鸟飞临此处，才有了后来的凤凰台。

瓦官寺在晋代就号称藏有“三绝”：一是狮子国（今斯里兰卡）所赠四尺二寸高的玉佛像，在《梁书》中有记载，是早在1600多年前我国与东南亚国家友好交往的最好见证。二是东晋雕塑家戴逵、戴颙父子所铸丈六铜像和用其所创的干漆夹纻塑造的佛像。夹纻法后经鉴真大师传入日本，日本唐招提寺的国宝鉴真和尚像就是用夹纻法所塑。三是东晋画家顾恺之所绘《维摩诘示疾图》壁画。戴逵父子的佛像、顾恺之的壁画，都是载入中国艺术史册的杰出创作。

瓦官寺和凤凰台一带是南京文脉之地，六朝风物俯拾皆是，吸引了历代许多诗人墨客来此凭吊吟诵，李白、杜甫、陆游、刘克庄、周邦彦、王世贞等都留下了不朽的篇章。特别是李白的“凤凰台上凤凰游，凤去台空江自流”和杜甫的“虎头金粟影，神妙独难忘”等名句，已成为传颂千古之绝唱。

唐玄宗时期出现了中国传统雕塑艺术的另一位大师——“塑圣”杨惠之。据宋刘道醇《五代名画补遗》记载：杨惠之和“画圣”吴道子同拜张僧繇为师，并习丹青，巧艺并著，绘塑兼工。后来杨惠之看到吴道子在绘事方面“声光独显”，于是弃绘专塑，同样取得了卓越的成绩。当时人们称颂道：“道之画，惠之塑，夺得僧繇神笔路。”虽然吴、杨二人各有专攻，但在艺术创作上，他们仍然兼绘（塑）并塑（绘）。吴、杨二人同出一门的师承关系不仅说明了“书画同源”“画塑同理”的渊源，同时是中国绘画与雕塑艺术之间关系的一个缩影。杨惠之作品颇多，至今留存的苏州保圣寺塑壁也是出自他手，历经千年，极为珍贵。

二、取材自然 万物有灵

《考工记》曰：“天有时，地有气，材有美，工有巧，合此四者，然后可以为良。”这是中国古代一个非常深刻的造物原则和价值标准，包含从自然到人工的全面要求。这种造物观在中国造型文化中有生动反映，那些蜚声中外、令人长久追摹的古代精美作品，如商周玉器、战国漆器、汉代织锦、宋代陶瓷、明代家具等都出于古代工匠对中国古典造物原则的深刻认识和把握。

中国古代雕塑用材丰富多彩，除了金属材料，还有大量直接取材自然或者在原始自然环境下进行创作的作品。木刻、石刻、玉刻、泥塑等都是中国传统雕塑中的重要组成，而石窟这一中国雕刻艺术的杰出代表更是直接依托天然环境而创作的。

无论是传统农业社会下中国人民对自然的敬畏意识，还是中国传统哲学中文人对自然的崇尚，“道法自然”“天人合一”“万物有灵”等观念始终深刻影响中国传统艺术的发展。在雕塑方面，除了材料上强调自然质感之美，在雕塑内容上也非常重视对自然物的刻画。

中国雕塑中有一个丰富生动的动物世界。从早期陶器、青铜器装饰雕刻到各代帝陵表饰雕刻，从皇宫建筑雕塑到居民建筑雕塑，从王城御道华表雕刻到农民房前屋后拴马桩雕镂，无不以动物为题材。丰富多样的动物雕塑构成了中国雕塑的重要内容。

中国的动物雕塑从功能上可分为两类：一类是作为家畜或交通工具的一般性动物，另一类则是富有神灵意味的“灵兽”。一般性的动物雕塑多见于明器中，因为家畜家禽是财富的标志，战马又是王族大家权威和武功的象征，所以多被“雕饰如生”地陪葬入墓，其风格多朴拙敦厚，生活气息浓厚（如图 5-14 所示）。“灵兽”则是起通神作用的。在

图 5-14 昭陵六骏，即唐太宗昭陵祭坛两庑安置的六块骏马青石浮雕。六骏是唐太宗生前最为钟爱的六匹战马，在建立唐王朝的战争中立下赫赫战功。昭陵六骏石刻采用高浮雕手法，以简洁的线条、准确的造型，生动传神地表现出战马的体态、性格和身冒箭矢、驰骋疆场的情景。其中，中左一和下左一两块浮雕现藏于美国宾夕法尼亚大学博物馆，其余藏于西安碑林博物馆，被国家文物局列入《第三批禁止出境展览文物目录》

与生态系统保持着和谐关系的中华民族这里，相对于人来说，动物与冥冥之中的神更为接近，因而，中国神话中的人物颛顼“乘龙”才得以至四方，神话中的神本身也多是半人半兽的形象。从而，人们便利用动物雕塑作为与神沟通的媒介，商周人在祭祀所用的青铜器上广泛雕饰动物形象，汉魏六朝人更将灵兽制成大型石雕形式置于墓前，这些灵兽，如天禄、麒麟、辟邪等，既保持了青铜器动物纹样的体状，又综合了多种动物特征。自唐代以后，灵兽与一般动物逐渐合流，用于陵墓的助人通天的功能虽然消失了，但在具有神秘的迷信思想的中华民族看来，动物这种大自然的造物有着多种的象征意义，或是神灵的象征，或是力量、吉祥的象征，或是高贵的人的象征，所以动物造型在中国雕塑史中始终是建筑装饰和工艺装饰的题材。

除人物、动物的题材之外，中国雕塑还有许多直接以自然山水为题材的作品。在中国人的观念中，正如动物富有灵性一样，自然山水也富有灵性。唐朝以后，雕塑中的山水景物造型就多了起来，在唐朝墓葬中就发现有游山场面的陶塑明器，杨惠之也曾塑过山水壁塑“楞伽山”。据宋代著名画论家邓椿《画继》记载，宋朝画家郭熙还进一步发展了这一形式的壁塑。明清时期的工艺雕塑和建筑雕塑，也更多地表现了自然景物的情态。

三、风格多样 韵味丰富

中国传统雕塑历经数千年的发展演变，在不同时期呈现各具特色的艺术风格。当代著名雕塑家吴为山将中国传统雕塑风格大致分为八种类型：

（一）原始朴拙意象风

原始意象风的生成，是基于原始人主客未分的混沌心理状态。雕塑的外形特征按基本形状分类，眼睛的塑造或是两个凸球，或是阴刻线纹，或是凹洞。泛神论与空间恐惧在此演化为造型手法的稚拙与朴野，这种意象反映了原始人对事物的模糊直觉，在造型上体现为把对象归纳为简单、不规则的几何形，是盛行于后世的写意风与抽象风的基础。明代布衣诗人谢榛云：“至于拙，则浑然天成，工巧不足言矣。”（《四溟诗话》）由此中国雕塑走上或拙或巧，或宁拙勿巧，或拙中见巧，最后达至由巧入拙之路。

（二）商代诡魅抽象风

与原始意象风呼应的是商代开始大行其道的抽象风，东方的抽象带着神秘主义色彩，它是万物有灵与抽象本能的结合。其神秘，是指富于图腾意味；其抽象，是指视复杂事物为简单的概念。三星堆青铜雕塑的特征集中体现了诡魅的抽象之风（如图 5-15 所示）。

图 5-15　三星堆遗址出土文物：神秘的青铜鸟

（三）秦俑装饰写实风

秦俑的写实风，带着装饰意味，相较于商代的抽象更贴近生活的情感以及自然形体的特征。众多人物的塑造在装饰风手法的统一之下，整体气势更觉恢宏。秦俑在一些局部处理和人物背后的刻画方面极为用心，它展示的是多维空间。即使是跪射式武士的鞋底，其千针万线也表现得细致入微。秦俑的纪念性强，几何体的构造及整体概括性增加了其空间感，只不过强大的“军阵”是埋于地下。它是区别于西方写实主义的中国式写实，这“写实”体现了东方人善于将形体平面化的倾向。

（四）汉代雄浑写意风

汉代的意象风是中国雕塑最强烈、最鲜明的艺术语言，它是可以与西方写实体系相对立的另一价值体系。汉代写意雕塑从形式与功用上分为两类：第一类是以霍去病墓前石刻为代表的纪念碑类，第二类是陪葬俑。汉俑的一个重要风格特征是每个俑都有着欲与外部联系的表情或动态趋势，有着与他人交流的情境。常常我们看到出土俑时，便觉得是从某群体背景中走出来一般。汉俑虽为陪葬而作，但它投射了工匠们对极乐世界的遥想（如图 5-16 所示）。

图 5-16　较之秦俑的“千人千面”，汉俑有着欲与外部联系的表情或动态趋势。此为藏于成都博物馆的汉俑，名为“笑颜”

（五）佛教理想造型风

与汉代写意风有着明显风格区别的是佛教理想化的造型风。庄严与慈悲是超越现实造型的精神基础。从形式看，如果说汉代雕塑重“体”的话，佛教艺术则发展了中国雕塑艺术中线的元素。这主要是由于画家参与佛像范本的创制。两晋南北朝时期，各地佛寺石窟画师荟萃，西域艺术与汉族审美交融。卫协、顾恺之、张僧繇等画家参与佛教绘事。

（六）宋代俗情写真风

佛教雕塑到了宋代则明显转化为世俗题材和写实风格，如凿于南宋绍兴年间的大足石窟 136 窟八菩萨像、129 窟数珠观音等，这些雕塑除外形上表现为世俗的写真风外，与之相呼应的内心活动的特征，即身体姿态手势、瞬间表情的捕捉与刻画更接近于现实生活中的真实人物。宋代写真风的特点可归纳为：题材世俗化、形象生活化、心理人情化、手法逼真化，内容及形式与宗教教义背道而驰，形成表现生活的画卷。

（七）帝陵程式夸张风

大型陵墓石刻开始于汉代，南朝和唐代的作品代表了陵墓石刻的最高成就，其程式化的夸张风介于俑和汉代石刻写意之间。南朝时期的神兽“辟邪”（如图5-17所示）则具有诡魅的抽象意味，与原始图腾、楚汉浪漫同属一个造型体系，通过对比因素在视觉上造成体量的庞大、凝重、厚硕，时时聚集着冲击的张力，在中国雕塑史上，是对造型的巨大贡献，工艺性虽强，却有气贯长虹的生动气韵。

图5-17　南朝萧景墓前石辟邪。其中，东石辟邪为雄兽，原来从腰部断为两段，左前腿、底座也断，1957年5月南京市文物保管委员会重修。现臀部略残，昂首张口，长舌垂胸，右腿前迈。头有毛，腹侧双翼，翼前部饰6根翎毛。胸前几缕勾云纹，仿佛长髯飘拂。整个辟邪体态肥硕，雄俊壮美

（八）民间朴素表现风

民间艺术的表现性是对生活的歌颂，是自娱自乐心态下的创造，是非功利的纯艺术劳动。它对于我们今天的意义不仅在于技巧、形式，更在于创作心态。在这种心态之下创作的艺术，其特点是题材丰富、情感纯真、手法自由、造型生动，如糖人、面人、泥人及南北各地木雕。

四、绘塑不分 写意传神

（一）彩绘着色

中国以土质为材料的雕塑艺术从来就是与彩绘结合在一起的。新石器时代灿烂的彩陶文化是塑绘结合的产物，许多陶器上都绘着赤黑等色的几何形、动物形、旋涡形等各种纹饰，有的器盖上绘着人头像，五官与头发、胡须都甚为鲜明。新石器时代的动物人物陶塑、泥塑也多敷有色彩。秦陵兵马俑均以色彩绘饰细部，汉代彩绘陶俑至唐代发展为色彩华美的“唐三彩”俑。敦煌、麦积山及各地寺院里的彩塑佛教造像，均为敷彩的泥塑，塑作与彩绘有机地结合在一起。中国民间关于塑像有这样的俗语：“三分坯子七分画”“塑其容，绘其质”，可见雕塑中的彩绘作用是相当大的。

不仅陶塑、泥塑与彩绘结合在一起，中国的石雕、木雕等硬质材料的雕刻也是如此。楚文化中的木俑，躯体与四肢用木板裁雕而成，面部凸起的鼻子为雕出的，而眼睛口唇则是绘出的，衣服及腰带等饰物亦常常仿照织物的样子描绘出来。云冈石窟等处大规模石雕佛教造像多敷过彩，只是由于风化现已剥落了许多。木雕佛教造像同早期木俑一样有着浓重的彩绘部分，特别是唐宋以后一些木雕菩萨的衣裙，绘有美丽的丝绸和织锦的色彩、图案，显得如世俗女子的服装那样真切。雕塑与彩绘的结合使得中国的雕塑既有立体形象的体积感，又有绘画般的笔墨情趣和色彩美感，能同时给人以丰富的美感。

（二）线条造型

现代著名美学家、哲学家宗白华指出："中国古代的绘画雕刻是一致的。……希腊的绘画和雕刻是统一于雕刻，中国则统一于绘画。"中国雕塑在对块状材料进行艺术化处理时，借鉴中国艺术经验，使其更加线条化。在中国传统雕塑中，线成为雕塑独特的语言要素、审美形式，线的滞涩、流畅、静穆、飞扬赋予了雕塑不同的精神风貌。

线的功能一般有三种：一是表现轮廓，二是表现体积，三是表现精神——神韵。佛教雕塑中的"线"为神韵而生，典雅、悠游、流畅、圆润、华滋、静穆，它顺圆厚之体而流动延伸。佛教乃至整个中国美学之"线"，要之在润："气厚则苍，神和乃润""不丰不腴，不刻不隽"。

早在商周时期，鼎等青铜器上的动物纹样及各种图案的雕刻，已呈现中国人在雕塑艺术中利用线条辅助造型的意向和能力。秦俑的衣纹有着凸起的捏泥条和凹入的刻线等富有变化的形式。在汉代的画像砖、画像石中，宴饮、乐舞、游戏、车骑等复杂场面以及人物瞬间动作、动物情态等均由飞扬流动的线条刻画出来，发展了阴刻、阳刻、阴刻阳刻结合等多种线刻技法，线条的表现力在这里获得了充分的发挥。

绘画与书写的笔是富有弹性、适宜变化的，雕工的雕刀却是硬质的，不宜于变化，而中国雕塑艺人却"运刀如运笔"，创造出富有弹性、富有变化的线条。在佛教造像中，用粗硬的线条刻画迦叶的肋骨，表现出其多年苦苦修行的身躯瘦骨嶙峋；用细柔的线条刻画菩萨颈下横纹，表现出其高贵躯体肌肤之丰腴。在人物衣纹的处理方面更能见出线条的功夫、线条的魅力，这些线条常常表现得如毛笔描画出的线条那样富有韵律和节奏感，衣褶层叠的线条婉转自如，衣内人体的动势巧妙地表现出来，且线条本身还起到了装饰作用，有一种韵律蕴含在其中，人体本身的美感和生气也通过线条的韵律得到充分流露。

现代著名哲学家李泽厚说："线的艺术，正如抒情文学一样，是中国文艺最为发达和最富民族特征的，它们同是中国民族的文化心理结构的表现。"对于中国画家来说，线条既是造型的重要手段，它的曲折波动、疏密聚散，与画家瞬间的心态意趣也是相通的。

（三）写意传神

虽然雕塑是立体的三维艺术，而绘画是平面的二维艺术，但由于两者一样重视"写意"，精神的相通使得中国雕塑家手中凝重的青铜器、石头、泥块具有了灵巧飞动之势。

中国绘画"重神轻形""以形写神"的传统观念和手法直接影响雕塑。与绘画相似，中国古代雕塑家从来不在物象的"真"上表现出过多的热情和兴趣，他们不屑于对细部作真实的描绘，总是在粗线条的整体形象塑造中去表现对象的内在气韵、神采。李泽厚通过对汉代雕刻的分析指出："这是一种粗线条粗轮廓的图景形象……就在这不事细节修饰的夸张姿态和大型动作中，就在这种粗轮廓的整体形象的飞扬流动中，表现出力是运动以及由之而形成的'气势'的美。"

霍去病墓前的石刻是中国雕塑写意传神的一大代表，它以原石、原形为体，开创了望石生意、因材雕琢的创作方式。这种方式的哲学根基是“天人合一”的思想，一方面尊重自然、时间对石头的“炼就”，另一方面融入人的创造。与以希腊为代表的西方雕刻相比，这种方式更显中国人重“意”的艺术表现思维方式。西方人以物理真实为依据打造、磨炼石头，使之合乎事理，并通过对生理的刻画来表达形体的量和力。而中国雕塑直接借助原石的方式，则是自觉或不自觉地利用了自然的力量，这对建于室外的纪念碑雕塑无疑是最为合适的艺术表达。看汉代霍去病墓前石雕（如图 5-18 所示）：一是“相原石”，先审视石材形状大体近似何物；二是“合他我”，这是对象与作者的契合；三是“一形神”，在整体把握的大略雕刻中从石里剥出体、面、线，使材料、物象、作者融为一体。

图 5-18　霍去病墓前石雕，多是根据原石自然形态，运用圆雕、浮雕、线刻等手法雕刻而成，浑厚深沉，粗放豪迈，简练传神，是现存时代最早、保存完整的成组石雕。此图为代表作品“马踏匈奴”

吴为山认为：“中国雕塑的精神特征是神、韵、气的统一。”他对于这三者的内涵及其相互之间的关系有着精彩的论述：所谓神，应包含三个方面，首先指对象的内在精神；其次指作者之精神，创作时的艺术思维活动，创作时的精神专一；再次指作品所达到的境界。所谓韵是通过线条来表达的，中国的线不为描写对象的物理性质，它有诗性、神性、巨大的超越性，有着道家思想的元素象征——水的特性，与物推移，沛然适意，彰隐自若，任性旷达；也有着禅家灵性的元素象征——风的特性，不羁于时空，自由卷舒，触类是道；更禀着儒家中和、阳刚、狂狷之气——神与韵的物质化生发出之“气”，它是无处不在，无处不可感的文化与宇宙气象。古气、文气、大气、山林之气、洪宇之气，这气场的存在，使得中国雕塑产生无可抵御的感染力量，它聚散、氤氲、升降、屈伸，浩浩然充塞于天地之间。

相关链接

中国哲学与美学

无论庄、易、禅（或儒、道、禅），中国哲学的趋向和顶峰不是宗教，而是美学。中国哲学思想的道路不是由认识、道德到宗教，而是由它们到审美。“中国哲学所追求的人生最高境界，是审美的而非宗教的。……孔子最高理想是‘吾与点也’，所以他说‘逝者如斯夫，不舍昼夜’，对时间、人生、生命、存在有很大的执着和肯定，不在来世或天堂去追求不朽，不朽（永恒）即在此变易不居的人世中。慷慨成仁易，从容就义难。如果说前者是怀有某种激情的宗教式的殉难，固然也极不易；那末后者那样审美式的视死如归，按中国标准，就是更高一层的境界了。”这种审美境界和审美式的人生态度区别于认识和思辨理性，也区别于事功、道德和实践理性，又不同于脱离感性世界的“绝对精神”（宗教）。它即世间而超世间，超感性却不离感性；它到达的制高点是乐观积极并不神秘而与大自然相合一的愉快。

摘自 李泽厚《瞬刻永恒的最高境界》

作者简介：李泽厚，著名哲学家，中国社会科学院哲学研究所研究员、巴黎国际哲学院院士、美国多所大学客座教授，主要从事中国近代思想史和哲学、美学研究。

中国的造型艺术，往往追求一种精神美、意象美。这种追求不能不从中国自身的文化中去寻找。从中国文化的高、低两个层面上来看，高层面是先哲及理论家的著述中的思想，如孔子的“礼乐不在钟鼓玉帛”，老子的“大象无形”，庄子的“以天合天”“凝神”等；低层面是民俗与宗教中体现出的观念，这一层面主要表现的是天地崇拜、万物有灵论。这种审美心理导致了中国雕塑艺术创作过程中象征性表意手法的运用，象征性并不是中国雕塑所独有，但只有中国将这些精神贯穿几千年的雕塑作品里而成为其最显著特色。

本章小结

中国古诗词向来十分重视意境的塑造。在文字上，诗人们字字斟酌、句句推敲，将情绪凝于物象而令其传神，读来便深感中华文字之精妙绝伦；在格律上，诗词追求句式全部或部分的工整对仗、平仄押韵，吟诵时抑扬顿挫、音律和谐；在情思上，无情不为诗、情景常交融，因为有了厚重的情感、缠绵的思绪，诗词才有了更动人的力量和更深远的意义。

中国书法绘画强调运笔着墨间的黑白布局、虚实相生。书法不仅实用，而且审美功能强大，发展出了基于汉字的独特艺术样式。中国绘画强调神韵的塑造，空灵之美是中国绘画的审美特点，凸显了中国文化中对“意”的执着追求。

元曲和明清小说代表着中国传统艺术的世俗化阶段，无论是对格律、体式的松绑，还是口语、方言的引入，以及主题内容的“接地气”，都体现着元明清时期的高压社会环境下，中国艺术家的思考与反叛。

雕塑在中国传统文化中虽然长久不被重视，但其取得的辉煌成就不可低估。中国雕塑不仅用材丰富、风格多样，而且体现着中国人对工艺的考究，对自然的敬畏，对实体艺术的独特感悟。

拓展延伸

中国诗与中国画（节选）

钱钟书

既然“诗家三昧”是“略具笔墨”，那么，精细刻划风景的诗和擅长叙事、说理的诗都算不得诗家上乘了。例如谢灵运和柳宗元的风景诗都是描摹细致的，所以元好问《论诗绝句》自注：“柳子厚，唐之谢灵运。”宋长白恰巧把谢灵运的诗比于北宋画，《柳亭诗话》卷二八：“纪行诗前有康乐，后有宣城。譬之于画，康乐则堆金积粉，北宗一派也；宣城则平远闲旷，南宗之流也。”若把元好问的话引申，柳宗元也是北宗一派。无怪王士祯《论诗绝句》里把柳宗元压下去：“解识无声弦指妙，柳州那得并苏州！”“无声弦指妙”就是“不着一字，尽得风流”的另一说法；“苏州”就是韦应物。神韵派又一位大师司空图反复讲：“王右丞、韦苏州澄淡精致，格在其中，岂妨于遒举哉？”（《与李生论诗书》）“右丞、苏州，趣味澄敻”（《与王驾评诗书》）。在诗里既能叙事井井又会说理娓娓的白居易和神韵派更是话不投机。司空图《与王驾评诗书》：“元、白力劲而气孱，乃都市豪估耳”；翁方纲《石洲诗话》卷一：“一自司空表圣造二十四《品》，抉尽秘妙，直以元、白为屠沽之辈。渔洋先生足之，每戒后贤勿轻看《长庆集》。盖渔洋教人，以妙悟为主，故其言如此。”最使神韵派为难的当然是传统推尊为“诗圣”的杜甫。

神韵派在旧诗传统里并未像南宗在旧画传统里那样占有统治地位。唐代司空图、宋代严羽的提倡似乎没有显著的影响，明末陆时雍评选《诗镜》的宣传，清初王士祯通过理论兼实践的鼓动，勉强造成了风气。不过，这个风气短促得可怜。不但王士祯当时已有赵执信作《谈龙录》来强烈反对，乾隆时诗人直到晚清的“同光体”作家差不多全把它看作旁门小家的诗风。这已是文学史常识。王维当然是大诗人，他的诗和他的画又具有同样风格，而且他在旧画传统里坐着第一把交椅，但是旧诗传统里排起坐位来，首席是数不着他的。中唐以后，众望所归的最大诗人一直是杜甫。借用意大利人的说法，王维和杜甫相比，只能算“小的大诗人”——他的并肩者韦应物可以说是“大的小诗人”，托名冯贽所作《云仙杂记》是部伪书，卷一捏造《文览》记仙童教杜甫在“豆垄”下掘得“一石，金字曰：‘诗王本在陈芳国’”，更是鬼话编出来的神话；然而作为唐宋舆论的测验，天赐“诗王”的封号和王禹偁《小畜集》卷九《日长简仲咸》：“子美集开诗世界”，可以有同等价值。元稹《故工部员外郎杜君墓系铭》称杜诗“兼综古今之长”，《新唐书》卷一二六《杜甫传赞》也发挥这个意思；《皇朝文鉴》卷七二孙何《文箴》说：“还雅归颂，杜统其众”；晁说之《嵩山文集》卷一四《和陶引辩》：“曹、刘、鲍、谢、李、杜之诗，《五经》也，天下之大中正也；彭泽之诗，老氏也”；秦观《淮海集》卷一一《韩愈论》进一步专把杜甫比于“集大成”的孔子；朱熹《朱子语类》卷一三九以李、杜诗为学诗者的“本经”；吴乔《围炉诗话》卷二有“杜《六经》”的称呼；蒋士铨《忠雅堂文集》卷一《杜诗详注集成序》也说："杜诗者，诗中之《四子书》也。"潘德舆《养一斋集》卷一八《作诗本经序》："三代而下，诗足绍《三百篇》者，莫李、杜若也。……朱子曰：'作诗先看李杜，如士人治本经。'虽未以李、杜之诗为《经》，而已以李、杜之诗为作诗之《经》矣。窃不自量，辑李、杜诗千余篇与《三百篇》风旨无二者，题曰《作诗本经》"；参照潘氏另一书《李杜诗话》卷二说杜甫"集大成"的话，此处李、杜齐称就好比儒家并提"孔、孟"，一个"至圣"，一个"亚圣"，还是以杜甫为主的。

这样看来，中国传统文艺批评对诗和画有不同的标准：评画时赏识王世祯所谓"虚"以及相联系的风格，而评诗时却赏识"实"以及相联系的风格。因此，旧诗传统以杜甫为正宗、为代表。神韵派当然有异议，但不敢公开抗议，而且口不应心地附议。只有陆时雍比较坦白，他在《唐诗镜·绪论》里对李、杜、韩、白等大家个个责难，只推尊王、韦两人，甚至直说："摩诘不宜在李、杜下。"王士祯就很世故了。李重华《贞一斋诗说》："近见阮亭批抹杜集，乃知今人去古分量，大是悬绝，有多少矮人观伤处，乃正昌黎所谓'不自量'也。"可见王士祯私下有个批抹本，对杜甫诗大加"谤伤"；然而他在《传灯纪闻》里，却对门弟子说杜甫律诗是"究竟归宿处"。赵执信《谈龙录》透露了底细："阮翁酷不喜少陵诗，特不敢显攻之，每举杨大年'村夫子'之目以语客"；就是说王士祯不便自己出面，只称引刘攽《中山诗话》所载杨亿嘲笑杜甫的话。袁枚《随园诗话》卷三也说："李、杜、韩、白俱非阮亭所喜，因其名太高，未便诋毁。"翁方纲《七言诗三昧举隅》说："渔洋先生于唐贤，独推右丞、少伯以下诸家得三昧之旨；盖专以冲和淡远为主，不欲以雄鸷奥博为宗。先生又不喜多作刻划体物语，其于昌黎《青龙寺》前半，因微近色相而不取"；最后两句可以移用在南宗画上了。王士祯《池北偶谈》有一条把王维、韩愈、王安石三家咏桃花源的诗比较，判断说："读摩诘诗多少自在，二公便如努力挽强，不免面赤耳热。"他的《蚕尾集》卷一〇《跋〈论画绝句〉》，很耐寻味；《论画绝句》作者就是他标榜为齐名同调的宋荦，所谓："当日朱颜两年少，王扬州与宋黄州"（参看《四库全书总目》卷一七三《西陂类稿》提要）。那篇《跋》说："近世画家专尚南宗，而置华原、营丘、洪谷、河阳诸大家，是特乐其秀润，惮其雄奇，余未敢以为定论也。不思史中迁、固，文中韩、柳，诗中甫、愈（子美河南巩县人），近日之空同、大复，不皆北宗乎？牧仲中丞论画，最推北宋数大家，真得祭川先河之义。"一眼粗看，好像他在推尚北宗画和杜甫诗；仔细再瞧，原来这寥寥不上百字别有用心，以致脱枝失节，前言不对后语。既然"画家专尚南宗"，那么不说旁人，至少"洪谷子"荆浩在南宗画派里不但有卓越的成就，而且是理论的奠基者（《画说》《笔法记》），他正被"尚"，那里会被"置"呢？既有"文中韩、柳"，就该接"诗中甫、白"，才顺理成章，为什么对韩愈那样偏爱，两次提名，硬挤掉了李白呢？既反问"不皆北宗乎"？就该接"最推北宗"，才合逻辑，为什么悄悄地换了一个"宋"字呢？"北宋"画和"北宗"画含义不同，"北宋"画的主流正是"南宗"画，《蚕尾集》同卷《跋元人杂画》里不就说么："宋、元人画专取气韵，此如宋儒传义，废注疏而专言义理是也。”王士祯用的是画评的习惯名词“南宋”“北宋”，讲的是画家、文人的籍贯南方、北方，并不是他们的风格。所以他特标杜甫是河南人；所以蜀人李白在“北宗”里无可位置，而另一河南人韩愈必须一身二任。李梦阳（“空同”）寄籍扶沟，何景明（“大复”）本籍信阳，又是两个河南人。三个非河南人——马、班、柳——是拉来凑热闹的，仿佛被迫暂时成为河南的“荣誉公民”。揭穿了这些张致和花样，无非说河南商丘籍的宋荦是货真价实的“北宗”。发了一段议论，请出历代名人，无非旁敲侧击、转弯抹角地恭维那个“牧仲中丞”是大诗人，因此更要注明杜甫和他有同乡之谊，彼此沾光。貌似文艺评论，实质是藉文艺为题目的社交辞令。在古代文评研究中，正像在社会生活里，我们得学会“知言”，把古人的一时兴到语和他的成熟考虑的意见区别开来，尤其把他的严肃认真的品评和他的官样文章、应酬套语区别开来。

作者简介：钱钟书，中国近代著名作家、文学研究家。晓畅多种外文。深入研读过中国的史学、哲学、文学经典，同时不曾间断过对西方新旧文学、哲学、心理学等的阅览和研究。他的《谈艺录》《管锥编》和《宋诗选注》等许多著作在国内外学术界都享有很高的声誉。钱钟书在文学创作上有重大成就。著有散文集《写在人生边上》、长篇小说《围城》等。无论他的散文或小说，都具有机智隽永的特点。

经典领航

腹有诗书气自华。

——《领导干部要爱读书读好书善读书——在中央党校2009年春季学期第二批进修班暨专题研讨班开学典礼上的讲话》等文中引用

■ 解读

中华文明是世界上唯一没有中断的文明传承，蕴含着做人做事和治国理政的大道理，智慧光芒穿透历史，思想价值跨越时空，是中华民族永远不能离别的精神家园。习近平总书记指出，中国优秀传统文化的丰富哲学思想、人文精神、教化思想、道德理念等，可以为人们认识和改造世界提供有益启迪，可以为治国理政提供有益启示，也可以为道德建设提供有益启发。他多次强调，“读优秀传统文化典籍，是一种以一当十、含金量高的文化阅读”，领导干部应该主动接受优秀传统文化的熏陶和洗礼。少一些饭桌上的觥筹交错，多一些书卷里的含英咀华，研读历史经典，看成败、鉴是非、知兴替；研读文学经典，陶冶情操、增加才情；研读哲学经典，改进思维、把握规律、增强思辨能力；研读伦理经典，知廉耻、懂荣辱、辨善恶。总之，通过研读优秀传统文化典籍，固本培元，不断提高人文素养和精神境界。

■ 原典

粗缯大布裹生涯，腹有诗书气自华。

厌伴老儒烹瓠叶，强随举子踏槐花。

囊空不办寻春马，眼乱行看择婿车。
得意犹堪夸世俗，诏黄新湿字如鸦。

——[北宋] 苏轼《和董传留别》

■ 释义

《和董传留别》是苏轼离开凤翔时写给新科进士董传的一首留别诗。苏轼在凤翔府任判官时，与董传私交甚笃。董传虽家境贫寒，但饱读诗书，满腹经纶，朴素的衣着掩不住他积极进取的精神风骨，故苏轼以“腹有诗书气自华”赞之。

“腹有诗书气自华”为传世名句，一个“自”字，强调了高雅不凡的气质源于书香熏染。“气”不仅指读书带给人的儒雅之气，更是指在面对人生失意和窘迫时所表现出的豁达态度。读书不仅可以长知识，还可以提升人的精神境界，使人气质高雅。曾国藩对儿子曾纪泽说：“人之气质，由于天生，本难改变，唯读书则可以变其气质。”北宋诗人黄庭坚则从反面加以论说：“人不读书，则尘俗生其间，照镜则面目可憎，对人则语言无味。”英国哲学家培根这样阐述读书与人的性格气质的关系：“读史使人明智，读诗使人灵秀，数学使人周密，科学使人深刻，伦理学使人庄重，逻辑、修辞使人善辩，凡有所学，皆成性格。”

资料来源：中国共产党新闻网.《习近平用典》劝学篇 [EB/OL].[2015-03-09]. http://theory.people.com.cn/n/2015/0309/c394175-26658802-2.html.

学思之窗

活动设计

活动主题：中国古代诗词曲与雕刻艺术的美学风格与特征。

开展形式：课堂汇报讨论。

组织形式：请按 6 人一组进行梳理和研读。活动结束后撰写研读报告，每组派出一名代表以 PPT 形式汇报研读结果，结合本章内容学习赏析中国诗词曲和雕刻艺术的美学风格与特征。

观点搜索

1. 庄子美学对中国传统艺术影响颇深，请结合庄子哲学思想中涉及美学观的内容，分析中国传统艺术中“以天合天”“写意传神”风格的来源与具体表现。

2. 近年来，《中国诗词大会》等有关中华传统艺术文化的综艺节目走红，传统文化复兴之势强劲，请结合这一现象谈谈当代弘扬中华传统艺术的方式与价值。

3. 自古中国人说话便有很多讲究，《慎言集训》中明确提出“二十戒”“十贵”，请结合中华传统艺术中遣词用句的风格，谈谈对中国式说话艺术的理解和看法。

阅读推荐

1. 请阅读王国维的《人间词话》，感受“词”的韵味，并思考其中提到的古诗词使用“代字”手法的现象。

2. 请查阅叶嘉莹关于“中国古诗词的特质”这一主题的相关论述，谈谈你的理解。

3. 请阅读张彦远的《历代名画记》，了解中国绘画的发展历程与名家名画，体味其中运笔着墨的讲究。

第六章 建筑与意味

教学目标

知识目标：了解中国传统建筑的类型和特点，熟悉中国传统建筑的精髓与内涵，知道其基础构造与时代价值。

能力目标：通过学习中国传统建筑的相关知识，获得一定的建筑学素养，并能够将所学知识运用到现实生活中。

素质目标：把握中国传统建筑中蕴含的思想内涵，了解建筑的基本结构、基本布局和各地建筑的不同类型、不同建造方法；理解中国传统建筑基因中的“天人合一”观，寻找中华文化给人类社会贡献的智慧。

导学提示

建筑被誉为“凝固的音乐”，是人类文明的重要载体。中国古代传统建筑可以从近百年上溯到六七千年以前的上古时期，在悠久的历史发展过程中，取得了卓越的成就，在世界建筑文化中占有极重要的地位。从时间历程上来看，中国传统建筑经历了几个主要发展阶段，分别是秦汉时期、隋唐时期、宋代和明清时期。这几个时期都修建了大批有代表性的建筑物，包括宫殿、陵墓、都城以及园林等，且在建筑形式、选材等方面对后世影响深远。从不同地域、不同派别上来看，则又可以分为徽派、闽派、京派、苏派、晋派、川派等风格与形式。中国古代建筑有着自己独特的建筑体系，无论在技术上还是艺术上都具有自己的民族风格和特点，而中国特有的儒、释、道文化也成为中国古代建筑的文化之魂。

引例导入

阿房宫赋（节选）①

六王毕②，四海一③，蜀山兀，阿房出④。覆压三百余里⑤，隔离天日⑥。骊山北构而西折，直走咸阳⑦。二川溶溶⑧，流入宫墙。五步一楼，十步一阁；廊腰缦回⑨，檐牙高啄⑩；各抱地势⑪，钩心斗角⑫。盘盘焉，囷囷焉，蜂房水涡⑬，矗不知其几千万落⑭。长桥卧波，未云何龙⑮？复道⑯行空，不霁⑰何虹？高低冥迷⑱，不知西东。歌台暖响，春光融融⑲；舞殿冷袖，风雨凄凄⑳。一日之内，一宫之间，而气候不齐。

【注释】

①《阿房宫赋》作于唐敬宗宝历元年，即公元825年，杜牧在《上知己文章启》中说："宝历大起宫室，广声色，故作《阿房宫赋》。"② 六王毕：六国灭亡了。齐、楚、燕、韩、赵、魏六国的国王，即指六国。毕，完结，指为秦国所灭。③ 一：统一。④ 蜀山兀，阿房出：四川的山光秃了，阿房宫出现了。兀，山高而上平。这里形容山上树木已被砍伐净尽。出，出现，意思是建成。蜀，四川。⑤ 覆压三百余里：（从渭南到咸阳）覆盖了三百多里地。这是形容宫殿楼阁接连不断，占地极广。覆压，覆盖，是指"层层叠叠"。⑥ 隔离天日：遮蔽了天日。这是形容宫殿楼阁的高大。⑦ 骊山北构而西折，直走咸阳：（阿房宫）从骊山北边建起，折而向西，一直通到咸阳（古咸阳在骊山西北）。走，趋向。⑧ 二川溶溶：二川，指渭水和樊川。溶溶，河水缓流的样子。⑨ 廊腰缦回：走廊长而曲折。廊腰，连接高大建筑物的走廊，好像人的腰部，所以这样说。缦，萦绕。回，曲折。⑩ 檐牙高啄：（突起的）屋檐（像鸟嘴）向上撅起。檐牙，屋檐突起，犹如牙齿。⑪ 各抱地势：各随地形。这是写楼阁各随地势的高下向背而建筑的状态。⑫ 钩心斗角：指宫室结构的参差错落，精巧工致。钩心，指各种建筑物都向中心区攒聚。斗角，指屋角互相对峙。如今指各自用尽心机互相排挤。⑬ 盘盘焉，囷（qūn）囷焉，蜂房水涡：盘旋，屈曲，像蜂房，像水涡。焉，相当于"凛然""欣然"的"然"，意为"……的样子"。楼阁依山而筑，所以说像蜂房，像水涡。盘盘，盘旋的样子。囷囷焉，曲折回旋的样子。⑭ 矗不知其几千万落：矗立着不知它们有几千万座。矗，形容建筑物高高耸立的样子。落，相当于"座"或者"所"。⑮ 长桥卧波，未云何龙：长桥卧在水上，没有云怎么（出现了）龙？《易经》有"云从龙"的话，所以人们认为有龙就应该有云。这是用故作疑问的话，形容长桥似龙。⑯ 复道：在楼阁之间架木筑成的通道。因上下都有通道，叫作复道。⑰ 霁：雨后天晴。⑱ 冥迷：分辨不清。⑲ 歌台暖响，春光融融：人们在台上唱歌，歌乐声响起来，好像充满着暖意。如同春光那样融和。融融，和乐。⑳ 舞殿冷袖，风雨凄凄：人们在殿中舞蹈，舞袖飘拂，好像带来寒气，如同风雨交加那样凄冷。

作者简介：杜牧，字牧之，号樊川居士，唐代杰出的诗人、散文家。因晚年居长安南樊川别墅，故后世称"杜樊川"，著有《樊川文集》。杜牧的诗歌以七言绝句著称，内容以咏史抒怀为主，其诗英发俊爽，多切经世之物，在晚唐成就颇高。杜牧人称"小杜"，以别于杜甫"大杜"。与李商隐并称"小李杜"。

知识精讲

第一讲　晨钟暮鼓：中国古楼寺院的建构

“南朝四百八十寺，多少楼台烟雨中”，自东汉末年佛教传入我国以来，印度的建筑文化也随之传入，外域的文化逐渐与中国传统的建筑相结合，形成了具有鲜明中国特色的建筑。每当人们走进气势雄伟、金碧辉煌、花木扶疏、巧夺天工的佛教寺院，就宛如进入百宝纷呈、琳琅满目、妙相庄严、价值连城的艺术世界。

一、中国古楼寺院的结构布局

相传汉明帝时在洛阳创立白马寺，为中国有佛寺之始，至今已近两千年。“寺”本为汉代从事某项具体工作的中高级官署通称，如太常寺、太仆寺、鸿胪寺之类。可见，起初的白马寺，不过是个安置外国僧侣的衙门，类似如今国宾馆之类的机构。中国传统的建筑思想，似乎是想在整齐划一中规定出等级，无论宫殿、官署、民宅，平面布局都是院落式，变化不大，而在大小、开间等方面显示森严的等级。因此，从一开始，大概就没有想过给佛寺另做与众不同的专用性设计，如西方基督教的大教堂那样的专门性建筑，就很难移作他用，特别是绝不能变为民宅。中国人走的是另一条路，即把民宅改造为寺院之路。

由于“舍宅为寺”的难度较大，于是人们想到一种以塔为中心的建筑群。中心塔型佛寺大塔高耸，形象突出，成为构图的主体，院中空地正好可供僧徒回行。庭院四角若有角楼，则与大塔形成呼应，是大塔的陪衬，构成丰富的景观。隋唐以降，造大像成风，寺院以塔为中心逐渐演变为以高大的佛阁为中心。

接下来参照佛寺的常见模式图（如图 6-1 所示）来讲一讲典型的佛寺配置。需要注意的是，并非每一个寺院都采取的是典型的配置，而是各有不同，需要在不同的寺院中具体进行分析。

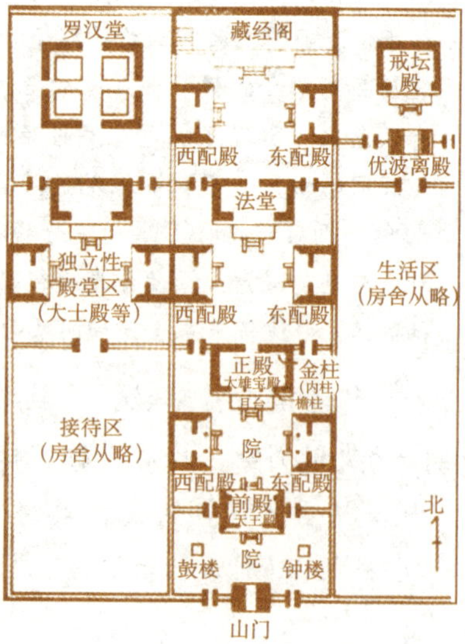

图 6-1　北京大学学者白化文著《汉化佛教与佛寺》一书中汉化佛寺配置模式图

殿堂是寺院中重要屋宇的总称。大致地说，殿是供奉佛像以供瞻仰礼拜祈祷的处所，堂是僧众说法行道和日常生活起居的地方。其名称，或按所供奉的主要神佛而定，或按其用途而定。唐宋时期，按常规，佛寺须有“七堂伽蓝”，即七种不同用途的建筑物。佛教各宗派对其解释略有不同，一般认为是：山门、佛殿（不止一种）、讲堂、方丈室、食堂、浴室、东司（厕所）。发展到近代，逐渐以佛殿为其主体突出部分，而且规范化。禅宗的殿堂配置最有章法，且比较固定，故各寺多从之。但古刹常存遗制及递改之迹；山寺又多依山傍水，因地制宜，也不规则；有些位于闹市区而逐步发展起来的，或由花园、别墅、住宅改造，布局每自成一格，不甚规范。如湖北武汉汉阳归元寺虽为大刹，而殿堂安置散漫，即是一例。

二、中国古楼寺院的营造法则

中国的营造法则，一般是把主要建筑摆在南北中轴线上，附属设施安在东西两侧，寺院的配置也是如此。由南往北看，寺院的主要建筑大致为：山门、天王殿、大雄宝殿、法堂，可能还有藏经阁，这些都是坐北朝南的正殿。东西配置则有伽蓝殿、祖师堂、观音殿、药师殿等。寺院的主要生活区常集中在中轴线左侧（东侧），包括僧房、香积厨（厨房）、斋堂（食堂）、职事堂（库房）、茶堂（接待室）等。“旅馆区”则常设在中轴线右侧（西侧），主要是云会堂（禅堂），以容四海之来者。

近代佛寺的基本部分，不过是两组建筑：山门和天王殿为一组，是“门脸儿”；大雄宝殿为一组，是主体建筑。有此二者方可称“寺”。有些小庙，特别是观音庵之类的尼姑庙，只有一个小院落，正房中置佛像或观音像，人住两厢。那只可算是“庵”——不正规的因陋就简之小庙也。

附加建筑则品种较多，各寺可按情况自由配备。常见的有供佛、菩萨等像的非主要殿堂（相对于大雄宝殿而言）。个别的寺院有专供菩萨的观音殿、文殊殿、三大士殿、地藏殿，还有药师殿等，多作为东西配殿（大殿或法堂的配殿），或在中轴线东西侧另辟小院。有些寺院有罗汉堂。这些都是带点独立性的建筑单位。也就是说，一个寺院可以看情况配置，更宜于在发展中逐步配置。有它们是庙，没它们还是庙，不影响大局。它们彼此间也没有必然联系，各自独立。

综观中国佛寺建筑，始终不脱通用型窠臼，而且越到近代越趋向于四合院式定型化。衙署有大堂，民府有正房，学校有大讲堂，佛寺有大殿，建筑外形与工程作法基本相同。舍宅为寺固好，变寺为校、署也行，主要改换内部装修与附件，用不着大兴土木改变建筑整体。

中国近代佛寺建筑的总体布局也如一般民用建筑群那样，采用组合式，即以一个四合院为主体，在其前后左右可任意增减制式四合院或变式花园。主体是办公事用的，生活区在其后部与两侧。迎宾与保卫系统集中于前方。看一看故宫与各地大衙署的平面配置，就会恍然于寺院建筑群的组合思想与它们是如何地高度一致。至于朝向，汉族通行以面南背北为轴线的安排，特别在北方，出于取暖需要，更是如此。但辽代契丹族人有“朝日”习尚，建寺取坐西朝东的轴线，如北京大觉寺即如此。

三、中国寺院建筑举隅

（一）白马寺

白马寺（如图 6-2 所示）建于汉永平十一年。据说天竺高僧以白马驮来佛经，佛教始在中土流传而得名。

白马寺位于河南洛阳市东 10 千米处，背负邙山，南临洛河，东望汉魏故城遗址，经历了一千九百多年的风尘沧桑，在松柏掩映之中，红墙碧瓦，起伏错落，至今仍显得巍峨壮观。

图 6-2　白马寺，中国第一古刹，世界著名伽蓝。位于河南省洛阳市，是佛教传入我国后兴建的第一座官办寺院，乃中国、越南、朝鲜、日本及欧美国家的“释源”（释教发源）和“祖庭”（祖师之庭）

白马寺的主要建筑是排列在中轴线上的五间大殿：天王殿、大佛殿、大雄殿、接引殿和毗卢阁，各殿都以砖石砌起高台，从前往后逐级升高。天王殿和大佛殿均为两面坡歇山顶式建筑，正脊上饰以鸱尾吻兽，戗脊上饰有小兽。天王殿屋脊正面刻有“风调雨顺”“国泰民安”，意味着佛教东传后的世俗化倾向。大佛殿内莲花台上端坐着释迦牟尼与文殊、普贤，殿两旁置有钟、鼓各一，钟为明嘉靖三年（1555 年）所铸。据说隋唐时，白马寺内大钟与洛阳城内钟楼上大钟遥相呼应，钟声悠扬，远传八方。大雄殿是寺内的最大殿宇，殿内供奉神像均为元代夹纻干漆造像，十分珍贵。殿后是三开间的接引殿。寺院最后边是清凉台，青砖镶砌，相传这里原为汉明帝避暑读书的地方。台上高耸毗卢阁，歇山重檐式，飞檐挑角，四角悬有铁马，周围绕以配殿、僧房等，布局规整，自成院落，被称为空中庭院。清凉台古朴幽雅，毗卢阁雄伟壮观，形成了一个构建独特的有机整体。

相关链接

洛阳白马寺的由来

关于白马寺名称的由来，就目前所见资料而言，至少有三种不同的说法：

第一种是“白马驮经”说。此说略谓：东汉时，明帝刘庄派人“西天取经”，因用白马驮载佛经、佛像返回国都洛阳，故将所敕建之僧院命名为白马寺。《水经·谷水注》说：“于是发使天竺写致经像，始以榆欓盛经，白马负图，表之中夏，故以白马为寺名。”《洛阳伽蓝记》说：“遣使向西域求之，乃得经像焉。时白马负经而来，因以为名。”《魏书·释老志》说：“愔之还也，以白马负经而至，汉因立白马寺于洛城雍关西。”

第二种说法，多数人较为陌生。此说大意谓：在很早的时候，有一位外国国王，本打算毁掉国内所有的佛寺，其中有一个名叫“招提”的僧院，非常富有，尚未及毁，夜见白马一匹绕塔悲鸣，国王信其灵异遂罢毁寺之举，并改“招提”为“白马”。以后其他僧院也多以袭而取白马为名。

还有第三种说法。据今寺内保存的明代《重修古刹白马禅寺记》碑文说：“汉明帝永平八年，闻西域有佛，遣使之天竺求其道，得其书，及摩腾、竺法兰二沙门以归。至十年，始立寺。初名招提，后王有欲毁寺者，夜见白马绕塔悲鸣而止。固更名白马云。”1914年，由张敬轩撰文的《重修古刹白马寺碑记》也说：“营寺于兹，初名招提，后更名白马。”按他们的说法，由汉明帝敕命修建的这个佛寺“初名招提”，后因夜见“白马绕塔悲鸣”，才改称为“白马”的。此说好像是由第二种说法演化而来的，但有不同的含义：前者，“白马绕塔悲鸣”发生在别的国家；后者，“白马绕塔悲鸣”发生在中国，具体而言，是发生在汉明帝所敕建的中国第一座僧院。“白马绕塔悲鸣”之说，白马寺毗卢殿保存的明代《王诤诗》刻石就有“犹闻绕塔马悲鸣”的句子。

（二）灵隐寺

灵隐寺（如图6-3所示）位于浙江杭州西湖西北灵隐山麓飞来峰前，又名云林禅寺，为我国佛教禅宗十大名刹之一。

图6-3 灵隐寺是在清末重建基础上陆续修复再建的。灵隐寺布局与江南寺院格局大致相仿，全寺建筑中轴线上依次为天王殿、大雄宝殿、药师殿、直指堂（法堂）、华严殿

传说东晋咸和元年（公元326年）印度高僧慧理传法至此，见到奇峰突起，怪石嶙峋，慨然叹之曰：“此乃中天竺国灵鹫山一小岭，不知何代飞来？佛在世日，多为仙灵所隐。”于是便将山称作“天竺”，峰叫作“飞来”，面山建寺，称为“灵隐”。五代吴越国时灵隐寺发展到了鼎盛阶段。后世屡毁屡建，今寺内尚存建筑多为清代遗物，主要建筑有东西两山门、天王殿、大雄宝殿、东西厢房、大悲阁、联灯阁、石塔等。天王殿处于中心位置，殿内正面有弥勒佛坐像，身后是用香樟木雕成的韦驮立像，为南宋杰作，两旁分置四大天王座像。殿后穿过庭院，后是寺内主要建筑大雄宝殿，为单层三重檐建筑，琉璃铺顶，飞檐翘角，显得巍峨壮丽。殿周围两壁环列着“二十诸天”“十三圆觉”的金装像，殿前有两座八角九座石塔，为五代吴越时期遗物。殿两边为联灯阁、大悲阁等建筑。

寺前飞来峰岩石参差、玲珑奇秀，洞窟百出，在洞内洞外和岩壁上遍布五代、宋、元时的各种石刻佛教造像达三百八十余尊，其中多数为元代密宗佛像，是江南最大的石刻艺术宝库。

相关链接

灵隐寺济公传说

相传有一天，灵隐寺的济公和尚突然心血来潮，算知有一座山峰就要从远处飞来，那时，灵隐寺前是个村庄，济公怕飞来的山峰压死人，就奔进村里劝大家赶快离开。村里人因平时看惯济公疯疯癫癫，爱捉弄人，以为这次又是寻大家的开心，所以谁也没有听他的话。眼看山峰就要飞来，济公急了，就冲进一户娶新娘的人家，背起正在拜堂的新娘子就跑。村人见和尚抢新娘，就都呼喊着追了出来。人们正追着，忽听风声呼呼，天昏地暗，“轰隆隆”一声，一座山峰飞降灵隐寺前，压没了整个村庄。这时，人们才明白济公抢新娘是为了拯救大家。

济公生性癫狂，却好管不平之事，世人戏称为“济癫”，既“癫”且“济”，他扶危济困、彰善瘅恶，深受百姓喜爱和尊崇，成为历代广受供奉祭祀的神灵。其成佛后的尊号长达 28 个字——“大慈大悲大仁大慧紫金罗汉阿那尊者神功广济先师三元赞化天尊”，集佛道儒于一身，堪称神化之极。灵隐寺建有道济禅师殿，香火鼎盛。

第二讲　庭院幽深：中国古典园林的风韵

中国古代园林，一般由园林建筑物、山水草树、道路以及其他诸如题字、雕刻等构成。园林建筑是对自然的回归，表现人类对大自然的热爱与向往，是自然美、建筑美以及其他人文美的和谐统一。

一、中国园林发展脉络

为了能简要地说明中国园林的发展历史，现根据历史文献和现存古代园林遗址的考察，循其明显的轨迹，大致分成三个时期来概述。

先秦及秦汉时期。此时期或可称为“自然时期”，是从“囿”到“苑”的发展时期，约相当于距今三四千年的中国社会历史发展的殷商西周时代。在解决了生活的劳务后，奴隶主和帝王们就有了足够的时间来进行各种游乐嬉戏，其中就包括“狩猎”活动。而那些被选择为狩猎地区的地方，一定是那些禽兽比较集中的山丘或林茂之地、水草丛生之处，这就是成为种植草木、圈养动物的“囿”。

这种最早期的“囿”到汉代有了新的发展，它不仅是一种自然山林的原始状态的存在，而且日趋专门化了。帝王们在这里建“宫”设“馆”，除了为游猎所需要，增添了寝宫殿宇生活设施，还配置了观赏植物、人工山水等景色，初步具有了“园林”性质，从汉代起它的名称也从古代的“囿”改称“苑”或“苑圈”了。著名的汉武帝的“上林苑”中，有“建章宫”，有“太液池”，周围数百里，盖起宫殿数十个，设置了“射熊馆”“鹿观”“虎圈观”等各种动物的圈观，并种植了各地送来的异树花木，如“核桃”“紫纹桃”等。不过此时尚处于中国园林发展初期，对于苑囿的布局布置，并无一定规划，仍较多地带有古“囿”的狩猎趣味。建筑和山水的安排，也并不融洽有序，奇树异花的种植，只是猎奇罗列，虽然它有了某些园林的性质，开启了日后造园的新生面，但总的来说，仍是处于自然发展的时期。

唐宋时期是中国古典园林的形成时期。由汉代开端的中国园林发展进程，经过东汉、三国、魏晋南北朝到隋代统一中国的过渡，至唐代出现了一个兴盛的局面。园林发展中出现了两个显著的特点：一是在苑囿的营建中注意了游乐和赏景的作用，如在殿宇建筑外，已注意到叠石造山，凿池引泉；二是布局关系趋于融洽，使之形成优美的环境，发挥了休憩、游赏，甚至宴乐之功能。

中国园林形成时期最突出的成就是造园和文学、绘画的结合，大家所熟知的宋徽宗营建的“艮岳”，也就是《水浒传》里“花石纲”的来历。这个御花园，山水美秀，林木畅茂，又有宫殿亭阁，高低错落，别出胜景，可称为唐宋时期中国古典园林的代表作，可惜已经在战火中夷为平地，永远消失了。

相关链接

“花石纲”的由来

宋徽宗赵佶政治上极端腐败，生活骄奢淫逸，挥霍无度，酷爱花石。宋徽宗对怪石的特殊的爱好源自他崇信的道教。1113 年，宋徽宗自称得到太上老君托梦，成为狂热的道教信奉者，后世称之为“道君皇帝”。道教素尚山石，宋徽宗更是相信怪石中有蟠龙神力，身处怪石环绕之中，可以帮助自己得道升天。宋徽宗在全国搜罗怪石长达二十年，这些运送花石的船只，每十船编为一纲，从江南到开封，沿淮河、汴河而上，舳舻相接，络绎不绝，故称“花石纲”，并开启了中国古代鉴赏怪石的风气。

“花石纲”之扰，波及两淮和长江以南等广大地区，凡民家有一木一石、一花一草可供玩赏的，都被不计民力、千方百计地搬运出来，给人民造成极大的灾难，成为激起方腊起义的原因之一。

明清时期是中国古典园林的全盛时期。北宋被辽金取代后，辽、金、元三代相继在燕京一带兴修皇家园林。金代从开封拆运至中都大量的艮岳花石，元代在建筑艺术中促进了国内各民族和东西方文化的交流，使中国各民族丰富奇特的建筑形式更添异彩。明代及清代初期，在中国园林发展史上是个辉煌的时期，达到了它的全盛时期。这有我们今天仍能亲眼看见的很多实物实景证明。

二、皇家园林和私家园林

（一）皇家园林

中国最早的皇家园林一般规模较大，在平面布局上表现出受儒家礼制的影响，建造风格一般色彩雅丽，追求一种富贵之美。

秦始皇统一六国，在都城咸阳大规模修建宫室，用以炫耀其文治武功，并尽享人间荣华富贵。在渭水南部，兴修上林苑，苑中广植花树。秦始皇晚年希望长生不死，故喜好神仙方术，向往海外仙山，但是屡次寻找而不可得，于是在上林苑堆了一座山，名为“蓬莱”，聊以自慰。秦亡后，汉武帝重修上林苑，在苑中重新植花种树，并且续建了一些宫殿楼宇，当时君臣共游上林，文人墨客赋文赞美，司马相如的《上林赋》便是其中的名篇。

相关链接

司马相如与《子虚赋》《上林赋》

《子虚赋》和《上林赋》是司马相如的代表作，也是汉赋中具有开拓意义和典范作用的作品。这两篇作品非作于一时。《子虚赋》作于相如为梁孝王宾客时，《上林赋》作于武帝召见之际，前后相去十年。两赋内容连属，构思一贯，结体谨严，实为一篇完整作品的上下章。作品虚构子虚、乌有先生、亡是公三人，并通过他们讲述齐、楚和天子畋猎的状况，他们对此事的态度结成作品的基本骨架。

六朝的战乱之后，隋唐时期皇家园林的修建重新兴旺。隋炀帝好大喜功，认为在他的统治下国泰民安、国力强盛，除了乘龙舟下扬州，还在都城修西苑。西苑以水景为主，园中湖面周长十多里，碧波荡漾，象征蓬莱诸神山的土台山景似浮于烟波之中。唐朝时的皇家园林在长安城东南的曲江，最有世俗意味，每到传统节日或进士及第，园内游客摩肩接踵，热闹非凡。

图 6-4　圆明园现存遗址于北京西郊，现为著名的爱国主义教育基地

宋时临安建有玉津园、聚景园与集芳园等，当时造园多取太湖石，因此朝廷耗费人力物力运送太湖石。清代皇家园林修建达到顶峰，以后来毁于英法侵略战火的圆明园（如图 6-4 所示）与承德避暑山庄及颐和园为代表。被誉为“万园之园”的圆明园，是

中国园林艺术的稀世珍宝，占地3.5平方千米，园内亭台楼阁的建筑面积约20万平方米，建筑工期逾时一个半世纪，其建筑融汇中外、南北等不同风格，令人叹绝。承德避暑山庄和颐和园现在依然存在，各具特色，其规模是私家园林无法比拟的。

（二）私家园林

私人修筑园林，从汉代正式开始。当时汉武帝重修上林苑，王室率先，群臣仿效。大将军霍光很喜欢园林；大文人董仲舒发愤读书乃至三年不窥园，可见他修有自己的私家园林。汉代私家建园，同帝王治园一样，其目的也还在于显富与享乐。魏晋南北朝时期，战乱迭起，当时士大夫们常感叹人生短暂，世事无常，于是人们的兴趣便趋向于避开纷扰的社会，向往清静美好的自然，醉心山林，隐逸田园。这一时期，开池筑园、养花种树成为时尚。北魏杨炫之的《洛阳伽蓝记》附记了都城洛阳多处贵族名园。唐朝私园著称于世的是长安城东南的辋川别业，本是宋之问的蓝田别墅，后经诗人王维的苦心经营，成为远近闻名的文人园林。明代是私家园林的兴盛时期，一些达官显贵、文人学士造园热情高涨，当时南方私家园林格外出色，现存于苏州的拙政园、留园就是当时修建的名园。私家园林常与住宅相连，占地不多，小者一二亩，大者数十亩。园内景色处理顺应自然，布局灵活，变化有致。私家园林的室内陈设各种字画、工艺品和精致的家具，这种陈设大大提高了园林建筑的观赏性。在江南私家园林中，楹联、诗词、题咏与园林相结合，利用文学手段深化了人们对园林景色的理解，启发了人们的想象力，使园林富有诗情画意。

相关链接

《洛阳伽蓝记》

《洛阳伽蓝记》，简称《伽蓝记》，中国古代佛教史籍，是东魏迁都邺城十余年后，抚军司马杨炫之重游洛阳，追记劫前城郊佛寺之盛、概况历史变迁写作的一部集历史、地理、佛教、文学于一身的历史和人物故事类笔记，成书于公元547年（东魏武定五年）。后世将《洛阳伽蓝记》与郦道元的《水经注》、颜之推的《颜氏家训》并称为“中国北朝时期的三部杰作”。

三、古典园林的艺术特点

修建园林的目的是让人回归自然，但是园林虽源于自然却高于自然，因为园林在模山范水的过程中，已倾注了人们的审美理想和艺术创造力，因此，园林在湖光山色之中，时时透露着人的艺术追求和审美情趣。

（一）曲径通幽 天然成趣

中国古典园林很少让景色一览无余，常将幽深的意境半露半含，或把美好的景色隐藏在一组景色之后，让人们自己去寻找，园内用建筑、花木、围墙、假山来阻隔视线；又有曲廊、曲径、溪流，弯弯曲曲，迂回曲折，使人几经转折还未窥见全貌，而景色却常走常新，有“山重水复疑无路，柳暗花明又一村”之感。如苏州拙政园（如图 6-5 所示）行幽居处，一湾流水，曲折透遍，绕过山石，穿人花间，悄然远去，使人感到流水无尽。

图 6-5　无人机拍摄的苏州拙政园一瞥。拙政园位于江苏省苏州市，是江南古典园林的代表作品，被列入世界遗产名录。始建于明正德初年（16 世纪初），时任御史王献臣因官场失意还乡，将大弘寺拓建为园。借西晋潘岳之《闲居赋》中“灌园鬻蔬，以供朝夕之膳……此亦拙者之为政也”的意境为园命名，表示要像潘岳一样隐退于林泉，像陶渊明一样守拙归田园。四百多年来，拙政园留下了许多诱人探寻的遗迹和典故

在这种“不可使景一览无余”的思想指导下，园林设计家还艺术性地运用墙窗、水等造成虚实对比。一墙之隔是实，一水之隔是虚，墙上漏窗则是实中有虚。一块湖石，几枝翠竹，倚墙而立，自成一景。而墙上设窗，窗外景色和眼前之景互相呼应衬托，明暗相生，相映成趣。

一园之中，景色特点不会完全相同，如承德避暑山庄景色分三区：山岭景区、平原景区和湖泊景区。山岭景区峰峦起伏，高可登顶远眺，低则寻幽探趣。平原景区又分两块：一块是古树参天、麋鹿成群，一派北国风光；另一块则是蒙古风格，是野宴、角力、观烟火的好地方。湖泊景区则是江南情调，湖面辽阔，桥堤隐现，意境深远。这样，一园当中，景物各具特色，不致久看生厌。

中国古典园林的设计，非常注意讲求天然意趣。园林在平面上很少采用规则的布局，不像宫殿那样以中轴线为主对称排列建筑物，而是顺其自然，灵活布局。例如：苏州的拙政园原来是积水弥漫的洼地，造园者采用因地制宜的手法，不同形式的建筑物都依水而筑，水面上或布置小岛，或架设小桥，打破了单调的气氛。水廊沿池水走向，顺势而建，自成天然之趣。北京颐和园也是个利用天然山水加以人工改造而成的大型园林，园中主体建筑佛香阁北面依山，取山林意境，南面临湖，又得看水意境。颐和园的东北角地势低下，因而以势就势，构成了以水面为中心的谐趣园。

（二）诗情画意 情景交融

园林景色是给人观赏的，这就使它与实用性建筑存在明显不同。南北朝以来的山水田园诗深刻地影响了中国人的审美情趣，也就使园林艺术与文学及绘画紧密结合起来，用匾

额、楹联、题咏、碑刻来立意景点，为园景增色。唐宋以来兴起的文人画也深刻地影响了园林的建造，古典园林的设计修建往往由文人或画家主持，诗情画意因此成为园林设计的指导思想。

单纯从景物看，碑刻、匾额并不会使景物增色多少，但是，却能加深观赏者的感受，使观赏者领悟景色之外的含义。一般园林中的门、楼阁、亭子都有名称，这些名称多为即景点题的词语，如颐和园中的“绮望轩”。观看景色最美的时候在傍晚，太阳西落，晚霞满天，被湖面倒映，正是南齐诗人谢朓诗“余霞散成绮，澄江静如练”的意境。上海豫园在正门之后又有一门，上题“渐佳”二字。“渐佳”是“渐入佳境”之意，有几层含义——景物渐入佳境，心情渐入佳境，人生渐入佳境，这样观赏者观景之时，已不仅停留在景的表面层次，而是由景及情，获得人生感悟。《红楼梦》写贾政带人游新修的大观园时说：“偌大景致，若干亭榭，无字标题，也觉寥落无趣，任是花柳山水，也断不能生色。”

第三讲 因地制宜：中国传统民居的风貌

民居是我国传统建筑中的一个重要类型，是我国古代建筑中民间建筑体系中的重要组成内容。我国传统建筑有两大体系，官式的和民间的。民居，作为传统建筑内容之一，因分布广，数量又多，并且与各民族人民的生活生产密切相关，故具有明显的地方特色和浓厚的民族特色。从民居的历史实践中，总结出它的优秀特征和经验，在今天的建筑创作中也可加以借鉴和运用。民居的特征，主要指民居在历史实践中反映出本民族地区最具有本质性和代表性的东西，特别是要反映出与各族人民的生活生产方式、习俗、审美观念密切相关的特征。民居的经验，则主要指民居在当时社会条件下如何满足生活生产需要和与自然环境斗争的经验，如民居结合地形的经验、适应气候的经验、利用当地的材料的经验以及适应环境的经验等，这就是通常所说的因地制宜、因材致用的经验。

民居分布在全国各地，由于各民族的历史传统、生活习俗、条件、审美观念的不同，也由于各地的自然条件和地理环境不同，因此民居的平面布局、结构方法、造型和细部特征也就不同，呈现淳朴自然而又有着各自的特色。特别是在民居中，各族人民常把自己的心愿、信仰和审美观念，把自己所最希望、最喜爱的东西，用现实的或象征的手法，反映到民居的装饰、花纹、色彩和样式等结构中去，如汉族的鹤、鹿、蝙蝠、喜鹊、梅竹、百合、灵芝、万纹、回纹等，云南白族的莲花，傣族的大象、孔雀、槟榔树图案等。这些建筑特点蕴含了各地区人民生活中的风土人情和民俗文化。

一、中国文化内涵的集中体现：四合院

北京、山西、陕西以及河北等北方地区都有“四合院”这种传统民居，最简单的四合院仅由一个院子组成，大一点的四合院是由三四个院子组成的，社会地位高的富有人家居住的四合院甚至是由好几座四合院并列组成的。这种以方形为主的院落结构会随着家族的不断壮大和新成员的不断增添，以方形院落的形式呈辐射式不断地向外扩张，最后就会形成一种独特的院与院相接的民居形式，即“四合院”。

相关链接

“大门不出二门不迈”的典故

现在人们常说“宅男”“宅女”，与“大门不出二门不迈”有异曲同工之趣。旧时女子在没有出嫁之前，家规甚严，是不允许随便出门抛头露面的，这在很多古典文艺作品中都有体现。而“大门不出二门不迈”中的“大门”是指四合院（如图 6-6 所示）的正门，“二门”是指垂花门（如图 6-7 所示），垂花门是指沟通四合院内院和外院的门，垂花门从外观上看就是一扇带有屋檐的小屋子。垂花门整座建筑占天不占地，这也是垂花门的特色之一，因此垂花门内有一很大的空间，从而也给家庭主妇与女性亲朋好友的话别提供了极大的方便。

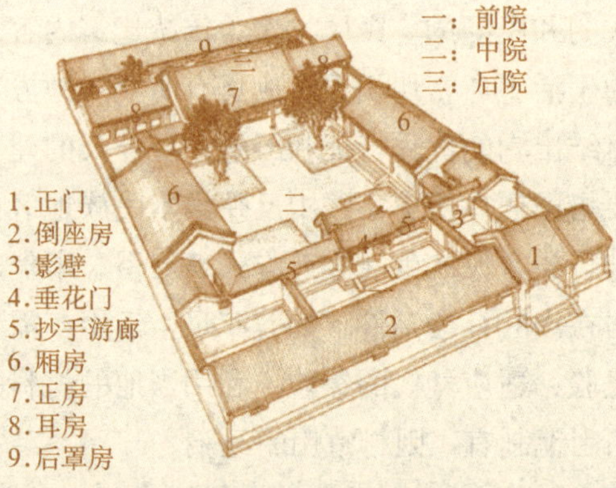

图 6-6　四合院俯瞰图

图 6-7　垂花门

通过垂花门，就是四合院的中院，中院后面是后院，后院住的往往都是家庭中的女性，古时候讲究这些礼数，女性是不可以擅自走出门的。当然了，中院的男性也不能随意进入，否则就失了礼数。如果家中有客人到访，则是由奴仆先将其领到南房，再通知主人。现在时代变了，以前这些繁文缛节已经简化，男女平等，已经成为人们的共识。

北京故宫就是最典型的例子，它就是由一个个的方形院落不断地向外扩张而形成的一

个规模宏大的建筑群。山西的“乔家大院”属于民居四合院，其虽然不如故宫规模宏大，但也都是由一个个小院子组成的，大院里有许多又宽又长的过道连接着这些分散的院子，而这些过道最终也都能汇聚在最中央的正房，这一点也体现了中国传统的家族等级观念。

四合院作为中国北方传统民居的一种类型，其建筑结构和建筑理念都体现着北方传统民居的建筑特点，同时折射着中国的民俗文化。四合院的大体分布为大门、第一进院、大堂、第二进院、书屋、住宅等，两侧有厢房，各房有走廊、隔扇门相连接。四合院的典型特点是外观规矩，中线对称，而且用法极为灵活。房屋和院落布局是按南北轴线呈对称分布的，整体上坐北朝南。四合院的正房位于中轴线上，作为家族长辈的起居室，正房的侧面是左右厢房和耳房，作为晚辈的起居室。这种房间布局间接体现了北方人民崇尚正统与严格等级观念的理念。为了适应北方的气候条件，四合院的设计十分注重保暖防寒、避风沙等，四合院的外围砌的都是高高的围墙，整个院落都被房屋和墙垣包围着，屋顶采用的是硬山顶，且墙壁和屋顶都很厚实。四合院之所以在众多的民居形式中位于前列，不仅是因为它的建筑风格和建筑特色，还因为透过它的建筑表象，人们能体会到一些中华文化的内涵。

四合院的装修以及一些雕饰也处处体现着中国的传统文化和民俗民风，表现出人们对美好幸福生活的追求。例如：以蝙蝠和寿字组成的图案，寓意“福寿双全”；以花瓶内安插月季花的图案，寓意“四季平安”；嵌于门头上的吉祥用语，以及悬挂在室内的书画佳作，更是采集了古今之名句，或歌颂祖国山川，或吟咏鸿鹄之志，一个四合院里处处充满了浓郁的文化气息，犹如一座文化的殿堂。

如今，北方的民居仍然保存着“院”这一建筑形式。在农村，几乎每家住的都是自己盖的用砖墙围合的院子。北方多风沙，冬天气候寒冷，这种院子既可以阻挡风沙，冬天也可以阻挡寒风。“院”这一建筑形式的保留体现了当代人对中华传统文化的继承。

二、中国传统建筑中的“黄土文化”：窑洞

由于北方平原地区较多，土地广袤，人口相对稀疏，因此建筑民居常常选择平坦地段。但是北方民居也并非都是建立在平原上的，例如：黄土高原沟壑纵横、地形变化万千，分布在这里的民居以窑洞为主。窑洞也是北方传统民居的典型代表，它体现了黄土高原地区的乡土人情和民俗风情，开创了中国传统建筑中的“黄土文化”，被誉为“东方一绝”。这些窑洞或是顺着梁峁沟壑的等高线分布，或是潜隐在大片的土塬之下，它们依山沿沟，层层叠叠，高低起伏。

窑洞的发明是中国劳动人民的智慧创造。黄土高原气候干旱，黄土质地均匀，深达一二百米，且土质疏松利于挖掘，因此当地的人们因地制宜，挖洞而居，不仅节约了建筑材料，也不会破坏生态环境。窑洞防噪音、防火、冬暖夏凉，是因地制宜的完美建筑形式。窑洞大致有“靠崖式”“下沉式”和“独立式”三种形式。

窑洞这一传统民居的建造也顺应了北方独特的自然条件和地理环境。窑洞的墙壁和屋顶都很厚，一方面有利于冬天抗寒、避冷风，另一方面能起到保温的作用，因为窑洞的屋顶和墙壁厚，所以其既不能从大气中吸热，也不能向大气中散热，因此窑洞里的温差变化不大，能起到很好的保温作用。此外，窑洞的窗户都不大，这也与当地独特的地理环境有关。黄土高原黄沙漫天，尤其是在冬季，寒风里夹杂着沙土，刮进屋子会形成很厚的灰尘，因此窑洞的窗户都比较小，有利于遮挡风沙。窑洞作为中国北方传统民居中具有代表性的建筑之一，充分体现了北方传统民居的地域特点，也反映了北方地区的民俗文化与风情。

三、中国南方山中的传奇：客家土楼

客家土楼（如图 6-8 所示）这个“中国南方山中的传奇”，以其浓郁的神秘色彩吸引了许多中外学者和游客。它的神奇、它的隐秘令人惊叹，引人入胜。

图 6-8　永定土楼。客家土楼中最出名的是永定土楼，永定被称为“一座没有大门的中国客家土楼博物馆”，被列入世界遗产名录

客家土楼最集中的地区是永定、南靖及平和，此外在漳州市的漳浦、云霄、华安、诏安，泉州市的南安、安溪、惠安都有土楼。这些隐藏在山区中一幢幢用生土夯筑的巨型民居建筑，无意炫耀自己的风采，但世界却在它面前爆发出声声的惊叹：一位联合国教科文组织的顾问赞叹它是“世界上独一无二的神话般的山区建筑模式”，人们盛赞它是“中国古建筑的奇葩”以及“东方文明的一颗明珠”。

客家土楼多姿多彩、形式各异，按外观造型分为三类：五凤楼、方楼和圆楼。其中以圆楼最具特色、最引人注目。

第一次见到圆楼的人无不惊叹叫绝。这奇特的形式许多人在照片上也曾看到，然而百闻不如一见，当你翻山越岭，突然看到展现在眼前的圆楼村落，你会不相信自己的眼睛，惊叹世界上居然有如此庞大的“怪物”，难怪日本学者把它比作“天上掉下的飞碟”。

走近圆楼，立在你跟前的是十几米高的、圆圆的、封闭的土墙，和那巨大的瓦顶出檐。仰望这庞然大物，不能不使你感受到它的壮丽与雄伟。走进圆楼唯一的大门，你会惊奇地发现，里头是截然不同的另一个世界：与外围厚实的土墙完全不同，这里是圆圆的木头的世界。环周几十开间的木结构楼房连成一串，一层层回廊、一排排木柱组成极有节奏的重复韵律，黑色的瓦顶勾画出一个圆圆的天空。圆楼的外观与其院内形成强烈的对比：一个是夯土墙，一个是木梁柱；一个厚实，一个轻巧；一个封闭，一个开敞。圆楼的外观犹如一座壁垒森严的城堡，其内院则是数百人聚居的充满生活气息的居住空间。正是这种对比与变化令人惊叹，正是这种完全圆形的高楼令人震撼。人们不禁要问：“他们为什么要建如此庞大的圆形住宅呢？”

原来这个地区历史上曾是畲族聚居的蛮荒之地，后来南迁到此的汉人只能聚族而居以策安全。在那动乱的年代，山区土匪出没，防卫的要求成了第一需要，遂形成这种一个家庭数百人聚居的防卫性极强的居住形式。圆楼就地取材，以一米多厚的夯土墙围合，四周广设枪眼，唯一的出入大门外包铁皮，门上设水槽，可形成水幕以阻火攻。圆楼的底层为厨房，二层作谷仓，对外均不开窗，三、四层以上的卧房对外也只开小窗，有的楼在顶层外墙内侧设有“隐通廊”，以便防御战中灵活地调兵遣将，相互救援。同时楼内有水井、储粮，极有利于长期固守。凭借这牢固的防卫体系，在当时的条件下是足以抵御外部的猛烈攻击的。

方形土楼的平面格局与圆楼相似，只是平面非环形而是方形或矩形。它同样也有内通廊式与单元式之分。除此之外，客家土楼还有诸多变异形式，如五角楼、半月楼、万字楼等，这些奇特而又丰富多彩的土楼造型，连同土楼这个泥土创造的传说典故和土楼的民俗风情，构成了一幅土楼文化的精彩画卷，它既神秘莫测又诱人探寻。

第四讲　皇家威严：紫禁城的艺术色彩

北京故宫位于北京市区中心，旧称紫禁城，是明清两代的皇宫，也是长达五个多世纪的最高权力中心，与法国的凡尔赛宫、英国的白金汉宫、俄罗斯的克里姆林宫和美国的白宫一并被誉为“世界五大宫殿”。园林景观、容纳家具及工艺品的近万个房间组成了故宫这一庞大的建筑群，占地 72 万多平方米，建筑面积约 15 万平方米。整个建筑群气势宏伟豪华，布局开阔对称，内外装饰壮丽辉煌，是我国现存规模最大最完整的古建筑群，也是明清时期中华文明的历史见证。

北京故宫建成于明永乐十八年（1420年），至今已有六百余年的历史，依旧光彩焕然，为北京这座国际化大都市涂抹上厚重的历史文化底色。其按照《周礼·考工记》的帝都建造原则修建，宫殿群之中轴线上，自南向北有大明门（清代改称大清门）、天安门、端门、午门、太和门，可谓“宫门深深深几许”；再后面，就到了建在高台之上的“外朝”三大殿——太和殿、中和殿、保和殿；“外朝”之后为“内庭”，其主体建筑是乾清宫、交泰殿和坤宁宫，以乾清门为其正门。“外朝内庭”的后面，是皇宫内的御花园，御花园后面为神武门，是皇宫中轴线的“收笔”。在中轴线的两侧，对称营建了边门、廊庑、楼阁、殿宇。在中心建筑群的东西两侧，前有文华殿、武英殿、文渊阁；后有供皇帝、皇太后、皇太妃、皇后、皇妃居住的建筑群，其间有供帝后娱乐的畅音阁、御花园等；东西两侧还有供出入的东华门和西华门，可谓宏阔浩大（如图 6-9 所示）。1924 年，清朝末代皇帝溥仪被逐出紫禁城，1925 年 10 月 10 日故宫博物院成立，自此紫禁城改称为“故宫”。故宫以其建筑群的恢宏浩大、中国古典抬梁式建筑的典范之作，蜚声海内外，它是中国木结构建筑成就的最高体现。

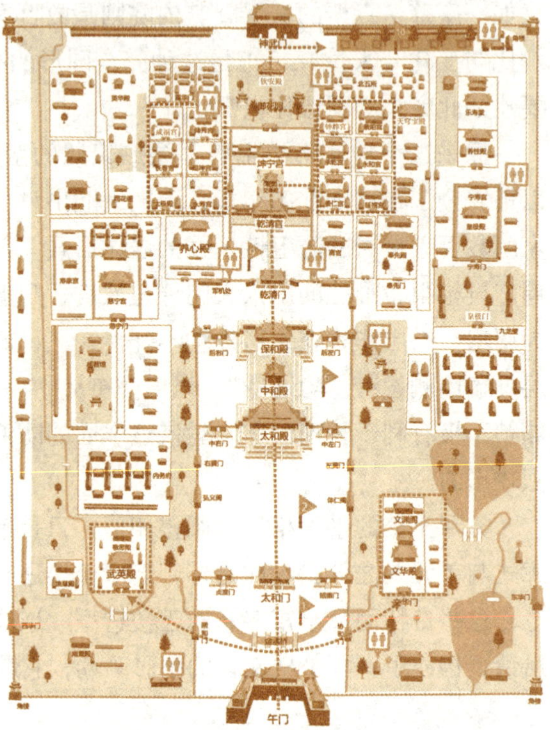

图 6-9　故宫平面图。建成六百余年，其基本格局保持至今，是我国现存规模最大、保护完整的古建筑群，是全国重点文物保护单位之一，坐落在明清京城的中轴线上，居北朝阳，地势冲要，面向金水河，背倚景山（明万岁山），西北是三海琼岛（明太液池、琼华岛），构成全城幽美的风景区

一、宫门进出的历史往事

从明朝建造初始，故宫就有四大城门——午门、东华门、西华门、玄武门。清朝沿袭旧制，只是把玄武门改名，变成了现在的我们熟知的神武门。

这四大城门在形制上大同小异，巍峨的城门与护城墙相连，连通城墙外环绕的护城河，城门、城墙、角楼、护城河四位一体，共同构成严密坚固的防护设施。在古代，住在城内城外的人虽然生活在同在一片天地之下，却有着极大的社会地位差距，而这四四方方的城门，就成为沟通两方的桥梁。

图 6-10　此图下方为午门，进了午门才算进宫

午门（如图 6-10 所示），是仅次于正殿的重要建筑，它在南方正中的位置，位当子午，是四座宫门之中规制最高，也是看起来最为庄严的一座。午门正中央的中门是皇帝专用的御道，一般情况下只允许皇帝一人行走，但是也有一些特别的时刻可以让其他人走过。例如：在皇帝大婚时，皇后就可以从中门进入紫禁城。再如：科举之后，中第的状元、榜眼、探花，也就是举国上下最有文化的读书人、未来的国之栋梁，在宣布殿试结果后也可以从中门走出紫禁城。其他时候，如上朝时，文武大臣都从左侧门出入，宗室王公都从

右侧门出入。由此可见，午门的出入有严格的等级分别，不可逾越。

东华门和西华门分布在故宫两侧，这两门可以弥补宫禁出入的不便，内阁大臣和一些老臣可以从这里进入。与西华门相比，东华门的地位较低，清代皇帝去世后，他们的棺椁都由东华门抬出，宫内妃嫔、皇子死后灵柩也经过东华门，因此民间百姓也会称东华门为“鬼门”。

神武门是故宫的后门，和午门一样在中轴线上，神武门的使用频率十分高，因此也修建得十分华美，门楼高大宽阔，楼外有汉白玉栏杆环绕，城楼里面摆放着钟鼓，钦天监在这里设有官员，负责每天打更报时。相较于庄严的午门来说，神武门的进出则带了一点市井烟火气。能从神武门这里走过的人就丰富多了，不仅皇帝妃嫔从这里进出，官员、太监、工匠也可以从这里走，包括在影视剧中常见的选秀情节，秀女入宫也是从神武门走。只不过依旧是只有皇帝和皇后才能走中门，其他人只能走侧门。明清两朝都有过在神武门前设立市集的先例，在这里流通的商品通常都十分精美稀罕，开市的时候人来人往，非常热闹。

紫禁城开始修建是在明成祖永乐四年（1406 年），到永乐十八年（1420 年）修建完成，这里成为历代皇帝的住所，甚至成为当时的政治中心。皇帝命令、国家要事的决策都从紫禁城内，经由四大城门发出，上传下达。紫禁城的这四个门管控得这么严格，等级这样分明，可以说，这些门的任何细节都和皇家威仪有关系，一点错漏也不能出。但是如果我们仔细观察的话就会发现，东华门的门钉只有 8 行，跟其他三座门的 9 行有着细微的差异，这一差别，在 400 多年前，曾经引发了一场震动朝野的风波。

1521 年 3 月，明武宗驾崩，武宗没有子嗣，也没有兄弟。于是，皇太后决定，由湖北的藩王朱厚熜继承皇位。礼部本来是拟定朱厚熜由东华门入紫禁城，先到文华殿，追认皇太子的身份，然后继承皇位。但是门钉少了一行的东华门在等级上低于午门、神武门，也低于西华门，皇帝本人几乎不走东华门，反而是太子才常常会从这个门走。为继承皇位而来的朱厚熜不同意从东华门进入，他说：“我是来当皇帝的，怎么能以皇太子的身份入宫呢？”最后，还是皇太后妥协，朱厚熜如愿由大明门正中御路进宫继位，年号嘉靖。这场牵动朝野的入门礼仪之争，暂时告一段落。

从这件事可以看出，这宫门如何进如何出，往往关系着皇家的威严，官员大臣、宫人侍女从宫门间穿梭而过，这样有秩序的繁忙，是国家运转的体现。但是这宫门不只见证了繁华的景象。

明朝末年，李自成的农民起义军进攻北京的时候，当时的崇祯皇帝朱由检被逼得走投无路，只好从神武门仓皇逃出紫禁城，跑到了煤山（也就是现在的景山），在一棵槐树下自缢而亡。一代帝王，从自家后门出逃，万念俱灰之下选择了结束自己的生命，大明王朝的风华也这样落幕了。

如今，四大城门被修葺一新，并被科学地保护了起来，众多来自五湖四海的、热爱历史的游客慕名来到故宫参观游览，而这些掩藏在重重宫门之后的历史被逐渐发掘出来，焕发了新的生机。

每天故宫开馆的时候，总有络绎不绝的人群涌向这里，当看到无数人怀着尊重和热爱之情跨过一道又一道门，小朋友们有数不清的问题要问，大人们也都认真聆听讲解的景象时，也许大家都不会注意到这些门开关时发出的声音，但是这些门存在的意义却已经得到了实现。因为现在门的存在已经不是为了把人拒之门外了，而是为了打开大门迎八方来客，让更多的人穿过这道门，欣赏我们国家悠久的历史文化，感受门内门外的多元文化魅力。

二、故宫不积水的秘密

北京是明清两代的都城，古代皇族贵胄、文人墨客多聚集在此，所以营造良好的居住环境格外重要。然而那时的环境却并不如人所愿，明清时期，全球气候出现了一次明显的转冷过程，史称“明清小冰期”。在近500年的时间里，由于气候明显由热转冷，位于我国暖温带半湿润区的北京，出现了多次特大暴雨。其中，最可怕的一次莫过于明朝万历三十五年（1607年）的那场大暴雨，当时的人认为这是两百年未见之灾害。

那时北京城从白天到夜晚，雨水不断，长安街积水达5尺，地势低洼处水深则有1丈多。京城内的各级政府机构都被大水淹了，戒备森严的紫禁城，城墙竟然在暴雨中坍塌了。大雨停了以后，天空放晴三日，但是，京城内的积水仍然很严重，正阳门、宣武门内外，积水如波涛汹涌，马车都难以通行。然而神奇的是，此时皇帝居住的紫禁城却没有大面积积水的情况发生。

这得益于参与修建故宫排水系统的工匠——蒯氏父子，他们被永乐皇帝称为“活鲁班”。作为生活在多雨气候中的江苏工匠，蒯氏父子深知排水防涝的重要性，排水系统一旦定型后很难改造。因此，对于紫禁城的排水系统，无论是蒯氏父子、督办官员，还是一般工匠，都将其视为重中之重。

这样精心设计的排水系统到底有什么独到之处，能够让故宫在数百年的风雨中排水顺畅、屹立不倒呢？我们不妨从故宫里的一个小神兽说起。故宫三大殿的台基上排列着许多无角龙形状的神兽，也称螭或角兽（如图6-11所示），螭具有龙的属性，自元代开始，其形象就成为皇家专用建筑装饰构件。在民间，螭则被看作嘴大、肚能容水的龙神，人们赋予了它通云雨的灵性。因此，故宫选用螭首排水也就不奇怪了。下雨时，雨水从螭首口中的小孔内流出，小雨时如冰柱，大雨时如白练，暴雨时则会呈现“千龙出水”景象，场面十分壮观。

图6-11　故宫里千龙吐水壮美场景中的主角——螭首。故宫当中数量最多的石雕，就是汉白玉的螭首，俗称“喷水兽”

从整体上看，故宫排水系统分为三类，即地表径流、建筑排水和地下暗沟。其中，螭首排水属于地表径流。我们不妨借助一滴水的旅行，来感受一下故宫强大的排水系统。雨水降落时，小雨滴先落到建筑上，沿着屋顶的琉璃瓦落到地面，之后一部分雨水会直接汇入地下暗沟，一部分形成地表径流，顺着故宫南高北低、中间高两边低的地势差流到低洼处的石槽明沟，最终汇入暗沟。地下暗沟纵横交错、四通八达，雨水排入暗沟以后，会由支沟汇集到干沟，经干沟排入内金水河。内金水河就是我们常在影视剧中看到落水情节所发生的地点，也是唯一一条流经宫内，贯通南北的河水，它与故宫周围的护城河相连，同周边的外金水河、中南海等水系相通，这里是故宫排水系统的最后一环，也是一滴水的旅行终点。从雨水的旅行轨迹看，故宫处于北京城区排水体系第一级，直观地体现出昔日皇家的至尊地位。

一个好的排水系统离不开后期的维护。故宫的排水系统自建成以来就备受关注，几乎每年春季都会疏通，必要时还会进行大修。据记载，清朝最后一次大规模整修故宫排水系统是在光绪十一年（1885 年）四月，这项工程耗时两年多才完成。这次修缮把总长度约 8000 米的大小沟渠全部挑挖了一遍，还修缮了桥梁、河墙，耗费白银超过 22 万两。正是因为历年的养护，故宫才始终表现出良好的排水能力，使之历经数千次大雨，依然能够安然无恙。

三、故宫的火之克星

因为故宫内大多数是木质结构的高大建筑，加上宫殿排列又非常密集，如果一处起火，非常容易蔓延到其他各处，造成重大损失和人员伤亡，所以在古代紫禁城中，经常能听到宫人们为水缸注水的声音。于是，摆在各大宫殿门前的水缸便理所当然成为着火时距离着火处最近的水源。

要说引起火灾的原因，可以说是五花八门。有放烟花不注意的、御膳房烧火不慎的、点蜡烛失手的等，但最多的还是夏季的雷雨天气。在故宫建成的第二年，三大殿（如图 6-12 所示）就曾因为雷击引发大火，在火海中化为灰烬了。到了明朝嘉靖皇帝在位的时候，雷击再次点燃了三大殿，这次火势依旧凶猛，烧毁了三殿二楼十五座宫门，幸亏皇帝及时指挥让人运走了《永乐大典》，不然后人就再也见不到这部“百科全书”了。

图 6-12　三大殿是指太和殿、中和殿、保和殿，其中规模最大的是太和殿，也就是俗称的金銮殿，太和殿是走进紫禁城的见到的第一座大殿。中和殿在太和殿之后。保和殿是三大殿的最后一座。此图从左至右依此为：太和殿、中和殿、保和殿

还有一件颇为传奇的火事，发生在清朝光绪帝大婚前。光绪十四

年（1888年）十二月十五日深夜，寒风呼啸，紫禁城内火光冲天。发生火灾的地点在贞度门，那里接近许多库房，历来是皇宫重地，由于水源不足，大火烧了足足两天才被扑灭，但贞度、太和、昭和三门已化为灰烬。最不巧的是当时正值光绪皇帝筹备大婚之时，一个月后他将迎娶慈禧太后的侄女静芬，也就是后来的隆裕皇后。按照清朝祖制，皇后从大清门入宫，要经过太和门才算圆满，可太和门已被焚毁。婚期不能更改，慈禧太后无奈之下只好下令搭建一个临时的太和门，当时皇后就是从这个赶造的太和门下进入宫中的。

可见，火灾给历朝历代的统治者们带来了许多麻烦，他们都十分害怕宫中火灾的发生，所以采取了一系列的防火措施。“冬凿冰、夏注水、春除草、秋清叶”是自明代起就有的防火传统。像明清两代为防火设置的储水缸，宫中就有铁、铜、鎏金铜的大缸308口之多，它们又被称为“吉祥缸”，每口缸大约可以储水3000多升，平时还要保证缸内一直贮满清水（如图6-13所示）。寒冬时节会给这些缸盖上盖子，盖子中间会有一个铁质的容器装上炭火来保证水温，防止缸内结冰，等到来年春天惊蛰之后才会把这个铁屉撤下来。这些缸中的水，大多来自金水河，于是金水河也就成为故宫一直以来的消防水源。

图6-13 故宫的“水缸”，又称“吉祥缸”。每口缸大约可以储水3000多升，平时还要保证缸内一直贮满清水，以保证火灾发生时可以有水灭火

除了利用河水灭火，宫内还有专门管激桶的官兵，叫作“火班”，相当于现在的消防队。他们有专业的灭火器——激桶，又叫“水龙”。激桶是人工操作的喷水设备，只有宫内重要地方才有，如乾清宫中有激桶56架，慈宁宫、宁寿宫有激桶10架。每年春秋两季，激桶操作人员还要各演习一次，熟悉这些技能以防生疏。光绪末年，激桶处改为内府消防队。宣统时，消防太监有1000多人，可见这个组织还是相当庞大的。

故宫每幢庑殿的后山墙多是防火墙。墙面上不开窗、不辟门，不露出木柱、梁等架构。如果有必要就采用石雕或者琉璃砖的檐，其目的就是防火。在宫里，凡靠近做饭小房之处，都改成了这种屋檐，以免做饭时火星在房檐飞闪而引发火灾。除此之外，在乾清宫和皇宫的仓库里，还有一种特殊的房子，墙壁用大砖砌成，同样没有门窗，屋架、梁柱、斗拱都用石头雕刻而成。从外面看，俨然是一座房屋的样子，但房内却填充三合土并夯实，房顶挂瓦，做成假的屋檐。其实，这种实心房也是一道防火墙。乾清宫、坤宁宫的东西两庑，都砌成了防火墙。这堵墙长达16米，厚度达7米，一旦两宫发生火灾，便会隔断火势，避免向后宫蔓延。

古代故宫中软件、硬件措施相互配合的防火工作，可以说是卓有成效的。在康熙皇帝当政的61年中，皇宫里只发生过一次火灾。新中国成立后，故宫有了自己的消防排，这个编制45人的中队负责故宫博物院的防火灭火和应急救援任务。近年来，除了1987年景阳宫遭雷劈起火之外，故宫再也没有发生过火患，这离不开故宫特勤消防中队的努力。

在时光的流变中，朝代更迭，王座之上的人来来去去，唯有紫禁城带着历史的记忆，凝聚成故宫这样一个文化符号，折射着中国人对于历史的梦幻想象。毋庸置疑，这是先人留下的智慧与可能。

本章小结

中国作为世界上最古老的国家之一，其文化经历了漫长的演变与发展。文化从来都不是静态的，而是动态发展的，每一代人都在其前辈所创造的文化基础上不断的发展变化，表现出文化的继承与创新，所以，在不同时期，中华文化有自己不同的表现形式，从衣、食、住、行各方面都可以得到体现，从而表现出文化的独特性和特殊性，而在众多表现形式中，“住”作为人们生存的基本所需之一，是最能体现民族文化的方式。因此，要了解一个国家的文化，就必须了解一个国家的建筑风格，了解了建筑风格，就能更加深入了解这个国家的文化，两者是相辅相成的。

中国五千年的文化之所以能够延续至今并保存完好，其原因不仅在于我国文化本身的博大精深，还在于各种维持手段的共时性发展。中国建筑在其发展的过程中充分地将中国文化体现出来，并使其一代代地延续下来，中国建筑在儒、道及佛家哲学思想的影响下，将“天人合一”“礼仪尊卑”“会通之学”等哲学思想充分体现出来，从而使中华文化不断发展和进步，并永久延续下去。

拓展延伸

苏州园林

叶圣陶

苏州园林据说有一百多处，我到过的不过十多处。其他地方的园林我也到过一些。倘若要我说说总的印象，我觉得苏州园林是我国各地园林的标本，各地园林或多或少都受到苏州园林的影响。因此，谁如果要鉴赏我国的园林，苏州园林就不该错过。

设计者和匠师们因地制宜，自出心裁，修建成功的园林当然各个不同。可是苏州各个园林在不同之中有个共同点，似乎设计者和匠师们一致追求的是：务必使游览者无论站在哪个点上，眼前总是一幅完美的图画。为了达到这个目的，他们讲究亭台轩榭的布局，讲究假山池沼的配合，讲究花草树木的映衬，讲究近景远景的层次。总之，一切都要为构成完美的图画而存在，决不容许有欠美伤美的败笔。他们唯愿游览者得到“如在画图中”的美感，而他们的成绩实现了他们的愿望，游览者来到园里，没有一个不心里想着口头说着“如在画图中”的。

我国的建筑，从古代的宫殿到近代的一般住房，绝大部分是对称的，左边怎么样，右边也怎么样。苏州园林可绝不讲究对称，好像故意避免似的。东边有了一个亭子或者一道回廊，西边决不会来一个同样的亭子或者一道同样的回廊。这是为什么？我想，用图画来比方，对称的建筑是图案画，不是美术画，而园林是美术画，美术画要求自然之趣，是不讲究对称的。

苏州园林里都有假山和池沼。假山的堆叠，可以说是一项艺术而不仅是技术。或者是重峦叠嶂，或者是几座小山配合着竹子花木，全在乎设计者和匠师们生平多阅历，胸中有丘壑，才能使游览者攀登的时候忘却苏州城市，只觉得身在山间。至于池沼，大多引用活水。有些园林池沼宽敞，就把池沼作为全园的中心，其他景物配合着布置。水面假如成河道模样，往往安排桥梁。假如安排两座以上的桥梁，那就一座一个样，决不雷同。池沼或河道的边沿很少砌齐整的石岸，总是高低屈曲任其自然。还在那儿布置几块玲珑的石头，或者种些花草：这也是为了取得从各个角度看都成一幅画的效果。池沼里养着金鱼或各色鲤鱼，夏秋季节荷花或睡莲开放，游览者看“鱼戏莲叶间”，又是入画的一景。

苏州园林栽种和修剪树木也着眼在画意。高树与低树俯仰生姿。落叶树与常绿树相间，花时不同的多种花树相间，这就一年四季不感到寂寞。没有修剪得像宝塔那样的松柏，没有阅兵式似的道旁树：因为依据中国画的审美观点看，这是不足取的。有几个园里有古老的藤萝，盘曲嶙峋的枝干就是一幅好画。开花的时候满眼的珠光宝气，使游览者感到无限的繁华和欢悦，可是没法说出来。

游览苏州园林必然会注意到花墙和廊子。有墙壁隔着，有廊子界着，层次多了，景致就见得深了。可是墙壁上有砖砌的各式镂空图案，廊子是两边无所依傍的，实际是隔而不隔，界而未界，因而更增加了景致的深度。有几个园林还在适当的位置装上一面大镜子，层次就更多了，几乎可以说把整个园林翻了一番。

游览者必然也不会忽略另外一点，就是苏州园林在每一个角落都注意图画美。阶砌旁边栽几丛书带草。墙上蔓延着爬山虎或者蔷薇木香。如果开窗正对着白色墙壁，太单调了，给补上几竿竹子或几棵芭蕉。诸如此类，无非要游览者即使就极小范围的局部看，也能得到美的享受。

苏州园林里的门和窗，图案设计和雕镂琢磨功夫都是工艺美术的上品。大致说来，那些门和窗尽量工细而决不庸俗，即使简朴而别具匠心。四扇，八扇，十二扇，综合起来看，谁都要赞叹这是高度的图案美。摄影家挺喜欢这些门和窗，他们斟酌着光和影，摄成称心满意的照片。

苏州园林与北京的园林不同，极少使用彩绘。梁和柱子以及门窗栏杆大多漆广漆，那是不刺眼的颜色。墙壁白色。有些室内墙壁下半截铺水磨方砖，淡灰色和白色对衬。屋瓦和檐漏一律淡灰色。这些颜色与草木的绿色配合，引起人们安静闲适的感觉。花开时节，更显得各种花明艳照眼。

可以说的当然不止以上写的这些，这里不再多写了。

作者简介：叶圣陶，原名叶绍钧，字圣陶。生于江苏苏州。现代作家，教育家、文学出版家和社会活动家，有“优秀的语言艺术家”之称。推出第一个童话故事《稻草人》。叶圣陶教育思想对中国特色现代教育理论做出了独创性、系统性的重要贡献。

经典领航

古建筑是科技文化知识与艺术的结合体，古建筑也是历史载体。当我们来到戚公祠，似乎可以感受到它正气宇轩昂地向我们介绍戚将军带领着戚家军杀得倭寇丢盔弃甲的战史。当我们来到马尾昭忠祠，它正语气凝重地向我们叙谈福建水师遭到法国军舰突袭奋起反抗的悲壮历史。当我们来到林文忠祠，它正眉飞色舞地向我们讲起，林公则徐气壮山河的壮举——指挥军民在虎门销烟的历史。当我们来到开元寺，它正自豪得意地向我们表述，大铁佛是我们的先人掌握高超的冶铸技术的证明——古建筑有着丰富的人文内涵。

保护好古建筑、保护好文物就是保存历史，保存城市的文脉，保存历史文化名城无形的优良传统。福建有福州、泉州、漳州、长汀四座国家级历史文化名城，这是福建的骄傲。另外，还有许多省级的历史文化名村、名镇。

保护好古建筑有利于保存名城传统风貌和个性。现在许多城市在开发建设中，毁掉许多古建筑，搬来许多洋建筑，城市逐渐失去个性。在城市建设开发时，应注意吸收传统建筑的语言，这有利于保持城市的个性。

——习近平《福州古厝》序（节选）

解读

“裤腰带”“马桶盖”“秋裤楼”“三件套”……与周边整体环境、群众审美观和民族文化血脉格格不入的洋派建筑，近年来大行其道，不断出现在国内多个城市，引发公众“吐槽”。

西方建筑艺术值得借鉴，但要坚持从本国本民族实际出发，不能囫囵吞枣、盲目求洋。尤其是一些在国外都很难被允许付诸建造的怪异设计，竟然也不断在中国大都市拔地而起。我们不否认一些国外建筑设计有着艺术上的独特价值，融入了设计师前卫独到的视角，但不顾城市整体风格和谐，不顾传统建筑文化的传承，不顾地域特征、民族特色和时代风貌，一些令人不忍目睹的洋派怪异建筑造型大煞风景，甚至被群众不断冷嘲热讽。

应该指出的是，仔细梳理一栋栋洋派风格建筑矗立的背后，有崇洋风，盲目崇拜西方设计理念和艺术标准；有长官意志，一些地方建筑设计方案完全由领导干部个人喜好决定，决策过程中没有体现民意；有扭曲的政绩观，借助国外知名设计师的洋设计“装门面”。

建筑是凝固的历史和文化，是城市文脉的体现和延续，建筑文化的传承也要充分体现文化自信，不能割断民族文化血脉。我国有着悠久灿烂的建筑文化，是我国传统文化不可或缺的有机组成部分，融入天人合一、和谐自然的理念，创造出众多经典建筑，有些是世界文化遗产，更多的是我们优秀建筑文化的印证。沿着历史脉络，秉承文化自信，我们完全可以在建筑文化领域独树一帜，形成现代建筑的中国风格、中国设计。

盲目崇洋打造城市建筑的“洋面子”，难以赋予城市面貌真正的灵魂。根植于我国历史文化的沃土，吸取国外先进设计理念，结合社会现代需求，融汇中外，杜绝贪大、媚洋、求怪心态，牢牢确立我国优秀传统文化的自觉和自信，才能在建筑文化领域推陈出新，引领潮流，也才能真正形成具有民族文化内涵的城市新地标、新形象。

资料来源：肖春飞，闫祥岭．让城市建筑体现民族文化血脉[EB/OL].[2014-09-24]. http://www.gov.cn/xinwen/2014-09/24/content_2755798.htm.

学思之窗

活动设计

活动主题：不同布局模式在苏州园林中的体现。

开展形式：课堂汇报讨论。

组织形式：请按自愿分组开展资料收集活动。活动结束后撰写分析报告，每组派出一名代表以 PPT 形式汇报分析结果，学会科学合理的分析中国传统文化意蕴在苏州园林建造过程当中的运用。

观点搜索

1. 中国哲学中的“天人合一”思想深刻影响了中国的传统建筑，请结合不同的建筑类型，分别分析这一思想给不同的建筑带来的影响。

2. 梁思成曾经和他的妻子林徽因在兵来匪往的时代荒野，自带行李，背着测量仪器，考察散落在中国这片土地上的古建筑，拍摄、测量、记录，并试图破解中国古建筑的密码，留下了大量精美的手稿。结合梁思成和林徽因的实例和日常生活经验感悟，谈一谈对古建筑保护的想法。

3. 请调查某一地区的传统民居保存状况，拍摄照片并采访当地人对传统建筑的看法。

阅读推荐

1. 请翻阅梁思成的《中国建筑史》《全国文物古建筑目录》等书籍，深刻感受藏在每一份手稿后的用心和汗水。

2. 请观看央视纪录片《故宫》，体验故宫之美。

3.《周礼》中有“惟王建国，辨正方位”及“匠人营国，方九里，旁三门。国中九经九纬，经涂九轨。……王宫门阿之制五雉，宫隅之制七雉，城隅之制九雉”等记载，留心和记录不同古籍中对建筑的描写，以加深自我的学习体会。

第七章 民俗与风情

教学目标

知识目标：了解中国戏曲、琴棋酒茶、四时节令、中国传统服饰及其习俗的形成和演变。

能力目标：能知晓中国戏曲的基本知识，能辨认中国各主要民族的服饰和习俗，感受中国人在喝茶、饮酒、赏琴、下棋时着意营造的诗意氛围。

素质目标：通过了解中国戏曲之美、中国人的日常雅趣、四时节令、民族服饰，深刻体会中国的习俗和文化，感受中国人乐观、平和的心态，培养审美情怀和民族人文素养。

导学提示

中国老百姓日常的闲情雅致、民俗风情，处处体现出中国人的安详、开阔的内心世界。如戏楼里的戏迷对台上的“角儿”的痴迷追捧，中国人在喝茶、饮酒、赏琴、下棋时着意营造的诗意氛围，在四时节令里所施行的仪式和节庆，代表东方含蓄美的传统服饰等，都显示出中国人乐观、平和的心态，寄寓着中国人的审美情怀。中国人用各种方法为平淡的人生增添一点情趣和快意，并由此增强了民族的认同，强化了民族精神。

引例导入

牡丹亭·惊梦（节选）

（绕池游）梦回莺啭，乱煞年光遍。人立小庭深院。炷尽沉烟，抛残绣线，恁今春关情似去年？

（步步娇）袅晴丝吹来闲庭院，摇漾春如线。停半晌、整花钿，没揣菱花，偷人半面，迤逗的彩云偏。步香闺怎便把全身现。

（醉扶归）你道翠生生出落的裙衫儿茜，艳晶晶花簪八宝填。可知我一生儿爱好是天然。恰三春好处无人见，不提防沉鱼落雁鸟惊喧，则怕的羞花闭月花愁颤。

（皂罗袍）原来是姹紫嫣红开遍，似这般都付与断井颓垣。良辰美景奈何天，赏心乐事谁家院！朝飞暮卷，云霞翠轩，雨丝风片，烟波画船。锦屏人忒看的这韶光贱！

（隔尾）观之不足由他缱，便赏遍了十二亭台是枉然。到不如兴尽回家闲过遣。

作者简介：汤显祖，明代戏曲家、文学家。其戏剧作品《还魂记》《紫钗记》《南柯记》和《邯郸记》合称“临川四梦”，其中《还魂记》（即《牡丹亭》）是他的代表作。从清代的《红楼梦》可看出《牡丹亭》中个性解放的思想倾向影响深远。学界一致推举汤显祖和英国的莎士比亚为同时代东西方戏剧巨匠。

知识精讲

第一讲　唱念做打：中国戏曲的绚烂之美

民间有句歇后语：“看戏掉眼泪，替古人担忧。”由此可见，中国古人日常的重要活动之一就是看戏。戏曲这个“舞台小社会，社会大舞台”是中国人的最爱，民众常把自己的情感与戏中反映的道德内容对照起来，将剧情与感情系为一体，对真善美的热爱，对假丑恶的憎恨，都能在看戏当中流露无遗。戏曲里的好恶倾向来自整个社会的好恶观，戏曲里的人生观来自整个社会最具代表性的人生观，作为民俗文化的突出代表及重要的教化工具，中国戏曲呈现既俗又雅、既驳杂又统一的复杂面貌，是中华民族文化中一颗不可替代的璀璨明珠。

一、婉转细腻的昆曲

昆曲是戏曲的美学集大成者。昆曲，原名“昆山腔”（简称“昆腔”），是中国古老的戏曲声腔、剧种，现又被称为“昆剧”。昆曲是汉族传统戏曲中最古老的剧种之一，也是戏曲艺术中的珍品，被称为百花园中的一朵“兰花”，自明代中叶以来独领中国剧坛近300年。昆曲在2001年被联合国教科文组织列为“人类口述和非物质遗产代表作”。

昆曲风靡百年得益于文人的审美胸臆。昆曲发源于600多年前，是“百戏之祖”——南戏系统下的曲种之一。南戏是中国戏曲史上最早成熟的戏剧形式。到明代嘉靖年间，杰出的昆曲音乐家、改革家魏良辅对昆山腔进行大胆改革，吸收了当时流行的余姚腔、弋阳腔、海盐腔的特点，形成了新的声腔，广受欢迎。因为这种腔调软糯、细腻，好像江南人吃的用水磨粉做的糯米汤团，因此起了个有趣的名字，叫“水磨调”，这就是今天的昆曲。

新昆腔在诞生之初生命力极强，风靡四方，一批昆曲家竞起效仿，努力学习昆曲的演唱技法。魏良辅钻研南戏十年，将庸俗错漏之处一一改正，并使昆山腔摆脱了方言限制，其唱念语音为“中州韵”；配器也得到了改革，昆腔有弦索、箫管、鼓板三类乐器，为后世昆曲乐队的基本组合。这些最终使得新的昆山腔流布南北，成为统领江湖的“正声雅乐”。被奉为“南戏之祖”的《琵琶记》，便是最终被规范化的范本之一。魏良辅对唱腔一字一句的订正，明清音乐人对其一板一眼的传承，打造出了一个真正精耕细作的生态体系，并由此产生了一部部脍炙人口的佳作。

相关链接

一曲三叹——隽永绵长的昆曲表演之美

锣点一起，“咿咿呀呀”都变得悠扬动听；蹁跹小步迈得细细碎碎，仿佛踏在了人的心尖之上；纤纤素手带动盈盈衣袖，一招一式都容不得半点含糊。如图7-1所示，作家白先勇先生曾这样评价昆曲：“昆曲无他，得一美字——唱腔美、身段美、辞藻美，集音乐、舞蹈及文学之美于一身。千锤百炼，炉火纯青，早已达到化境，成为中国表演艺术中最精致、最完美的一种形式。”提及昆曲之美，不得不说昆曲独特的唱腔，昆曲在演唱上非常注重声音的控制，对咬字吐音的要求很高。

图7-1 白先勇先生携手两岸三地艺术家打造的青春版《牡丹亭》。根据当代审美观，保持昆曲抽象写意，以简驭繁的美学传统，利用现代剧场的种种概念，传世经典以青春靓丽的形式出现在人们面前，再现一段跨越生死的爱情故事

有人曾说，昆曲的声腔“一声即勾耳朵，四句席卷全城”，足见昆曲行腔之优美婉转，回韵悠长。其中一个原因便是昆曲演唱的特点是以字行腔的，也就是说，腔要跟着字来走。昆曲在演唱上也要遵循一定的腔格，被称为四定：定调、定腔、定板、定谱。这就使得昆曲不同于京剧、豫剧的板腔体，而是采用曲牌体的唱腔，正因如此，

它的格律非常严谨。对于写昆曲的剧作家要求也就更高了，不仅要懂曲牌，自己能唱则更佳，这样才能更好地将戏中人物和剧情更好地展现出来。

梁辰鱼的《浣纱记》是首批昆曲演出剧目中最为突出的一个，它将从南戏发展起来的剧作样式——传奇与新昆腔结合起来，生动叙述了春秋时期吴越争霸的历史故事，结构完整，情节曲折，人物性格鲜明，昆腔音乐的使用匠心独运，有许多创造性的音乐段落，很好地增强了演出效果。《浣纱记》的风靡进一步推动了昆曲的推广和传播。明朝万历年间，昆曲被带进北京，并得到统治者的青睐。当时京中士大夫宴集必演昆曲，甚至天启皇帝（朱由校）也会亲身体验昆曲表演。昆曲成为明代各阶层的共同爱好，无论是高层统治阶级，还是市井贩夫走卒，全都醉心于这种新兴的艺术形式。万历年间，昆曲发展史上另一位伟大剧作家——汤显祖诞生了。他比英国大戏剧家莎士比亚大 15 岁，两人在同一年去世。汤显祖的《牡丹亭》大胆地将闺门少女的爱情幻梦搬上舞台，一经演出，立即引起巨大的轰动。

明清换代之时，由于满人是北方人，不懂南曲，顺治皇帝禁止在宴会上演戏，直到康熙年间才取消禁令，大演昆曲。京师的文化条件使昆曲水平大大提高，产生了昆曲佳作《长生殿》和《桃花扇》，标志着新一轮昆曲创作高潮的到来。

相关链接

《长生殿》与《桃花扇》

康熙年间，戏曲作家洪昇历经十年，三易其稿，完成轰动一时的《长生殿》。《长生殿》既是一部浪漫的爱情剧，又具有历史剧的特色，该作品一方面表现了对唐明皇和杨贵妃之间爱情的同情，寄托了对美好爱情的理想；另一方面批评唐明皇的失政，寄寓乐极生悲的意义。

《桃花扇》是清代康熙年间文学家孔尚任创作的传奇剧本。《桃花扇》是一部接近历史真实的历史剧，重大事件均属真实。全剧以下层人物侯方域、李香君的悲欢离合为主线，展现了明末南京的社会现实，歌颂了李香君、柳敬亭、苏昆生等坚毅果敢的下层人物。与主流的大团圆结局戏曲不同，《桃花扇》是少数能够将悲剧精神贯彻到底的作品之一，展现了明朝遗民的亡国之痛。

昆曲所唱勾连了士农工商和国运乡愁的时代背景音。如果说昆曲在其起源、形成时期更多的是同中国民间艺术紧密联系在一起的话，那么在兴盛发展的过程中，它则与一大批明清时代的文化精英结下了不解之缘。明中叶以后，昆曲的创作、演出及欣赏，成为文人士大夫日常生活中不可或缺的重要内容，他们将戏曲当作传播思想的主要手段，而对于大部分平民百姓而言，戏曲则表达了他们对于历史和文化的认知。昆曲里最多的是浪漫的爱情故事，但又紧扣时代意义，例如：汤显祖借《牡丹亭》宣扬以“情”反“理”的个性解放意识。同时，他们也借昆曲抒发感慨，展现感情色彩极浓的生活理想。流传于明末清初的秦淮河的爱情，如吴三桂与陈圆圆、钱谦益与柳如是的故事等，也与时代联结得特别紧密。

相关链接

汤显祖与《牡丹亭》

《牡丹亭还魂记》（简称《牡丹亭》），也称《还魂记》或《牡丹亭梦》，是明朝剧作家汤显祖创作的传奇（剧本）。该剧描写了官家千金杜丽娘与梦中书生柳梦梅倾心相爱，竟伤情而死，化为魂魄寻找现实中的爱人，人鬼相恋，最后起死回生，终于与柳梦梅永结同心的故事。该剧文辞典雅，语言秀丽。作品最令人称奇也最打动人的是作者热情奔放地赋予杜丽娘的“情”以超越生死的力量。另外，作者对语言艺术的高超把握，将杜丽娘的心理活动和精神世界刻画得非常细致真实。

从作家余秋雨的评价“昆曲主宰了中华民族集体审美达两百年之久”中，足见昆曲当时发展之鼎盛。清代中叶之后，昆曲不再一家独大，各地的地方戏种渐渐兴起，散发出蓬勃旺盛的生命力。与此同时，昆曲进入宫廷之后，渐渐变成了附庸风雅、曲高和寡的阳春白雪。随着以京剧为代表的“花部”的盛行，人们渐渐发现这些剧种似乎更加容易上口，而“雅部”的昆曲就显得过于烦琐和高雅了。直到乾隆、嘉庆年间，昆曲的地位都是当之无愧的“国剧”，然而随着后来的“花雅之争”开始，昆曲逐渐走向没落。

当下，传统文化伴随着文化自信进入主流话语。昆曲的“雅”与“古老”不再是消费的障碍，即便是年轻一代，也视传统文化符号为新的身份认同。上有庙堂之高，下有江湖之远。自诞生起，昆曲便嵌入了时代背景，社会各阶层对昆曲的依赖与国运乡愁交织成了一个生态系统。历经几度兴衰，昆曲虽变迁着，也终究生态健康地发展着。

二、国粹京剧

很多外国人对中华文化的了解，大概就是京剧。京剧的脸谱几乎成了中华文化的一个代表性的符号、一种象征。许多国家举办“中国文化年”，招贴画上往往画着一个大大的京剧脸谱。要了解中华文化，确实不能不了解京剧。京剧，又称平剧、京戏等，是我国影响最大的戏曲剧种，分布地以北京为中心，遍及全国各地，影响甚广，有“国剧”之称，被列入联合国教科文组织非物质文化遗产名录。

“徽班入京”和“徽汉合流”是京剧发展的两大事件。乾隆中叶后，昆曲渐而衰落，京腔兴盛，继而取代昆曲一统京城舞台。1780 年，京腔在独据京城戏曲界多年后第一次遭遇挑战。秦腔艺人魏长生进京，带来了他的成名作《滚楼》。魏长生把秦腔委婉的特点发挥到极致，一时轰动京城。京腔抵挡不住秦腔的进攻，仅一年时间就一败涂地。1790 年，乾隆皇帝八十大寿，有关部门命令各戏曲团进京给乾隆祝寿，其中来自安徽的戏曲班子用博采众戏曲之长的唱腔和表演，给乾隆留下了深刻的印象，乾隆皇帝允许他们进京。仅一年时间，安徽的几十个戏团进入北京。这就是中国戏曲史上著名的“徽班进京”。

到了嘉庆、道光年间，徽班几乎占据了北京城所有的演出场所，风光无限。与此同时，来自湖北的汉调艺人将汉调带入北京，搭徽班唱戏，开创了徽、汉合流的总趋势。在徽调和汉调的基础上，一批戏曲艺术家在表演的过程中不断地探索、加工，吸收了昆腔、京腔（高腔）、梆子等的声腔，逐渐形成了以西皮、二黄为主，兼有昆腔、吹腔、四平调、拨子、罗罗腔等多声腔的和谐统一的体系。同时，考虑观众的需求，艺人们在唱白的字音和声调上，巧妙地将地方字音与北京字音融为一体，使京剧的唱白更具有规范性，听来通俗易懂、生动流畅，富有节奏感和韵律美。这个博采众长而又有十足创新的戏曲就是我们伟大的国剧——京剧。

京剧的美主要体现在以下两个方面：

一是京剧脸谱的美。京剧脸谱不同于面具，是化妆时画在演员的脸上的。京剧的脸谱是五彩缤纷的图案，有红、紫、白、黄、黑、蓝、绿、粉红灰、褐金、银等各种色彩，极其夸张而又极其艳丽。脸谱主要是用在“净”和“丑”这两种角色的脸上。“净”又称“花脸”，“丑”就是“丑角”。脸谱有两种用意：一则表明剧中人的身份和性格，如“红脸”表示这个人忠勇，“黑脸”表示这个人粗豪，“白脸”表示这个人奸恶等；二则体现人们对角色的道德评价和审美评价，如可敬的，可恨的，崇高的，可笑的，等等。脸谱除了这种含义外，本身又具有一种色彩美、图案美。这种色彩美、图案美作为形式美，相对独立出来也值得欣赏。如张飞的“蝴蝶脸谱”就是显示性格和图案美高度统一的精品。我们今天很多民间工艺品（如风筝、面人、泥人、地毯、挂毯等）、招贴画、广告画、模特服装的设计中将京剧脸谱作为设计的元素，就是着眼于这种形式美。

二是演员的唱、念、做、打。为什么中国老百姓把欣赏戏剧说成是“看戏”呢？因为“戏”的故事、情节只是架构，而“戏”的真正意蕴在于舞台上演员的表演，由此呈现戏剧舞台意象美的世界。就像俗话说的，“戏”在演员身上。京剧也是一样。京剧演员的表演，最基本的手段被人们概括为四个字：唱、念、做、打，其实就是歌舞的结合。而京剧表演的独特性还在于唱、念、做、打集合于一两个主要演员身上。过去习惯称呼京剧表演的主要演员为“角儿”，称呼著名演员为“名角儿”。戏的成功与否，全靠“名角儿”的表演。人们说，京剧是“角儿”的艺术，主要就是在这个意义上说的。京剧艺术有两百多年的历史，无数京剧表演艺术家的实践经验，都证明了京剧艺术在美学上的秘密就在于此。

相关链接

唱、念、做、打

京剧表演艺术尤其注重唱、念、做、打“四功”。在这“四功”中，“唱”和“念”产生的是声感，“做”和“打”产生的则是形感。

京剧中的“唱”占首要地位。京剧首先是一种唱腔艺术。京剧中凡是有名的戏都有若干精彩的唱段，并在观众中广为流传。京剧唱腔的韵味，往往体现了京剧艺术的最高境界。不懂得欣赏京剧唱腔的韵味，就不能在观赏京剧时获得深层次的美感。京剧的唱腔以二黄腔和西皮腔为主，合称“皮黄”，因此“皮黄”也成为戏曲的总称。二黄腔起源于湖北的黄冈、黄陂，故由此得名。调式一般较为沉着、稳重、凝练、严肃，多用于悲剧性的剧情中。西皮腔是明末清初时秦腔经湖北襄阳传到武昌、汉口一带，同当地民间曲调结合演变而成的。曲调一般较为高亢刚劲、活泼明快，擅长抒情、叙事、说理、状物。

“念”是指念白，就是人物的说话，用于与“唱”相协调，在京剧中主要起叙事的作用。京剧界甚至有“千斤话白四两唱”的说法。念白分韵白和京白两种。韵白是音乐性很强的朗诵，用湖广音、中州韵，比较文雅，有身份的人一般用韵白。京白，就是用北京音朗诵语言，具有干净、利落、爽快的特点，一般是身份低的人使用。“唱”要有韵味，“念”也要有韵味。

“做”和“打”是演员利用形体动作来表现人物和情境。做，包括身段、眼神、独舞、群舞等，其中有纯粹的舞蹈，但多数是把日常生活里的动作舞蹈化。打，是武术、杂技的舞蹈化，用来表现竞技或战斗的场面。由于京剧艺术“虚拟”的特点，因此演员的“做”和“打”的表演有极其广阔的空间。“做”和“打”二功在京剧表演中往往极具写意特征。如表现骑马等情节时，演员的做功不仅要形似，更要神似。尽管舞台上没有出现马，但通过演员的动作表演，就能使观众感受到它们的存在。例如：梅兰芳在《霸王别姬》中的一段虞姬舞剑的表演，就有一种形式美、技巧美，这在京剧中常被人称为“绝活儿”。

京剧欣赏的特点推动了京剧的传承和创新。老的京剧观众流传一句话叫“看戏看角儿”，或者说“听戏听角儿”。这句话概括了京剧欣赏的主要特点是看“演”戏。因为京剧的“戏”（舞台意象）是“演”出来的，所以“戏”的意蕴是在演员唱念做打的表演之中。例如：观众看戏时，会意识到梅兰芳（如图 7-2

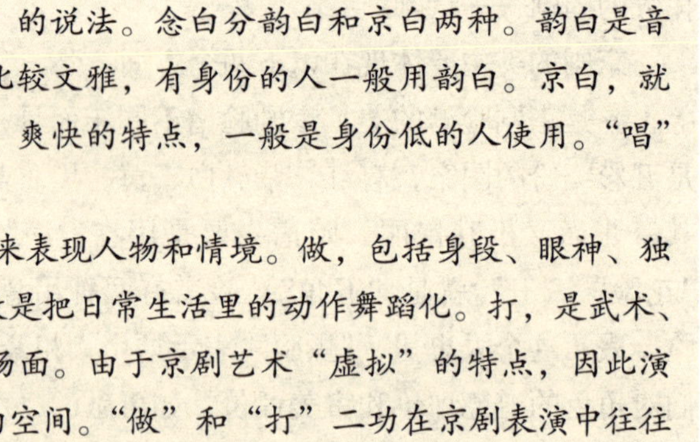

图 7-2　梅兰芳先生的《贵妃醉酒》是梅派代表剧目之一。梅先生饰演的杨贵妃，扮相、一字一腔、一招一式都充满了诗意

所示）在演赵艳容，袁世海在演曹操。他们欣赏的重点是演员（特别是名演员）的表演。这就是“看戏看角儿”。京剧观众还有句话：“越是熟戏越爱看。”为什么情节不变却百看不厌呢？其实是在不停品味“角儿”的意蕴。这就是为什么“名角儿”的一句唱腔、一个特技，都可以博得观众的掌声，而不在于角色是好人还是坏人。

相关链接

京剧表演艺术大师梅兰芳

在京剧史上，涌现了一代又一代的著名演员（“名角儿”），其中有许多卓越的表演艺术大师。梅兰芳就是最有代表性的一位，他为京剧赢得国际荣誉做出了卓越贡献。

梅兰芳是京剧名旦。他嗓音清亮圆润，扮相端庄秀丽，做功和身段精美漂亮，台风雍容华贵、自然大方，达到了旦角表演艺术的巅峰。梅兰芳在许多方面对京剧艺术进行了革新。他设计了大量新的唱腔，把昆曲中的表情、身段、步法以及载歌载舞的表演方法引入了京剧，为京剧表演创造了各式各样的舞蹈，如绸舞、剑舞、盘舞、袖舞、拂尘舞、羽舞等。他以二胡辅助京胡为旦角伴奏，丰富了京剧的音乐。他对人物的面部化妆、头饰、服装也都做了创造性的革新。他的代表性剧目是《贵妃醉酒》《霸王别姬》《宇宙锋》和《穆桂英挂帅》。

三、多姿多彩的地方戏曲

由于我国地域辽阔，民族众多，各地方言不同，因此除京剧外，还形成了丰富多彩的地方戏。据统计，我国的地方戏遍及各地，有 300 多种，其中影响比较大的有豫剧、越剧、黄梅戏、评剧、粤剧。

豫剧是河南省的主要剧种，又名河南梆子、河南高调，有四百多年的历史。豫剧一向以唱见长，在剧情的节骨眼上都安排有大板唱腔，唱腔流畅、节奏鲜明、极具口语化，一般吐字清晰、行腔酣畅、易为听众听清。豫剧的声腔，有的高亢活泼，有的悲凉缠绵，能够表演各种风格的剧目，传统剧目有六百五十多出。著名演员有陈素真、常香玉、牛得草等，代表剧目有《宇宙锋》《穆桂英挂帅》《红娘》《抬花轿》《七品芝麻官》《花木兰》《朝阳沟》等。

越剧发源于浙江嵊州，成熟于上海，是浙江省的主要地方戏。越剧在发展中汲取了昆曲、话剧、绍剧等特色剧种之大成，经历了由男子越剧为主到女子越剧为主的历史性演变。越剧以唱为主，声腔清悠婉丽、优美动听，表演细腻优美，极具江南灵秀之气，以“才子佳人”题材的戏为主，艺术流派纷呈。越剧享誉海内外，有广泛的群众基础。著名演员有袁雪芬、王文娟、徐玉兰等，代表剧目有《红楼梦》《梁山伯与祝英台》等。

黄梅戏旧时称黄梅调或采茶戏。黄梅戏起源于湖北省黄梅县的采茶歌，传入安徽省安庆地区后，又吸收了当地的民间音乐，结合为一种新的戏曲剧种，当时称为怀腔或怀调，这就是早期的黄梅戏。怀调艺人经过长期的实践、探索，吸收了青阳腔和徽调的音乐、表演和剧目，出演“本戏”，使得黄梅戏一步步走向成熟。黄梅戏载歌载舞，唱腔淳朴委婉，表演朴实细致。黄梅戏至今已有两百多年的历史，代表作有《天仙配》《女驸马》《玉堂春》《牛郎织女》等。

评剧是在河北民间说唱“莲花落”的基础上发展起来的，莲花落艺人组班进入唐山、天津等大中城市，以落子为基本曲调，融入其他剧种和民间说唱的音乐和表演形式，创造了自己的行当唱腔与唱腔板式。《花为媒》《珍珠衫》《占花魁》等广受欢迎的剧目，为评剧的崛起奠定了基础。民国初年，女演员大量涌现，风靡一时。刘翠霞、白玉霜、爱莲君等女演员凭借她们各自的嗓音特点，革新、创作剧目，形成了各自的唱腔流派与演唱风格，促使“评戏”一词正式诞生。评剧以唱功见长，吐字清楚，唱词浅显易懂，形式活泼自由。1950 年以后，《小女婿》《刘巧儿》《秦香莲》等剧目在全国产生很大影响，出现了新凤霞、小白玉霜等著名演员。

粤剧又称“大戏”或者“广东大戏”，是广东省最大的地方戏曲剧种。明清时代，我国许多剧种流传到了广东，这些剧种的声腔与广东音乐、民间曲调相结合，逐渐形成了这个新的剧种。粤剧的戏剧风格既有传统戏剧的风采，又轻快流畅、灵活善变。粤剧用广东方言演唱，形成了自己独特的风格。随着粤语华人的移民及其对粤剧的喜爱和传唱，粤剧传播到世界各地。著名演员有红线女、马师曾等，代表剧目有《搜书院》《关汉卿》等。

受地域和方言的影响，地方戏曲的韵味千姿百态：用河南话演唱的豫剧听起来如滔滔黄河一般波澜起伏，用吴方言的越剧如缓缓西湖碧波一般微起微落……不同地区的审美经验影响了戏曲音乐的风格色彩，使得地方戏曲各呈独特风姿：南昆曲温文尔雅，适合演文人戏；豫剧粗犷激昂，适合演带武腔的戏；秦腔尖厉，起伏跌宕，适合演凄楚的大悲剧；越剧婉约，适合演才子佳人的爱情剧。

在主题上，地方戏曲则基本一致地透射出我国劳动人民坚定不移、不畏艰险的乐观主义精神。同时，地方戏曲由于其本身的成长环境、观众群体，相较于大京剧、昆曲，与普通阶层、通俗文艺贴合得更紧。在地方戏曲里，部分小戏“泥土气息”又更浓重一些，也有一些发展更为成熟的大剧种，如越剧、评剧，经过艺术的提炼也呈现雅俗共赏的面貌。不同种类、不同品格的地方戏曲共同构建了我国戏曲亦雅亦俗、多姿多彩的繁荣局面。

第二讲　人生雅趣：琴棋酒茶

中国人的生活是丰富多彩的。如果说，“琴棋酒茶”是文士的雅趣，那么，“柴米油盐”

则为俗世生活中不可或缺之物。这些留存在人们日常生活中，且具有中华传统文化精神的“雅”与“俗”，至今仍是中国非物质文化遗产的重要成果且得到了实践性延续。琴棋酒茶作为中华文化的重要组成部分，给古代读书人的日常生活抹上了一层浓浓的诗意，古人在赏琴、落子、品酒、啜茶中，体味通达从容、筹谋睿智、情逢知己、幽远淡定的人生雅趣，实现心灵对恬静最美好的向往，获得一份别样的释然。

一、赏琴——以琴养心

说到中国音乐，总要说到琴。古代文人生活雅趣里所说的琴棋酒茶，第一就是琴。琴，又称古琴、七弦琴，是中国最古老的丝弦乐器。几千年来，琴一直受到人们的喜爱，古琴虽古，却至今依然鸣响在书斋、舞台上，因其清、和、淡、雅的音乐品格寄寓了文人凌风傲骨、超凡脱俗的处世心态。如果说以乐治国，侧重在群体和谐的一面，那么琴则具有强烈的个体性，是自我安顿的重要途径。中国文人有“士无故不撤琴瑟”的说法，将琴作为修养心性的工具，抚琴成为文人士大夫生活的生动写照之一（如图 7-3 所示）。一张琴，可以营造一个安顿心灵的空间，荡涤杂虑，达到心灵的平和。

图 7-3　元代朱德润《林下鸣琴图》（现藏于台北“故宫博物院”，画面为江边数棵参天古松，松下围坐三位逸士，一人抚琴，二人静听。江中渔夫垂钓，似为琴声吸引。江面辽阔，空中一行芦雁。对岸峰峦叠翠，亭台楼宇掩映其间。山峦皴笔有如卷云，古松秃枝形似鹰爪。画法取乎郭熙而又自立新意）

中国人弹琴重视审美的环境气氛，与自然的感应。在这气氛中开阔心灵，荡漾性情。南朝宋诗人、画家、音乐家宗炳说：“抚琴动操，欲令众山皆响。”他拿着一把琴，在山涧的清泉旁，轻轻地拨弄，弹着弹着，便忘记了自己的所在，忽然觉得群山都回响着这悠扬的琴声，自己完全融到天地之间。唐代文人刘禹锡则在他的名篇《陋室铭》中为我们勾勒出一幅“可以调素琴、阅金经。无丝竹之乱耳，无案牍之劳形”的淡泊境界，彰显文人高洁的灵魂。唐代诗人王维酷爱琴，他有诗道：“独坐幽篁里，弹琴复长啸。深林人不知，明月来相照。”有月亮的夜晚，独自一个人在竹林中弹琴，月光倾泻，琴声悠扬，琴声穿透幽静的竹林，更衬托这世界的静谧。因此，传统意义上的古琴曲，其实质是一种与大自然的对话与沟通。古琴曲的音乐构成颇似象形文字。弹山则像山，弹水则似水，其一招一式、一顾一盼，无不在模拟自然之趣。这是古琴之所以被文人士大夫们喜爱与尊崇的根本原因。

相关链接

伯牙学琴

三千多年前，有一位音乐家伯牙，随他的老师成连学琴。学了三年，以为自己学到了真本领，但老师说：“这还不够，不如让我的老师来教你吧。”成连将伯牙带到海边，在一棵松树下，他让伯牙等候，他去请老师。伯牙在这里等了很久，不见成连回转，他看着茫茫大海和绵绵无尽的山林，不由得拿起琴来弹，琴声在山海间飞扬，在天地间飞扬。他忽然明白了老师的意思——成连所介绍的这位老师就是大自然。音乐家要通过对大自然的感应来提升自己心灵的境界。

在古代，“琴”不仅作为音乐的象征，而且承载了许多社会伦理道德的内涵。春秋时代，俞伯牙与钟子期以琴为知音，成为君子人格的象征。孔子学过琴，亦有过“以琴喻德”的高论。汉代的大文人兼古琴家蔡邕作的《蔡氏五弄》(《游春》《渌水》《幽居》《坐愁》《秋思》)传唱一时，琴曲中时时泛出人格的光辉。特别是到了魏晋时期，以“竹林七贤”为代表的文人，纵情山水，远离尘世，修养身心，使文人对古琴有了更多的心理依托。古琴在隋朝以前都是比较兴盛的。魏晋时期的阮籍、嵇康，以及稍后的陶渊明与古琴都结下了不解之缘。陶渊明对琴的吟咏非常有代表性，“但得琴中趣，何劳弦上声”，其无弦琴之影响甚远。

中国文人通过琴声来交流心灵。例如：著名的古琴曲《梅花三弄》就取自两位艺术家的故事。有一天，东晋诗人王子猷出远门，舟行河中，忽听人说岸边有桓伊经过。桓伊的笛子举世闻名，子猷非常想听他的笛子。子猷和桓伊并不相识，而桓伊的官位远在子猷之上，但子猷并不顾及这一点，就要家人去请桓伊吹笛。桓伊知道子猷的美名，二话没说，就下了车，为他吹了三段曲子。子猷也不下船，就在水中静静地倾听。吹毕，桓伊便上车而去，子猷的船也就继续前行。二人自始至终没有交谈一句话。但是在这里，有两颗心的沟通。桓伊的笛曲《梅花三弄》就是沟通灵魂的音乐。后来此笛曲被改为琴曲，成为千古名曲，它借物咏怀，通过梅花的洁白、芬芳和耐寒，来歌颂人超越功利的审美情怀，受到人们的喜爱。

相关链接

高山流水遇知音

伯牙随成连学琴有成，为人演奏，但因曲高而和寡。有位叫钟子期的音乐家，有很高的鉴赏水平，伯牙弹一支曲子，表现高山的境界。钟子期听后说道："实在太好了，我从曲子中听出了泰山的巍峨。"伯牙又给他弹一支曲子，这次是表现流水的境界。钟子期听后说："我从这支曲子中听出了浩浩的江河流水。"二人因此成为知音。后来钟子期去世了，伯牙就将琴弦扯断，琴槽摔碎，终生不再弹琴。这个故事表明，"知音"实际上是一种心灵的沟通。中国古代著名的《高山流水》琴曲，就是由这个故事引出的。

二、落子——围棋的智慧

中国人所说的"琴棋书画"，其中的"棋"指的就是围棋。棋者，弈棋也。弈棋，即今之围棋。西晋张华在《博物志》中说："舜以子商均愚，故作围棋以教之。"意思是说，舜觉得儿子商均不甚聪慧，也曾制作围棋教子。可见围棋不仅开发智慧，也纯洁性情。文人的案台上常常备有围棋。客人来了，除了有酒，还有围棋。正所谓"茶香至日夕，围棋自穷年"。

春秋战国时期，围棋已经在社会上广泛流传了，也出现了一些与棋有关的成语，如"举棋不定"，这个成语在当时比喻政治上的优柔寡断，说明围棋活动在当时社会上已经成为人们常见的事物。魏晋南北朝时期玄学兴起，导致文人学士以尚清谈为荣，因而弈风更盛。下围棋也被称为"坐隐""手谈"；至北宋，宋徽宗有言"忘忧清乐在枰棋"，围棋于是又被称为"忘忧"；烂柯传说流传，围棋则多了"烂柯"之名。细品坐隐、手谈、忘忧、烂柯这四个词，正是围棋文化和中国文化精神暗合的地方。

相关链接

烂柯山的棋局

关于围棋，有个流传久远的神话故事。说是晋时有一个樵夫王质，上山伐木见到两童子在一张石桌旁下围棋，便坐下观战，看出了神，忘了打柴的事。一局棋还没下完，童子指着砍柴斧头说："你还不回家呀，你的斧头柄都已经烂了。"王质赶紧下山，回到家中，发现原来的亲人邻居都不在了，村里的人他一个也不认识，只有当年的一口井还在。这就是古人所说的"山中方七日，世上已千年"。浙江衢州有一座"烂柯山"，据说就是王质观童子下棋的地方。后人就将"烂柯"（斧头柄叫柯）当作围棋的别称。今天在围棋界经常有高段的棋手，将“烂柯”两字书于扇面，送给段位低的朋友。

看烂柯的故事，从中得知二童子本为仙人，而中国的隐士高人常常向往化为仙人。对局间，只有棋子纠葛，而无人事纠纷，是故“坐隐”。童子坐弈不语，全凭棋局中黑白相交，是谓“手谈”。世间苦乐全在棋局之外，童子不晓，王质不觉，所以“忘忧”。一局未竟，世易时移，斧柯烂矣，世间千回百转，竟然不如一局棋的时间长，故言“烂柯”。

图 7-4　明代仇英绘《汉宫春晓图》人物长卷画局部“对弈”，左边对弈女子翘左腿执子，落子无悔，好不惬意（现藏于台北“故宫博物院”）

在中国，围棋被用来作为心灵交流的工具。下棋人通过一粒粒棋子，作无声的交谈。“手谈”这个称呼来自东晋佛学大师支道林。当时人们热衷于清谈高深的宇宙人生道理，而支道林用“手谈”形容他所喜欢的围棋。他认为，下围棋也是一种交谈，交流关乎人生的大道理。一般而言，围棋对弈双方也是互相欣赏的人，棋逢对手，才能真正激发自己的智慧。围棋双方一递一着的落子，与其说是在竞争，倒不如说是在共同创造一局“好棋”，最终共同生存，达到心灵愉悦（如图 7-4 所示）。

围棋可以抚慰人的心灵。世事纷扰，人心难以安宁，围棋将人们引入一个新世界。在这里，一切人世的纷争，种种的烦恼，都忘得干干净净，只有两个对弈的人，只有眼前一盘棋。北宋黄庭坚有诗说：“世上滔滔声利间，独凭棋局老青山。心游万里不知远，身与一山相对闲。”下棋人暂时将自己的心灵与世事烦恼隔离开来。松下闲坐，石上围棋，花间酌酒，为人生快事。前人有词说：“摊书昼卧黄梅雨，围棋坐隐落花风。”在围棋中，隐入自己的世界里，这里落花缤纷，香气缭绕，让人身心陶醉。棋就像琴、书、画一样，都是人心灵的抚慰品。

下围棋还有落子的智慧。棋手们给围棋一个很美的称呼，叫作“乌鹭”——黑子像乌鸦，白子像鸥鹭，下棋就像鸟儿纷纷落在江畔。这个称呼告诉人们，小小的棋局，是个诗意的天地。围棋子一黑一白，没有任何文字，黑白是宇宙中最基本的色彩；围棋盘横竖各十几道线，像地球上的经纬线，都很朴素简单。围棋尽管变化最复杂，但是规则反而最简单。把棋子放在交叉点上，四个子围一个子，就可以下起来了，比赛中裁判也不用解决什么技术纠纷。围棋又最能体现自由和平等，其他棋类项目的棋子都有大小之分，围棋的每个子都是平等的，只有放下去时才“一子千钧”。

棋中注入了中国人的人生智慧，人们用棋子来说人生。围棋对中国人的竞争哲学有出神入化的体现，在一定程度上可以说，它是对中国竞争胜败思想的概括：第一，围棋中的胜利者，不一定是消灭对方，不一定是剥夺对方的生存权，而是平等竞赛，多得为胜；第二，围棋的胜利不是零和游戏，而是在竞争中营造共同生存的格局。围棋的重要特点之一就是一般不通过吃子来争取胜利，这与中国象棋和国际象棋有很大的不同，后二者的主要目标是通过消灭护卫，最终置对方主帅于死地，赢得“彻底”，寻求赶尽杀绝。

围棋中有一句著名的话，叫作“争棋无名局”。它表现的也是中国哲学的一种核心思想。哲学家庄子批评逻辑学家惠子只会辩论，他说：“无胜。”真正的智慧不是辩出来的，好争必无真胜。围棋追求的最高境界是和谐，在围棋中，真正的竞赛是对输赢的超越。北宋诗人苏轼也是一位围棋高手，他谈下围棋的感受时说：“胜固欣然，败亦可喜。”

三、品酒——把酒言欢

中国是世界上最早酿酒的国家之一，也是世界三大酒系的发源地之一。中国的酒很早就已经摆脱了单纯的食用价值，而是凝结了人类物质生产与精神创作，上升为一种饮食文化——酒文化。对于中国人来说，酒不仅是身体之需，还是一种心灵之需。中国人用饮酒来表现一种生活态度和人生情调，在酣然沉醉的境界中体验世界的妙趣，用酒来安慰自己的灵魂。正如陶渊明所说：“酒中有深味。”

第一，酒与中国的礼仪文化有着千丝万缕的联系。“酒以成礼”说的就是这个意思。几千年前，酒自诞生的那一刻起，就身负重任，这个重任就是神的贡品，也就是祭祀所用的祭物之一。传统中国是个农业社会，酒是对在土地上辛勤耕种的人们的馈赠。人们利用收获的稻谷、高粱等酿成美酒，用醇浓的美酒装点生活。《诗经》中就描写了三千年前人们借酒来敬老安民的内容。在一篇表现农民生活的著名诗篇《七月》中，农民经过漫长的辛苦劳作，有了好收成，“八月剥枣，十月获稻。为此春酒，以介眉寿”，用刚刚收获上来的稻谷，酿造成好酒，以这样的好酒给长辈们祝寿。中华民族很早就有用酒祭祀的习俗，在丧葬时或重要的节俗里，如祭灶，都要祭祀祖先，以表达对死者的思念和敬仰。总之，祭必用酒，饮酒必祭，是我国历代相袭的礼则。

另外，酒是液体，必有载体，这个载体就是酒器。中国古代的酒器是中国传统酒文化的重要载体，不仅记录了中国古代酒文化发展的历史轨迹，而且最直接地表现了传统酒文化的精神气质。古人云：“非酒器无以饮酒，饮酒之器大小有度。”从成语“觥筹交错”“曲水流觞”，到李白的“会须一饮三百杯”，苏轼的“一樽还酹江月”，李清照的“三杯两盏淡酒，怎敌他，晚来风急”中，也提到了觥、觞、樽、杯、盏等饮酒器具。

相关链接

中国古代酒器

酒器，指用于盛酒、温酒、饮酒的各类器具的总称。令人眼花缭乱的中国古代酒器按其用途可分为三大类：

第一类是盛酒器，如尊、彝、瓿、卣、皿等。

第二类是温酒器，如用于冰镇酒的冰鉴。

第三类是饮酒器，如爵、斝、角、觚、盏等。

目前出土的酒器里最为大家熟知的就是商晚期的“四羊方尊”（如图 7-5 所示）。羊在古代寓意吉祥，四羊方尊以四羊、四龙相对的造型展示了酒礼器中的至尊气象。四羊方尊是中国现存商代青铜方尊中最大的一件，整个器物用块范法浇铸，一气呵成，巧夺天工，显示了高超的铸造水平。四羊方尊集线雕、浮雕、圆雕于一器，把平面纹饰与立体雕塑融会贯通，把器皿和动物形状结合起来，恰到好处，铸造工艺异常高超。

图 7-5 “四羊方尊”（现藏于中国国家博物馆），商代晚期青铜礼器，祭祀用品，被史学界称为“臻于极致的青铜典范”，位列十大传世国宝之一

第二，酒和中国古人的日常生活有密切的关系。中国人常说：“无酒不欢。”酒在每个人的一生中都或多或少地占据一席之地。酒从诞生开始，就几乎渗透到了社会生活中的各个角落。“桑柘影斜春社散，家家扶得醉人归”是节日聚饮的情景；“劝君更尽一杯酒，西出阳关无故人”是亲友送别的情景；“醉卧沙场君莫笑，古来征战几人回”是边塞生活的情景；“今宵酒醒何处？杨柳岸，晓风残月”是羁旅生活的情景。酒成了构筑中国古人生活情景的重要因素。

中国人结婚嫁娶的喜宴上，酒自是必不可少。举行婚礼要喝“喜酒”；在婚礼上，新郎新娘要向父母和来宾敬酒，双方还要喝“交杯酒”。中国人一年中的几个重大节日，都有饮酒的习俗，如除夕夜要喝“年酒”；农历五月初五端午节要喝雄黄酒；农历八月十五中秋节饮酒赏月，喝的是桂花酒；农历九月初九重阳节登高饮酒，喝的是菊花酒。

酒作为中国饮食文化的重要部分，席间喝酒的规矩也是少不得的。如长辈命晚辈饮酒，晚辈才可举杯；长辈酒杯中的酒尚未饮完，晚辈不能先饮尽。在酒宴上，主人要向客人敬酒（叫“酬”），客人要回敬主人（叫“酢”），敬酒时还要说上几句敬酒词。客人之间相互也可敬酒（叫“旅酬”），有时还要依次向人敬酒（叫“行酒”）。敬酒时，敬酒的人和被敬酒的人都要起立。普通敬酒以三杯为度。另外，喝酒还得注重讲究酒德。“酒德”两字最早见于《尚书》和《诗经》，其含义是说饮酒者要有德行。《尚书·酒诰》中集中阐述了儒家所倡导的酒德，如“执群饮”（禁止聚众饮酒）、“禁沉湎”（禁止饮酒过度）等。

酒令也是一种至今还在流行的席间喝酒娱乐的民俗形式。喝酒行酒令，用以增浓喝酒的气氛。酒令有俗令和雅令两种。猜拳就是俗令，唐诗中有“城头击鼓传花枝，席上搏拳握松子”，说的就是酒席猜拳之事，说明当时就流行猜拳了；雅令有多种形式，有作诗的，有对对联的，有猜字谜的，通过这些文雅的游戏来佐酒取乐，酒令于是成了中国人智慧游戏的一种形式。对于人生而言，正是无酒不欢，把酒言欢。

第三，酒成为中国文学家、艺术家获得艺术创造力的重要手段。中国的艺术作品中经常有酒的影子，因为中国的艺术家们离不开酒，酒推动他们的艺术生命走向高潮。

酒醉而成传世诗作，这样的例子在中国诗史中俯拾皆是。杜甫的名句“李白斗酒诗百篇”（杜甫《饮中八仙歌》）说的是：酒后的李白，情思飘逸，意绪飞扬，酒给了他巨大的创造力。其实杜甫自己也好酒，曾发出过“醉里从为客，诗成觉有神”（杜甫《独酌成诗》）这样的豪语。与酒有关的名句还有“俯仰各有态，得酒诗自成”（苏轼《和陶饮酒二十首（其一）》）、“一杯未尽诗已成，涌诗向天天亦惊”（杨万里《重九后二日同徐克章登万花川谷月下传觞》）等。

图 7-6　明代尤求《饮中八仙图卷》（局部，现藏于厦门市博物馆），这八位文人分别是李白、贺知章、张旭、李琎、李适之、崔宗之、苏晋和焦遂。此八人才华横溢，有好喝酒，所以也称“醉八仙”

在绘画和书法中，酒神的精灵更是活泼万端（如图 7-6 所示）。“吴带当风”的画圣吴道子，作画前必酣饮大醉方可动笔，醉后为画，挥毫立就。“元四家”中的黄公望也是“酒不醉，不能画”。“书圣”王羲之醉时挥毫而作《兰亭集序》。《新唐书》说“草圣”张旭“每大醉，呼叫狂走，乃下笔，或以头濡墨而书”。唐代书法家、僧人怀素和张旭齐名，被后人誉为“颠张醉素”。李白写醉僧怀素：“吾师醉后倚绳床，须臾扫尽数千张。飘风骤雨惊飒飒，落花飞雪何茫茫。”（《草书歌行》）怀素酒醉泼墨，方留下神鬼皆惊的《自叙帖》。

戏曲舞台上，吃饭的器皿不是饭碗、菜盘，而是用酒壶、酒杯来代替。请客吃饭，不说请用饭，而是说“酒宴摆下”。不管多么隆重盛大的场面，如《鸿门宴》，在舞台上表示丰盛筵席的道具，也只有几个酒壶和酒杯。

酒本身就是一种艺术，同时它又催生出了很多其他中国艺术。由此可见，酒对中国艺术的贡献不可谓不大。

四、啜茶——壶内乾坤

茶的历史非常悠久，春秋战国时期就有了茶叶，并渐渐形成了中国独有的茶文化。在中国，茶被誉为“国饮”。茶通六艺，是中国传统文化艺术的载体。茶被人们视为生活的享受、健康的良药、提神的饮料、友谊的纽带、文明的象征。中国人为什么爱茶？这是因为喝茶有益，喝茶有道，喝茶有礼。

（一）喝茶有益

茶叶由药用发展成为饮料，是随着人类社会的进步演变而成的。古书上曾对茶叶的功用有过各种记载。唐代《本草拾遗》上就有："诸药为各病之药，茶为万病之药。"明代《茶谱》中也记载着："人饮真茶，能止渴、消食、除痰、少睡、利尿、明目、益思、除烦、去腻，人固不可一日无茶。"

中国的茶人历来认为，茶是南方之嘉木，是大自然恩赐的"珍木灵芽"。在种茶、采茶、制茶时，必须顺应天地自然的规律，才能得到好茶。通过烹茶、品茶，使自己的精神返璞归真，心性得到完全解放，使自己的心境清静、恬淡，使自己的心灵随茶香弥漫，仿佛与天地宇宙融合，升华到"无我的境界"。这恰好不知不觉地暗合了中国古代"天人合一"的哲学思想，树立了茶道的灵魂。中国人以茶来表达敬意，以茶来净化心灵，以茶来体会生命的意义。因此，中国茶道特别注重"茶之功"，即注重茶的保健养生以及怡情养性的功能。

喝茶人讲究一个"清"字。旧时茶馆有对联说："身健却缘餐饭少，诗清都为饮茶多。"茶是清洁心灵之物，越是清洁的地方，茶的品质越高，所以好茶来自高山。高山之中，云雾蒸腾，清气舒卷，酝酿成透明的叶片。喝茶人一杯清茶，汤色清澈，清香馥郁，可以致清导和。老子说："清净为天下正。"茶所具有的这一特点，与中国哲学思想正相合。

（二）喝茶有道

中国人将饮茶当作一门艺术，里面的学问很大，茶味虽淡，意味却浓。饮茶是一种文化，茶艺的背景是衬托主题思想的重要手段，它渲染茶性清纯、幽雅、质朴的气质，增强艺术感染力。茶道——饮茶文化精神的仪式化过程，重在氛围与体验。实现这种氛围与体验需要一些基本条件以及恰当的组合，这就是中国茶道所追求的"五境之美"——看水、看茶、看茶具、看火候、看环境。

相关链接

"五境之美"

第一，看水。活水即流水最佳。"茶圣"陆羽说，茶中山水为上、江水为中、井水为下。

第二，看茶。茶叶的种类很多，但均以新为贵。如绿茶以春茶为佳，明前茶（清明之前采摘）、雨前茶（谷雨之前采摘）最受宠爱。

第三，看茶具。中国人对茶具很讲究，瓷器茶具非常普遍，陶具则往往成为饮茶人的至爱（如图 7-7 所示）。

第四，看火候。忌过开的水，势太旺，会败掉茶香。忌水煮数开，被称为“老水”，老水泡茶便无味。

第五，看环境。茶道讲究品茗佳境，符合古代文人追求的清寂与清心的生活。

图 7-7 紫砂壶泡茶的好处，以及壶型制作的匠心和茶禅一味的文化，增加了紫砂高贵不俗的雅韵

除了“五境之美”，中国古人泡茶的过程也是非常讲究的。最具茶道神韵的就是闽台、广东各地的饮茶方式，他们称之为“泡工夫茶”。这种工夫茶形成了融精神、礼仪、沏泡、巡茶和品茶为一体的独具特色的茶道艺术。这种既有古老风韵又有现代意识的休闲方式，已传播和推广到我国和华人世界的各个角落。

这种泡茶的程序比较简单，即“烫罐入茶，高冲低斟，关公巡城，韩信点兵”。“烫罐入茶”是先用开水将茶壶茶杯烫洗一下，再将茶叶装进茶壶中。这实际上有两个作用，其一是用开水为茶具消毒；其二是用烫热的茶壶泡茶，再冲进去的开水的热度就不会让冰凉的壶壁将其温度减弱，而可以直接作用于茶叶，使茶叶的味道很快泡出来。泡出的第一道茶水是不喝的，通常是开水冲进茶壶马上倒出来，这样能把茶叶涮一涮，洗干净。“高冲低斟”的“高冲”是指从高处冲水，水的冲力大，可以搅动壶内的茶叶，茶叶的性味才能逐渐散发出来；“低斟”则是指斟茶时，茶壶放低，最好就在茶杯的口沿上运动，以免茶水和香气过多逸出。接着是“行茶”，又称“关公巡城”，以盛有精茶的小壶巡回穿梭于杯盏之间，直到每个杯盏斟至七分满，而茶水恰好大体用完。“韩信点兵”就是将壶中余茶一点一抬头地点入各杯盏中，含有主客相聚、巡回圆满之意。

（三）喝茶有礼

除了冲泡的程序，喝茶的礼仪也是很重要的。如上述工夫茶在饮用时，主人双手捧茶盏依长幼次第奉于客前；饮者不能一饮落肚，而要让茶水巡舌而转，充分体味茶香后再将茶咽下，然后闻茶香，还要向主人“亮杯底”，表示真诚领受主人厚谊和对主人高超技艺的赞美。

喝茶人是讲究一个“敬”字的，中国民间有敬茶的习俗。客人来了，无论是渴还是不渴，都要泡上一杯茶，表达一份敬心。一杯香茗暂留客，喝着这盏茶，神清气爽。文人们以“寒夜客来茶当酒”为胜境，有的地方还流行迎客、留客、祝福三道茶的习俗。在敬茶中，既体现出中国人好客的传统，也体现出待客敬心的精神。

中国民间有很多礼俗与茶有关，婚俗中就有不少。例如：茶树是种下种子而长成的，不能移栽，由此象征婚姻的忠贞不渝，所以结婚时要种茶树，比喻今后双方不变心；订婚礼又被称为“茶礼”，南北都有这样的风俗，至今仍在不少地方流行；女子受聘称“吃茶”，订婚、结婚被称为“受茶”，订婚的定金被称为“茶金”等。

相关链接

红楼梦里的“吃茶”

《红楼梦》第二十五回写凤姐送了两瓶暹罗国进贡的茶叶给黛玉，黛玉喝了觉得好，凤姐道：“我那里还多着呢。”黛玉道：“我叫丫头取去。”凤姐道：“不用，我打发人送来。我明日还有一事求你，一同叫人送来罢。”黛玉听了，笑道：“你们听听，才吃了他们家一点子茶叶，就使唤起人来了。”凤姐笑道：“你既吃了我们家的茶，怎么还不给我们家作媳妇儿？”众人都大笑起来。黛玉涨红了脸，回过头去，一声儿不言语。这就是一个很有情趣的生活场景，营造出很浓的审美氛围。

第三讲　四时节令：天文和民俗结合的二十四节气

四时节令是指与天时、物候的周期性相适应，在人们的社会生活中约定俗成的具有某种风俗活动内容的特定时日。由此，二十四节气成了中国人的时间体系，它以自然时序提示着、服务着我们的生活，带来传统文化的温暖和智慧。围绕节气形成的活动形式、饮食习俗丰富多彩，令人难忘。

一、斗转星移定节气

古代咏清明的诗很多，以晚唐杜牧的“清明时节雨纷纷，路上行人欲断魂。借问酒家何处有？牧童遥指杏花村”流传最广，几乎尽人皆知。那么，清明到底是怎么回事？从天文历法的角度来说，清明是二十四节气之一，二十四节气则是中国古代历法的重要组成部分，和农业生产关系很大。中国远古时代是通过观象授时来指导生产的。古人根据指导农耕生产的时间体系建立了历法之后，并未放弃对于天象物候的观察，而是继续以天象物候来检验历法，充实历法的内容，让历法更好地配合天象和自然季节。通过观星台，古人在正午测日影，夏天日影最短，冬天日影最长，便将最长（冬至）与最短（夏至）之间，分为二十四等份。每一个等份为一个节气，始于立春，终于大寒，周而复处。由此，二十四节气在斗转星移的基础上产生了。人们又根据地面上相应的物候和气象变化情况，为二十四节气定出适当的名称，以此来反映四季、气温、降雨、物候等方面的变化。

二十四节气基本概括了一年中四季交替的准确时间以及大自然中一些现象发生的规律。一年四季由“四立”开始，“立”即开始的意思，有立春、立夏、立秋、立冬。四季在一年中交替出现，“四立”标示着四季轮换，反映了物候等多方面变化，如春生、夏长、秋收、冬藏，以及日照、降雨、气温等的变化规律。为了便于记忆，人们又将二十四节气编成一段歌诀：春（立春）雨（雨水）惊（惊蛰）春（春分）清（清明）谷（谷雨）天，夏（立夏）满（小满）芒（芒种）夏（夏至）暑相连（小暑、大暑），秋（立秋）处（处暑）露（白露）秋（秋分）寒（寒露）霜降（霜降），冬（立冬）雪（小雪）雪（大雪）冬（冬至）小大寒（小寒、大寒）。这样一来，就可把一年中这二十四个节气，依次顺利地记叙下来，对于记忆和推算节气与节气之间的季节交替，有极便利的作用。

相关链接

二十四节气名称与顺序

正月	立春、雨水	二月	惊蛰、春分
三月	清明、谷雨	四月	立夏、小满
五月	芒种、夏至	六月	小暑、大暑
七月	立秋、处暑	八月	白露、秋分
九月	寒露、霜降	十月	立冬、小雪
十一月	大雪、冬至	十二月	小寒、大寒

二十四节气系统是逐步完备起来的。在二十四节气中，首先是二分和二至，因为古人使用圭表测量日影，就能相当准确地规定这四气：春分、夏至、秋分、冬至。战国末年，《吕氏春秋》中出现了立春、日夜分（即春分）、立夏、日长至（即夏至）、立秋、日夜分（即秋分）、立冬、日短至（即冬至）8个节气。到了西汉初年，《淮南子》中就出现了和后世完全相同的二十四节气的名称了，而且顺序也和后世一致。由以上的介绍可以知道：二十四节气是地球绕太阳运行一周时所经过的24个不同位置，各个位置上承受的阳光不同（当然还有其他一些因素），造成了地球上万物生长、气候变化的二十四个不同阶段。清明时节，万物生长，百花竞放，气候温和，雨水充沛，是一年中最美好的时节，因此，古人如此重视清明，也就可以理解了。

二、四时节令知日月

二十四节气从秦汉时期至今已沿用了2000多年。二十四节气科学地揭示了天文气象变化的规律，它将天文、农事、物候和民俗实现了巧妙的结合，衍生了大量与之相关的岁时节令文化，成为中华民族传统文化的重要组成部分。为了更准确地表述时序特点，古人将节气分为“分”“至”“启”“闭”四组。“分”即春分和秋分；“至”即夏至和冬至；“启”是立春和立夏，“闭”则是立秋和立冬。立春、立夏、立秋、立冬，合称“四立”。“四立”与“二分二至”加起来共为“八节”，民间称为“四时八节”。

根据二十四节气的规律，我国劳动人民创造了丰富的农事谚语，如“立春天渐暖，雨水送肥忙”“春种一粒粟，秋收万担粮”“到了惊蛰节，锄头不停歇”“谷雨前后，种瓜点豆”“清明秫秫谷雨花”等。夏季养生也有很多谚语，如“春夏养阳，秋冬养阴”“热天半块瓜，药物不用抓”“冬吃萝卜夏吃姜，不用先生开药方”等。秋季则是“立了秋，利利落落往家收”“立了秋，哪里下雨哪里收”“白露早，寒露退，秋分种麦正当时”等。冬季应着手冬藏，如“小雪拔白菜，大雪拔萝卜”。农民借助于节气，春耕、夏耘、秋收、冬藏，将一年定格到耕种、施肥、灌溉、收割等农作物生长收藏的循环体系中，将时间和生产、生活定格到人与天道相应乃至合一的状态。二十四节气是我国人民尊重自然、顺应自然的鲜明体现。得益于这种智慧的指引，中华民族创造了举世公认的传统农业辉煌。

节气的美是太阳赐予的。一个一个的节气仿佛是“太阳的脚步”，我们每个人都能够从寒来暑往、物候变化中感知。几千年来，古人注意到了草木荣枯、候鸟去来等自然现象与气候之间的联系，并据以安排自己的农事活动（如图 7-8 所示）。在农民看来，鸟语花香、秋山红叶都是大自然的语言。杏花开了，就好像大自然在传语他们赶快耕地；桃花开了，又好像在暗示他们赶快种谷子。春末夏初，布谷鸟开始唱歌，农民却懂得它在唱什么——它在声声地啼叫着“阿公阿婆，割麦插禾”。这一类的自然现象，中国古代的劳动人民称之为物候。“物”主要是指生物（动物和植物），“候”就是中国古代人民所称的气和候。于是，在百姓心目中，“惊蛰”是一声春雷惊醒了泥土中深睡的小虫，百草顶开了泥土；“小满”是麦田的疯长，每一株麦子的麦粒都饱满起来，在阳光下都是向上生长的力量。

图 7-8　宋代李安忠《竹鸠图》（现藏于台北“故宫博物院”）。鸠，百劳也，亦称伯劳。五月开始鸣叫。此图正是说的芒种“二候，鵙始鸣”

许多节令伴有丰富多彩的民俗活动。很多地方的百姓会按照“小雪腌菜，大雪腌肉”来准备生活物资，还有“清明吃鸡蛋，踏青扫墓”“冬至饺子夏至面”“大暑吃凤梨”“白露不露身”等。这些民俗如今依旧流行，有的地方仍把节气当作节日一样度过，例如：立夏称人、吃蛋、吃乌米饭都是江南保存至今的习俗；在北方过冬至，大家会吃饺子，寓意“抵御寒冷，保住耳朵”；在南方过冬至，人们会吃赤豆糯米饭，寓意“亲朋好友其乐融融”。在这样的民俗事项中，传统文化得到了继承、传播和弘扬，民族文化的认同感得到了增强。

三、节气流转中的生活味道

作为人类非物质文化遗产，二十四节气凝结着中华优秀传统文化与先民的广博智慧，彰显着中国人的精神气质与民俗风尚。传承和保护这一重要文化遗产，为我国当代文化的创新与世界文明的发展提供了动力。

尽管随着我国城市化进程的加快和现代农业技术的发展，二十四节气对于农事的指导功能逐渐减弱，但在当代中国人的生活中依然具有多方面的文化意义和社会功能，鲜明地体现了中国人尊重自然、顺应自然规律和可持续发展的理念，彰显了中国人对宇宙和自然界认知的独特性及其实践活动的丰富性。虽然其深植于农耕文明，但在时代变迁中，仍不断被传承弘扬，焕发着温润的光彩。

虽然跨越千山、地域相异，但节令文化始终以不同的民俗为载体，不断传承发展。例如：立春时节，广州地区击鼓驱疫，祈求平安；潮汕民间还有吃春饼、春卷一俗；浙江地区会“鞭春牛”，即用泥塑一牛，村里推选位老者，用鞭子象征性地打春牛三下，人们依次向春牛叩头，拜毕，人们一拥而上抢春牛泥土回家，撒在牛栏内；河北民间习惯吃萝卜、姜、葱、面饼，称为“咬春”。

节令文化关联着人间亲情。当下，我们很多人都选择离开家乡，求学、成家、工作，而对家乡的思念，往往来自家乡食物的味道。很多食物又和节气有着密切的关联，例如：每逢清明，江南一带都会盛行做一种叫作“艾草青团”或“艾草粑粑”的食物。此时，离乡的游子若能买来吃一口，吃的既是清明的时令佳肴，更是割不断的乡愁。

年轻人正以现代方式传承节令文化。例如：对二十四节气做气象科普；清明时节着汉服出游踏青，了解传统服饰的形制、纹样背后蕴含的丰富的文化内涵等。人们在运动健身、品尝美食中咂摸生活的味道，在现代与传统的碰撞中，体验中华民族四时节令的乐趣与美好。

二十四节气是见人、见物、见生活的一种时间载体，是中国人看世界、看人生的智慧浓缩。从历史上看，二十四节气早就跨出国门，走向世界，影响朝鲜半岛、日本、东南亚。那里的人民依然在传承、弘扬着二十四节气及其附着的文化，充分表明了它的文化价值。今天的中国，正日益向世界舞台中央迈进，中华文化以全新姿态展露于世界面前，也仍然浸润着百姓的生活，并滋养着我们的精神。

第四讲　衣冠上国：中国传统服饰的礼仪及象征

服饰是文化构成的一个缩影，是人类文明和审美思想的指向标，反映着中华民族在不同历史时期的社会风貌、思想文化和传统理念。《春秋左传正义》中说：“夏，大也。中国有礼仪之大，故称夏；有服章之美，谓之华。”中国又称“华夏”，其根源在此。服章，就是服饰，服饰和礼仪加在一起就是中国。服饰作为一个民族演进和发展的重要载体之一，是“衣冠上国”“礼仪之邦”“锦绣中华”的体现。它既是劳动人民智慧的体现，也是人类物质文明和精神文明的一面镜子，承载着一个历史时期的文化心态、思想观念、礼制审美和生活习俗等。

一、千年衣裳

中国古代服饰有着悠久的历史，并且在发展中逐步形成了自己的文化——中国服饰文化，其从宏观的服饰文化观念到着装配饰与妆容的搭配法则，都深受几千年礼乐文化的影响。同时，儒家、道家等思想意识始终贯穿中国服饰的发展史，它们是中国服饰发展的灵魂。

中国服饰是礼的一种表现。孔子在《论语·尧日》中说“君子正其衣冠”，即衣冠整齐、得体本身就是君子的最基本礼仪，是君子社会身份和品位的象征。在孔子的思想中，服饰是礼的一种具体体现，是君子才与德的体现。其突出例子就是冠冕制度。冠冕就是礼帽，只有至高无上的王才能佩戴，但为了抑制王的骄矜之气，冕的前后各有 12 根贯穿着玉珠的冕旒，旒的作用在于蔽明，表示王要不视非、不视邪。再说冕服，周朝王的冕服有六种，称为六冕制，即在祭天、会宾、大婚等不同场合下分别需要穿不同的冕服，有大裘冕、衮冕、鷩冕、毳冕、絺冕和玄冕六种。其他诸如公、侯、伯、子、男等，其所能穿的冕服依次减少，充分反映了古代的等级与礼制。

最具礼制特点的还有服饰中的龙凤图案。龙凤一直是古代中国皇权的专用纹样，象征着权力。另外，其表达的“龙凤呈祥、龙飞凤舞、云龙风虎”等都寓意美好的事物，成为百年来根深蒂固于人们思想中的传统理念。

服饰布料也有等级与礼制的表现。古代奴仆穿的都是褐、布衣，粗糙的麻褐、毛编织品和细致一些的布，是平民百姓的衣着布料。《诗经·七月》中的“无衣无褐，何以卒岁”，描述的就是社会最底层的劳动者的常服。达官贵人的服饰布料则多是绫罗绸缎、丝帛锦绢。

传统服饰样式的适中也是中庸礼仪之道，即讲求一种包藏却又随身的含蓄美。以汉代女子服饰为例，汉代女服以曲裾深衣为尚。深衣的衣身曳地，行不露足；衣袖有宽窄之分并多有镶边；衣领可以露出三层衣领，也称为“三重衣”。全身尽显层次感和含蓄之美。再如：旧时女子出嫁时以示荣耀的“凤冠霞帔”（如图 7-9 所示），宋代才开始将其纳入礼服制度。皇后凤冠上有“九龙四凤”，四周有花朵装饰，公主、皇妃以及命妇按品级不同装饰其凤冠。霞帔也称披帛，以一幅丝帛绕过肩背交于胸前，因其艳丽如霞故得此名。宋代霞帔在肩部为左右两条，按命妇的品级来定霞帔是鸟兽绣纹还是龙凤绣纹。

图 7-9　宋代仁宗皇后画像中的大衫霞帔和凤冠

中国服饰文化发展还体现兼收并蓄的特点。从汉武帝时期张骞出使西域开辟丝绸之路，到唐朝鉴真和尚东渡日本，再到明朝郑和下西洋和近代公派留学生赴国外留学，每一次的对外交流，中国服饰文化也远播海外，至今仍得以保存。

以唐朝为例。唐朝国家统一，社会稳定，经济发展，民族交往频繁，中外文化交流融会，从而使精神和物质的双重产物——服饰，无论是统治阶级制定的服制——品色服，还是民间流行的服饰——胡服，都呈现兼容并蓄、绚丽清新的特色。唐朝着胡服为一大特色。战国赵武灵王推广胡服骑射，仅限于军服，而唐朝从王公贵族至市井小民都纷纷效仿长安城外来人士的胡服。《新唐书·五行志》中记载："天宝初，贵族及士民好为胡服胡帽，妇人则簪步摇钗，衿袖窄小。"由此可见，穿胡服在当时已成为一种潮流。从唐代的陶俑可以看出，胡服的形式通常为锦绣浑脱帽搭配翻领窄袖袍、条纹小口裤，脚蹬透空软棉靴。

唐代的服饰中，展现人体美的袒露之风盛行。唐朝女装领子富于变化，有圆领、方领、斜领、直领等，最具特色的则是袒露胸部的袒领。如周昉的《簪花仕女图》（如图 7-10 所示）以及"粉胸半掩疑暗雪"这样的题咏。如此开放的社会风尚，是丝绸之路开通以来异族文化不断渗透与各族文明交融、交汇的结果。女着男装也是唐代流行时尚。《礼记》中有"男女不通衣裳"的规定，然而在唐朝，女着男装一度风靡，从民间妇女，到宫内贵妇，可见当时社会风尚以及思想的开放程度。女着男装的服装审美意识是受外来民族、游牧民族粗犷英武的着装风格影响的具体表现。

图 7-10 《簪花仕女图》（局部）是目前全世界范围内唯一认定的唐代仕女画传世孤本。现藏于辽宁省博物馆。从图中可以看出，露胸披纱在当时比较盛行

朝代更迭推动服饰变革。古往今来，每当有新政权诞生，统治者便会开始统一本朝服饰制度，成为新政权更加稳固的手段和途径之一。以清朝为例，清朝是我国服饰史上变化最大的一个时代。清朝的服饰制度繁缛而庞杂，将中国服饰制度的等级性发展到了登峰造极的地步。清朝服饰在前朝的基础上也做了很多改良，如"箭衣"。"箭衣"即清朝官宦所着的开衩之袍，袖口为箭袖，也称马蹄袖，其用意在于保存满族服饰形式就好比永保江山一般，可见服饰制度在统治阶级心中的重要性。清朝废弃服饰传统样式，以满族紧身窄袖的长袍马褂取代宽衣大袖，是满族服饰改革的成功典范。

清朝的官帽与前朝截然不同，自皇帝至朝臣朝冠的形式大抵相同，用来区分官阶等级的标志则是顶珠和花翎，即我们常听到的"顶戴花翎"。凡军士、差役以上军政人员都戴似斗笠而小的纬帽，按冬夏季节有暖帽、凉帽之分，还视品级高低安上不同颜色、质料的"顶子"，帽后拖一束孔雀翎。翎称花翎，高级的朝上有"眼"（羽毛上的圆斑），并有单眼、

双眼、三眼之别，眼多者为贵，只有亲王或功勋卓著的大臣才被赏戴。皇帝有时还赏穿黄马褂，以示特别恩宠。影响所及，其他颜色的马褂遂在官员士绅中逐渐流行，成为一般的礼服。

图 7-11　已故现代著名油画家陈逸飞《浔阳遗韵》中的旗袍

旗袍是中华民族最经典的传统服饰之一，至今仍然受到许多人的喜爱，它是中国服饰文化的一块瑰宝，是自然美与含蓄美的统一（如图 7-11 所示）。“旗袍”意为“旗人之袍”，经历了历史的锤炼，通过不断的改良与变革，才演变成现代旗袍的模样。辛亥革命以后，旗袍开始走进寻常百姓的生活。旗袍的美，含蓄细腻，活泼又不流于张狂，优雅大方而合于自然天性，充分考虑东方女子身材的特点，凸显女性的魅力。同时，旗袍又利用中国服装面料多样化的特点，注意色彩和款式的变化，传承至今的传统服饰则更显气质与内涵。旗袍的流行，一改世人对中国服装单调保守的印象。这种具有东方神韵的服装样式，像一缕清风，吹到了世界的很多角落。一直到今天，旗袍仍然受到国际社会的赞誉。

二、衣从万物

中国服饰的最大特点就是多元多彩。幅员辽阔，民族众多，自然环境与生活方式、民族意识观念与信仰等种种因素决定了中国古代服饰文化绚烂多彩、各具特色的大格局。

不同的自然环境和生产生活方式，决定了多彩的民族服饰的产生。跟汉服一样，历经时代变迁，民族服饰也在不断丰富和完善。例如：蒙古族的服饰便是蒙古袍，因长期生活在塞北草原，加之以游牧为主，蒙古族的服饰具有御寒性和便于骑乘的特征，长袍、坎肩、皮帽、皮靴是蒙古族服饰最常见的形式，蒙古族人民不论男女都爱穿长袍，男子腰间多挂刀、火镰、鼻烟壶等饰物。南方湿热的气候决定了南方少数民族服饰以短窄款为主，衣服形制多为短衣和裙类。少数民族地区适宜种植棉麻，大多是自织麻布和土布作为服饰的主要材质。以苗族服饰为例，苗族的衣服又叫苗服。由童装、男装、女装构成，其中女装又分为便装和盛装，并因地区差别有百余种款式，其中以对襟上衣、百褶裤、长裤为主。银饰、苗绣（如图 7-12 所示）、蜡染是苗族服饰的主要特色，制作工艺使服饰图案花团锦簇、溢彩流光。

图 7-12　“蝴蝶妈妈”是苗族神话传说里苗族人共同的祖先，是苗服刺绣的重要主题

斑斓与纹饰是中国传统服饰重要内容之一。自然色彩是中国传统服饰色彩文化的最初形态，日月星辰、火种、植物、矿石等都是原始人类提取服饰色彩的源泉。考古发现，红色是中国人乃至全人类最早使用的颜色，因为这种由赤铁矿研磨而成的颜料是当时最容易获取的原料之一。可能也出于这个原因，中国人对于红色有着与生俱来的喜爱。在封建社会，黄色一直被看作皇帝的专属色，这也是中国服饰色彩中独特的“黄色文明”。出于对自然色的崇拜和对等级标识的遵守和对吉祥如意的追求，中国传统服饰色彩总体呈现艳丽饱满的特征，红、黄、蓝三原色加上黑、白两色构成了中国传统服饰色彩的基调，这五色也被认为是最正统、最权威的颜色，也是传统服饰色彩美学思想的基础。即使到了汉代以后，色彩原料的来源不断丰富，已经可以研制出更多种色彩，中国传统服饰色彩的基本格调依然没有改变。

服饰纹样是历代生活风貌和历史变迁的写照，是璀璨服饰文化的重要组成部分。从先秦时期的抽象简洁，到秦以后的整齐工整，再到明清时期的写实细腻，服饰纹样的发展也反映着不同时期人们审美情趣的变化。商代的服饰纹样主要以云雷纹、菱形纹、回龟纹、几何纹为主，强调一种韵律美。到了周代，冕服上有十二章纹，每个纹样都有其象征意义，表现出人们崇尚自然的审美意识，也是我国服饰纹样等级色彩的开始。隋唐的服饰纹样继承了周代纹样的严谨和战国时期的舒展，又融合了秦汉的明快和魏晋的飘逸，服饰纹样的风格趋于丰满圆润，构图匀称饱满，这一特点具体表现为唐代盛行一时的缠枝图案。此外，这时的服饰纹样多取吉祥美好的寓意，图案多为花鸟、团花、瑞兽等，格局对称，成双成对，华丽丰满。纹样在唐代也是区别官员地位官阶的标志之一，武则天延载元年（公元 694 年）定制官员袍服纹样有狮、麒麟、虎、豹、魔、龙、鹿等，这也是明清补服的萌芽。补服是明清两朝朝臣官员的服装，补子是绣在袍的前胸后背的一种方形纹饰，并以此区分品级。文官饰禽纹，武官饰兽纹。明清两朝补子的等级分配大体相同，只有细微差别。

相关链接

“衣冠禽兽”的来源

成语“衣冠兽兽”常用来指道德败坏的人，说他们徒有人的外表，行为却如同兽。其实这个成语的原意并非如此。“衣冠”历来受到统治阶级的重视，是权力的象征。在官服上以飞禽走兽来显示文武官员等级的制度从明朝就已经开始了。据明、清两史的《舆服志》记载，文官绣禽、武官绣兽，而且等级森严。“衣冠”上的“禽兽”与文武官员的品级一一对应。文官从一品至九品为：仙鹤、锦鸡、孔雀、云雁、白鹇、鹭鸶、瀏鶒、鹌鹑、练雀。武官从一品至九品为：麒麟、狮、豹、虎、熊罴、彪、犀牛（七、八品同）、海马。

在中国服饰的配饰中，最典型的就是头饰。头饰的起源既有御寒遮羞、防御隐蔽的因素，也有装饰悦目的诱因。上古时期的原始人类就已经有不同的发式，并懂得用动物骨头和玉石等做成头饰。商周时期，冕冠的出现标志着首服制度已有了雏形。秦汉时期，男子的首服为巾冠制，秦代一些武将开始用四方巾扎头后再戴上帽子。两汉时期，这种头饰广为庶民所用。尤其是东汉时期，当时的士人受玄学影响不拘小节，认为戴冠是一种累赘，民间轻便头巾在官员中也开始流行，形成风潮。秦汉以冠定职，男子的冠帽样式繁多，典型的几种有进贤冠、却敌冠、长冠高山冠、远游冠等。汉代女子的发式多为绾髻，有堕马髻、盘桓髻、百合髻、飞仙髻等。到了魏晋南北朝时期，受放浪不羁、随心所欲的文士习气影响，男子首服也多以头巾为主流。这一时期，女子的发髻由于受道教、佛教和一些外来思想的影响，颇为随性飘逸，灵蛇髻、飞天髻等式样成为女子发髻时尚。隋唐男子的首服主要是幞头，女子的发式可谓花样繁多，有数十种之多，头上的饰物也形式各异，有步摇、梳篦、金钿、银等。此外，因唐代与少数民族的频繁交流，许多少数民族的发式和头饰也被人们竞相效仿，胡帽、回纥髻等就是典型的例子。

相关链接

摇曳生姿的步摇

古代妇女头饰主要有笄、钗、华胜、步摇、花钗、篦、钿花。其中，步摇因尽显女性的娇美与柔情而令人向往。这种女子头饰因行步则动摇而得名。步摇以金银玉石等质地成形。经过汉魏南北朝时期的发展，步摇的花式丰富多样，花兽鸟枝造型尽有。“云鬓花颜金步摇，芙蓉帐暖度春宵”就是白居易《长恨歌》中对杨贵妃的描写。

宋朝的衣冠头饰以内敛、简约为美。男子首服除了在盛大场合会佩戴冠冕外，日常都还是以戴幞头为主。宋代女子上自王妃下至百姓都喜戴冠，常见的冠有角冠、凤冠、龙凤发钗冠、山口冠、珠冠等。

辽金元时期呈现多民族头饰大融合之势。辽、金、元分别是契丹族、女真族和蒙古族建立的政权，辽代契丹族男子的髡发和元代蒙古族男子的婆焦头都是极富特色的少数民族发式。女子首服中最负盛名的是元代女子的顾姑冠，这种冠细而高，外形好似一个大花瓶，冠顶的饰物则视佩戴者身份地位而定。

明代是一个极其重视衣冠的朝代，男子的巾和帽式样繁多，其中最被人所熟知的有乌纱帽、翼善冠、梁冠、四方平定巾等。古人被罢官免职便会用“丢了乌纱帽”来形容，由此可知乌纱帽是一种官帽，是官位的象征。这种帽子分上下两层，先用铁丝编制成框，再罩以纱巾。明代妇女的发式最普遍的为假发，做假的方法有两种：一种是在本身的头发里掺以部分假发，并衬以独特的发托，将发的高度增加；另一种是完全用假发制成，如现今的假发套，用时直接戴在头上。

清军入关后，强行命令百姓剃发。清朝推行的满族发式为“半留半剃”式。清代官吏的礼冠以前文中所介绍过的“顶戴花翎”最为特殊，百姓则常戴毡帽、瓜皮帽等。清代女子的发式分为满汉两式：满族妇女的“两把头”（如图 7-13 所示）最为典型，后期发展为“大拉翅”（如图 7-14 所示）；汉族女子则以牡丹头、元宝头等最为流行。从冠冕堂皇到乌纱帽、顶戴花翎，中国古代的“头上文化”可谓博大而精深。

图 7-13 “两把头”是满族妇女最具有代表性的发式。把头发束在头顶上，分成两绺，结成横长式的发髻，高高的发髻最为流行；再将后面余发结成一个“燕尾”式的长扁髻，压在后脖颈上，使脖颈挺直

除了头饰，备受重视的还有妆容。从出土的战国时期楚俑便可看出，当时已有敷粉、画眉及胭脂的使用。“脂泽粉黛”一词，最早见诸《韩非子·显学》。历朝历代的妇女对于化妆一直有着不断的追求，无论色彩还是式样，可谓变化无穷。中国古代面妆的种类，主要有红妆、白妆、花钿妆三种。

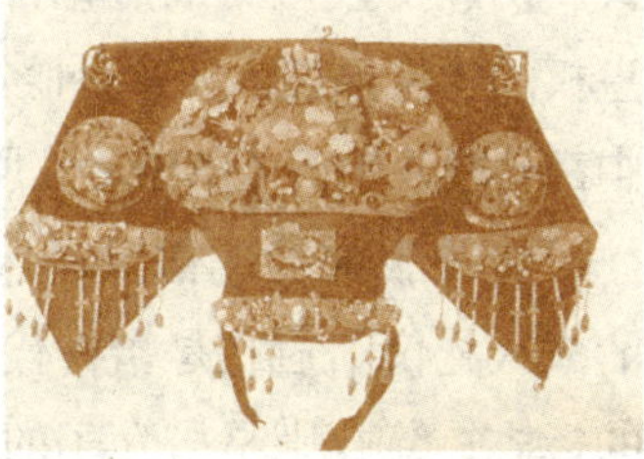

图 7-14 “大拉翅”是清代嫔妃和格格们出席重要场合时佩戴的一种帽饰。“大拉翅”取代了用发架梳的“两把头”，据说是慈禧的独创发明，她生活奢靡，衣食住行都要符合她追求“美”的标准

红妆的起源很早，红色是古代女子在化妆时的主要颜色，“红粉春妆宝镜催”“冲冠一怒为红颜”等诗句都用红妆来比喻女子。红妆真正的普及是在汉代以后，因张骞出使西域时带回了红蓝花这种能够提取红色颜料的植物，使得红妆成为古代女子化妆的主旋律。到了唐代，红妆被发展为各种花样，胭脂也成为妇女必不可少的化妆品。在《开元天宝遗事》中，有一段描写杨贵妃在炎热的夏日渗出红色的汗珠，其实这是杨贵妃涂了胭脂的缘故。

在我国古代的审美标准中，以肤白为美，古人常常用“肤如凝脂”“肌如白雪”来称赞美人，因此白妆的流行就不足为奇了。白妆的盛行要归功于粉的出现。早在先秦时期，我国女子就以白为主，以粉白黛黑为美。唐代杨贵妃的白妆黑眉也曾引得宫中女子纷纷效仿。唐女子白面两颊的胭脂常抹成圆形，取意面部圆润有福。

花钿是指古代女子贴在两眉间或面颊上的一种花朵形的装饰物。在唐代，花钿除圆形外，还有种种繁复的形状。花钿有红、绿、黄三种颜色，以红色为最多。以金、银制成花形蔽于发上。剪花钿的材料有金箔、纸、鱼鳃骨、鲥鳞、茶油花饼等多种。剪成后用鱼鳔胶或呵胶粘贴。花钿妆又称“贴花钿”“贴花子”“贴花黄”“梅花妆”等。贴花钿最早始于秦朝，唐代达到顶峰。“低鬟向绮席，举袖拂花黄”“腻如云母轻如粉，艳胜香黄薄胜蝉”等诗句，道出了花钿妆之美。

三、服饰的人文习俗

中国礼仪文化为清晰而森严的中国古代服饰等级制度奠定了基础，不同等级人的服饰可谓泾渭分明。

中国古代朝服虽一直在改变，但其所代表的等级精神却一直延续了下来。例如：汉代朝服为冠服，头冠，足履，身着深衣。等级的区别在于冠的不同，如文官戴进贤冠、御史戴法冠等。收录在《后汉书·舆服志》中的冠帽就有 19 种之多。此外，用于区分官员职位高低的，还有他们随身佩戴的印绶的颜色。绶是一种挂于腰间系于印组的丝绸，和官印一同由朝廷颁发。隋唐朝服实行品色衣制度，以朝服颜色来区分官品尊卑，佩戴的革带所用的材质不同也代表不同的身份。对百姓也有服色的要求，如平民用白色，屠夫、商人只许用黑色，士兵穿黄色等，任何等级都不可使用其他等级的服装颜色。当时的社会显赫家世者穿紫袍，寒酸者着青衫。白居易的《琵琶行》中有“座中泣下谁最多？江中司马青衫湿。”从“青衫”二字可以看出，白居易当时是一个身份卑微的小官。汉代贾谊在《服疑》中说：“是以天下见其服而知贵贱，望其章而知其势。”服饰早已成为体现礼制最直接的形式。历朝历代皇帝的服饰都无一例外地强调其威仪庄严、雍容华贵的特质，因为它是一种皇权的物化象征。在这种服饰等级观念的约束和熏陶下，无论是为官者还是百姓，潜移默化中都会服从于天子的统治，服饰俨然成为一种社会统治手段。

传统服饰的礼俗则是服饰文化另一个重要表现。例如：冠礼、笄礼是中国古代传统的成人礼仪。冠礼是指古代贵族男子到了二十岁时举行的一个隆重的加冠典礼，作为成年的标志；笄礼则是指女子的成年之礼。在冠礼仪式中，对于服饰的讲究可谓一丝不苟，不能有丝毫差池。周制的冠礼为三加，就是要加三次冠，同时换三套衣服。三种冠分别象征着成人生活的三个方面，一次为受冠者加上三种冠，是在肯定其作为成人后应尽的义务和应享受的权利，在冠礼结束后平日里几乎不会戴这三种冠，而是改戴玄冠。成为戴冠之人的一刻起，心中就要谨记礼仪，节制自己的行为，修炼自己的品德。而从《宋志》记载的宋公主笄礼可以了解到，笄礼是女子十五岁时举行的礼仪，公主笄礼时的服饰为冠笄、冠朵、九翚四凤冠以及大袖长裙。

古代丧礼时，也有相应的礼制和服饰规范。五服制就是一套完整而系统的丧服制度，主要内容是以血缘亲属关系的远近来规定丧礼中生者为死者所穿的衣服。五服以斩衰、齐衰、大功、小功、缌麻五大类为基础，五种丧服的面料、款式、配件以及制作方法都不尽相同。五服制度的原则是亲亲、尊尊、男女有别。亲亲是说血缘关系越亲近，服期越长，限制越多，血缘关系越远则反之；尊尊是根据身份地位的尊卑高低作为标准来确定服丧的轻重，幼卑为尊长则服重，尊长为幼卑则服轻；男女有别则是说为父服重，为母服轻，妻子为夫服重，丈夫为妻服轻。孔子对五服中的斩衰和齐衰服三年期给出过具体解释，他认为人来到世上，要父母怀抱三年才能独立行走，此举是对父母的报恩。

我国古代的服丧制度虽说是一种礼俗，但礼俗对人的约束性是有限的，因此封建统治者除了用礼俗教化民众外，还会使用法律来强制性地维持社会秩序，这就形成了中国古代社会礼与法结合的基础。服丧期间（后世称为守孝或者丁忧），不可以同房、宴饮、婚嫁、应考，否则官员必须离职，规定十分严苛。

在中国传统服饰文化中，婚礼服饰也是不可忽视的一部分，其中又以女性婚礼服饰最为夺目。虽然每个时期中国古代女子的婚礼服饰的服饰特点、审美趣味及文化背景不同，但都有面料和色彩的限制以及在等级制度上的严格规定，成为政治伦理观念的承载符号。例如：宋代婚礼服饰大多用大袖和霞帔作为婚礼礼服，配饰为花冠，有的贵族之女用凤鸟来装饰，因此又称为“凤冠”。宋代女子出嫁，一定要用红色纱罗蒙面。明朝礼制顺从民俗，正式规定庶民在结婚时可以使用九品命妇的凤冠霞帔，只是霞帔上不可绣龙凤纹。自此，凤冠霞帔逐渐成为社会上流行的新娘礼服。清朝满族女性的婚礼礼服主要以袍和褂为主，是典型的满族服饰特点，首服为朝冠，也属于凤冠的一种。典型的旗人结婚礼服就是袍服外罩褂，头戴朝冠；而汉族女子则基本承袭明代的凤冠霞帔制。此时，还流行一种服饰叫作云肩，形似如意，披在肩上，具有很强的装饰性，新娘嫁衣也大多会使用。

本章小结

中国古代的戏曲不仅极大地丰富了人们的精神文化生活，“看戏”还是古人修身养性、陶冶情操的一种重要方式。通过“看戏”，人们既能抒发自己内心的情感，又能除虑去烦、去恶从善，从而提升道德和文化修养。

琴棋酒茶是古时文人雅士们修身养性的主要方式，随着社会的进步和人民生活水平的提高，这些都已经进入寻常百姓之家，体现了社会精神文明的巨大进步。

中国古代的纪时与历法从侧面反映了古人的社会生活，体现了古人的探索、创新精神。古人重视纪时与历法，以求掌握准确的时间，原因就在于其对统一和规范的社会生活是不可或缺的。古人对纪时和历法的不断探索、创新，丰富了中国古代的科技成就。

中国古代的服饰，既满足了人们各种社会生活的需要，又丰富了人们的生活，也从侧面反映了古代的社会生活。古人的服饰与现代服装差异很大，且名目繁多，但其中正体现了古人对生活和美的追求，也反映了古人在穿着上重视文明、礼貌。

拓展延伸

古代人的穿衣打扮（节选）

沈从文

衣服发展和社会制度有密切联系，也反映了生产发展，衣服日益讲究，数量又加多，是和社会生产发展相适应的。比如商代能穿丝绸衣服的，究竟还是少数，到西周情形便不同了，成王及周公个人，不一定比纣王穿着更奢侈，但是各地大小邦国封君，穿衣打扮却都有了种种不同排场。地方条件较好的，无疑更容易把衣服、帷帐、茵褥，做得格外华丽精美。到春秋战国时，政权下移，周王室已等于虚设，且穷得无以复加。然后五霸七雄，各自发展生产，冶铜铁，修水利，平时重商品流通，战时兼并弱小，掠夺财富，对大量技术工人的掠夺占有，更促进了工艺技巧的提高，他们彼此在各方面技术的竞争，反映到上层阶级的起居服用上，也格外显明。

服装最讲究的时代是春秋战国。不仅统治者本人常常一身华服，即从臣客卿也是穿珠履，腰佩金玉，出入高车驷马。因为儒家说玉有七种品德，都是做人不可少的，于是“君子无故玉不去身”的说法，影响到社会各方面，贵族不论男女，经常必佩带上几件美丽雕玉。剑是当时的新兵器，贵族为表示武勇，兼用自卫，又必佩带一把镶金嵌玉的玉具剑。当时还流行使用带钩，于是又用各种不同贵重材料，做成各种不同样子，有的用铁镶金嵌玉，有的用银镶玉嵌五彩玻璃珠，彼此争巧，日新月异。即或是打仗用的兵器，新出现的剑和发展中的戈矛，上面也多用细金银丝镶嵌成各种精美花纹和鸟兽形文字，盾牌也画上五彩云龙凤，并镶金镂银，男子头上戴的冠，更是件引人注目的东西，精细的用轻纱薄如蝉翼，华美的用金玉，有的还高高的如一个灯台。爱国诗人屈原，文章里就提起过这种奇服和高冠。鞋子用小鹿皮、丝绸或细草编成，底子有硬有软，贵重的还镶珠嵌玉在上面。

冬天穿皮衣极重白狐裘，又轻又暖，价重千金。女子中还有用白狐皮镶在袖口衣缘作出锋，显得十分美观。社会风气且常随有权力人物爱好转移，如齐桓公好衣紫，国人有时就全身紫衣。楚王爱细腰，许多宫女因此饿死，其他邦国也彼此效法，女子腰部多扎得细细的。女人头上装扮花样更多变化。楚国流行梳辫子，多在中部作两个环，再把余发下垂。髻子也有好些种，有梳成喜鹊尾式，有作元宝式的。女人也戴帽子，和个椭圆杯子差不多。有的又垂发在耳旁，卷成如蝎子尾式。女孩子多梳双小辫，穿齐膝短衣，下缘作成裥褶。成年妇女已多戴金银戒指，并在脸颊旁点一簇三角形胭脂。照古文献记载，原都是周代宫廷一种制度，金银环表示有无怀孕，胭脂记载月经日期，可一望而知，大致到战国已成一般装饰，本来作用就慢慢失去了。

作者简介：沈从文，中国现当代著名作家、历史文物研究者。撰写出版了《长河》《边城》等小说。新中国成立后主要从事中国古代历史与文物的研究，著有《中国古代服饰研究》。上文节选自《古人的文化》一书。

经典领航

习近平总书记给中国戏曲学院师生的回信

郭汉城、杜近芳、尚长荣、马金凤、蔡正仁、刘秀荣等同志：

你们好！你们老中青少四代师生的来信，反映中国戏曲学院办学取得的可喜成果，戏曲艺术薪火相传，我感到很欣慰，向你们以及全校师生员工致以诚挚的问候！

戏曲是中华文化的瑰宝，繁荣发展戏曲事业关键在人。希望中国戏曲学院以建校70周年为新起点，全面贯彻党的教育方针，落实立德树人根本任务，引导广大师生坚定文化自信，弘扬优良传统，坚持守正创新，在教学相长中探寻艺术真谛，在服务人民中砥砺从艺初心，为传承中华优秀传统文化、建设社会主义文化强国作出新的更大的贡献。

习近平

2020年10月23日

■ 解读

“戏曲是中华文化的瑰宝，繁荣发展戏曲事业关键在人。”10月23日，习近平总书记给中国戏曲学院师生回信，对传承发展好戏曲艺术提出殷切期望，希望中国戏曲学院以建校70周年为新起点，全面贯彻党的教育方针，落实立德树人根本任务，引导广大师生坚定文化自信，弘扬优良传统，坚持守正创新，在教学相长中探寻艺术真谛，在服务人民中砥砺从艺初心，为传承中华优秀传统文化、建设社会主义文化强国作出新的更大的贡献。

传统戏曲文化是中华优秀传统文化重要的组成部分，是传统文化百花园中扎根民间土壤最深、绽放最瑰丽的那一朵。戏曲艺术可以说是中国传统各种艺术门类的综合体，具有很强的民族文化代表性，不仅是老百姓喜闻乐见的艺术形式，而且成为老百姓生活的一部分，具有广泛的群众基础。从为人民服务的宗旨看，传承和弘扬戏曲文化有着充分的理由，更有充足的条件。

中国的戏曲与希腊悲剧和喜剧、印度梵剧并称为世界三大古老的戏剧文化。但是其他两种古老戏剧文化已经在漫长的历史长河中相继消亡。而中国戏曲历经几度兴衰沉浮，至今仍充满着生机和活力，在世界文化艺术宝库里占有重要的地位。

国外称“戏剧”，中国称“戏曲”，从名称我们就能看出中国戏与外国戏的最大区别——中国戏曲，“戏”与“曲”是无法分离的。中国戏曲从先秦时期的原始歌舞戏形式历经数千年至元代而成熟、明清而繁荣，在各民族中产生数百个剧种，其中像京剧、越剧、黄梅戏、评剧、豫剧、昆剧等戏曲剧种影响尤大。作为中华戏曲百花园中的代表，它们理应成为传承和弘扬的重点。

传承和弘扬戏曲艺术，离不开戏曲教育的大力开展和戏曲人才的广泛培养。中国戏曲学院等高校为新中国戏曲教育事业做出过巨大贡献，田汉、王瑶卿、萧长华、史若虚等戏曲教育家是戏曲教育事业的楷模，在新时代理应涌现出更多的戏曲教育家，培养出更多戏曲专业人才，有了众多的戏曲人，才会有繁荣的戏曲文化。

传承和弘扬戏曲艺术，重在发掘戏曲中爱国主义、英雄主义、家国情怀、民族情怀等精神内涵，重在展现戏曲艺术中中华审美文化的独特风采，重在展示戏曲艺术所体现的中华文化雅俗共赏、丰富多彩的样貌，体现我国传统文化、古老戏曲在当今文化大繁荣中的创造性转化与创新性发展。

事实上，传承和弘扬戏曲艺术的工作，正在如火如荼地展开。比如，从国家层面推广的戏曲进校园活动，激发了无数青少年对戏曲的兴趣；比如文旅部去年出台的《曲艺传承发展计划》，对曲艺类非物质文化遗产工作进行了专项部署；又比如继《中国诗词大会》之后，央视又推出《中国戏曲大会》，成为又一道全民文化大餐。

莎士比亚说，戏剧是时代综合而简练的历史记录者。传承和弘扬戏曲艺术，不仅是国家文化事业的需要，也是人民美好生活的需要，我们期待着传统戏曲文化在新时代绽放更加夺目的光辉。

（**作者简介：**李定广，《中国诗词大会》学术总负责人、上海师范大学教授。）

资料来源：李定广．让戏曲在新时代绽放瑰宝之光 [N]. 光明日报，2020-10-26（03）.

学思之窗

活动设计

活动主题：了解“国粹”京剧和家乡戏曲。

开展形式：课堂汇报讨论或才艺展示（脸谱制作、戏曲道具制作、演唱等）。

组织形式：学生通过表演或以 PPT 展示的方式，向老师和同学们介绍“国粹”京剧和自己家乡的戏曲。

观点搜索

1. 二十四节气为农耕社会乃至今天的日常生活提供了极大的便利，如人们可以顺着每个节气独特的自然韵律，顺时而食。依例：“霜打的青菜为什么好吃”“小雪食羊肉”，请上网搜集相关顺应节气所产生的饮食习俗。

2. 中国茶种类繁多，品质风格独特。其中，名优茶就有 600 多种，世界上没有其他任何一个国家可与我国相提并论。请查阅《红楼梦》中相关章节，了解当时茶、酒礼俗等方面的信息，并开展讨论。

3. 请列举几部中国古装影视剧，并讨论其中服饰的运用是否与事件所处历史时期的服饰文化相吻合。

4. 文学作品分析。

湖心亭看雪

［明］张岱

崇祯五年十二月，余住西湖。大雪三日，湖中人鸟声俱绝。是日更定矣，余拏一小舟，拥毳衣炉火，独往湖心亭看雪。雾凇沆砀，天与云与山与水，上下一白，湖上影子，惟长堤一痕、湖心亭一点、与余舟一芥、舟中人两三粒而已。到亭上，有两人铺毡对坐，一童子烧酒炉正沸。见余，大喜曰：“湖中焉得更有此人！”拉余同饮。余强饮三大白而别。问其姓氏，是金陵人，客此。及下船，舟子喃喃曰："莫说相公痴，更有痴似相公者。"

分析提示：这是明末张岱的散文，此时文人文化基本成熟。中华文化是一个以自我品德修养（修道）为根本的文化，讲究"内圣外王"，以及"达则兼济天下，穷则独善其身"的人生追求。《湖心亭看雪》以一幅晶莹剔透、空灵超逸的雪景山水画，作为作家本人心灵世界的物化，载负了中华文化道家的最高理想和中华文化艺术审美的绝妙意境。可以作为中华文化课程中讲授文学艺术的文化意义、中华文化思想观念以及思维特点的典型案例"独往"的"独"，写出作者能够摆脱钱、权、名、利，甚至能够舍弃生命保全气节的超凡脱俗人格追求。"雪"，是本篇文章的文心，也是作者那晶莹剔透、纯净无瑕的"心"，更是他情操的体现，是他人生理想的表现。由此批判了社会上那些附庸风雅、假装淡泊名利、假借"名士"以欺世盗名的世俗小人和伪君子。

阅读推荐

1. 欣赏南宋刘松年《撵茶图》(如图 7-15 所示)，该图描绘了磨茶、点茶、挥翰、赏画的文人雅士茶会场景。画中左前方一仆役骑坐在长条矮几上，右手正在转动茶磨磨茶。旁边的黑色方桌上陈列筛茶的茶箩、贮茶的茶盒、白色茶盏、红色盏托、茶匙、茶筅等。一仆役正伫立桌边，右手提汤瓶，左手执茶盏，欲待点茶。他左手旁有一风炉，上面正在煮水，右手旁边是贮水瓮，上覆荷叶。一切显得十分安静、整洁、有序。画面右侧有三人，一僧人伏案执笔书写，一士人相对而坐，似在观赏。另一士人坐在案旁，双手展卷，而眼神却在欣赏僧人作书。整个画面布局得当，用笔生动，充分展示了文人雅集品茶、赏画的生动场面，再现了两宋流行的点茶技艺。请查询中国茶的主要种类及中国名茶的相关资料，谈谈中国茶道的理念。

图 7-15 《撵茶图》(现藏于台北"故宫博物院")

2. 观看央视出品传奇剧情动画片《围棋少年》，该剧情以明朝末年为背景讲述了颇具有围棋天赋的少年——江流儿的成长历程。请结合剧情谈谈你对中国围棋文化的认知。

3. 阅读沈从文《古人的文化》中“古代人的穿衣打扮”“我国古代人怎么穿衣打扮”章节，感受服饰的古风，并尝试绘出你喜欢的古代着装图。

4. 阅读司马迁的《史记·乐书》、王羲之的《记白云先生书诀》与曹雪芹的《红楼梦》，感受特定时代下独特的民俗风情，谈谈你的看法。

第八章 传承与发展

教学目标

知识目标：了解几千年来在华夏大地上发展而来的地理景观文化、人文景观文化、区域文化，体会传统文化在传承与发展中迸发出来的中华民族精神凝聚力。

能力目标：了解中华民族文化的包容性和持续力，知晓标志着民族精神的各种文化象征，能自觉融入未来职业生涯所在的文化圈。

素质目标：通过学习中华民族区域文化，丰富自身的知识结构，学会用信念坚定、开放包容、情理交融的态度立足未来职场。

导学提示

在世界文化史上，中华文化是从未间断过的、具有巨大的包容性和延续力的文化。黄河两岸，大江南北，处处绽放着民族文化的绚丽花朵。作为中国人，我们不能不品读黄河、熟读长江，不能不仰视泰山、瞩目长城，不可不知标志着民族精神的各种文化象征。一方水土孕育一方文化，众多的历史遗迹见证了中华民族的智慧、力量与创造精神，丰富的精神意象凝聚成支撑这个民族的强大精神力量。不同个性特质、各具鲜明特色的地域文化，不仅是源远流长的中华文化的有机组成部分甚至是精华部分，更是中华民族的宝贵财富。当下，地域文化的发展既是地域经济社会发展不可忽视的重要组成部分，又是地方经济社会发展的窗口和品牌。中原文化、三秦文化、燕赵文化、中州文化、齐鲁文化、三晋文化、湖湘文化、巴蜀文化、吴越文化、徽文化、赣文化、闽文化……中华大地上各具特色的地域文化已经成为地域经济社会全面发展不可或缺的重要推动力量。

引例导入

三江源[1]——母亲河的“母亲”（节选）

三江之源在我的梦中是一部由高原精灵藏羚羊轻盈矫健的身姿、一眼望不到边际的绿色湿地，以及烟波浩渺的苍穹完美组合的交响乐，它由黄河、长江、澜沧江这三条母亲之河挽起手臂，纵横上下五千年孕育出了中华民族生生不息的文明。

有人说：“青海的大美，因了三江源方显气魄；大美的青海，因了三江源更显独特。”

从长江、黄河、澜沧江下游逆流而上，掠过中原千里沃野，掠过江南水乡，穿过云贵高原的十万大山，向西向北，就走进了青藏高原，走进了号称“世界屋脊”的地球第三极，走进了被誉为“中华水塔”的三江之源。长江、黄河、澜沧江像三条巨龙，在民族文化心理上具有不可替代的象征意义，成为中华文化的精魂血脉。三江源是生命的源头，是文明的源头，是历史的源头，三江源是母亲河的“母亲”。世界只有一座青藏高原，中国只有一个三江之源。

在白云深处，冰雪皑皑的青藏高原，雄伟的高山冰川，湖泊星罗的盆地，河流纵横的宽谷，这就是中华水塔、江河之源。三江源在许多人的眼里是神奇的代名词，三江源在更多人的心里是神秘莫测的东方女神的化身，昆仑山、巴颜喀拉山、唐古拉山化作骨架，千年融化冰雪汇成的母亲河滋润着它的容颜，大自然用几千万年时间孕育的珍稀生物是它可爱的孩子们。青藏高原怀抱着的三江源，诞生出的奇迹，又何止是我们能想象的这些？历史上，三江源区曾是水草丰美、湖泊密集、野生动物种群繁多的高原草原草甸区，被称为生态“处女地”，它也是我国和亚洲最重要河流的上游关键源区，起着各江河水文循环的初始作用，对全国、全球的大气、水量循环具有重要的影响。三条江河每年向下游供水600亿立方米，长江总水量的25%、黄河总水量的49%和澜沧江总水量的15%来自这一地区。同时，独特的地理环境也孕育了三江源区独特的生物区系，集中分布着大量特有珍稀濒危野生动物，是高寒生物自然种群资源库，也是世界上高海拔地区生物多样性最集中的地区。

【注释】

① 三江源：三江源地区位于我国的西部、青藏高原的腹地、青海省南部，为长江、黄河和澜沧江的源头汇水区。

知识精讲

第一讲　山川物语：地理景观的文化象征

人类生存的前提是自然界，人类文化创造的前提也是自然界。自然环境亦是影响中华民族精神的主要因素。在广阔的内陆基地上，中华民族虽遭遇多次外敌入侵，但不曾毁灭或中断，始终保持着文化的绵延和完整。中华大地，疆域辽阔，山川秀美，复杂多样的地形地貌、千姿百态的自然景观滋生了中华文化多彩的特色，为多民族共同体的形成提供了自然基础。其中有相当一部分自然景象被赋予了人文内涵，成为中华民族精神文化的缩影。

一、奔腾不息的黄河

李白在《将进酒》一诗中写道："君不见黄河之水天上来，奔流到海不复回。"这两句诗描写黄河源远流长，如从天而降，一泻千里，东向大海。如此壮观的景象，正是我们的母亲河——黄河。千百年来，它奔腾不息，气势雄浑，孕育了内涵博大的黄河文化。黄河虽然作为一种自然存在，但百万年来，依偎着这条大河形成了一个又一个流域文明，它们像散落的棋子，始终在黄河文化这个瑰丽多姿的棋盘上演绎着一个个精彩的故事。迷人的大河风光，独特的地质奇观和积淀深厚的文化内涵，使其成为中华民族文化的代表与象征。

（一）黄河文化的自然表征

黄河是我国第二长河，世界第五长河，源于青海巴颜喀拉山，在山东省域注入渤海。这条 5464 千米长的大河，恰似一个巨大的"几"字，在中国北方蜿蜒流动。从青藏高原越过青海、甘肃两省的崇山峻岭，横跨宁夏、内蒙古的河套平原，奔腾于山西、陕西之间的高山深谷之中，破"龙门"而出，在西岳华山脚下掉头东去，横穿华北平原，急奔渤海之滨。它流经 9 个省、区，汇集了 40 多条主要支流和 1000 多条溪川。

沙漠戈壁在久远的地质年代中形成粉末，经过千百万年的搬运堆积，形成了一个北起长城，南至秦岭，西抵日月山，东达太行山的黄土高原。黄河、黄土地、黄帝、黄皮肤，以及传说中的中国龙，这一切黄色表征，把这条流经中华心脏地区的川流升华为圣河。《汉书·沟洫志》就把黄河尊为百川之首："中国川源以百数，莫著于四渎，而河为宗。"

（二）黄河文化的根系体现

黄河流域是中华民族先民早期最主要的活动地域，也是中国早期文化形态的主要诞生地。在旧石器时代，出现了山西西侯度猿人、陕西蓝田猿人、陕西大荔猿人、山西襄汾丁村早期智人、内蒙古乌审旗大沟湾晚期智人的活动。到新石器时代，在黄河流域形成了马家窑文化、齐家文化、裴李岗文化、老官台文化、仰韶文化、龙山文化、大汶口文化等。这些区域文化是黄河文化发展伊始的主要形态，也是中华文明的起点。进入文明社会以后，黄河流域先后兴起了夏、商、周文化，从春秋战国到秦汉王朝大一统时代，黄河流域经历了秦文化、三晋文化、齐鲁文化等多元并立和多元一体的文化融合发展，形成了黄河文化完整的文化体系。

相关链接

殷墟文化

世界文化遗产——殷墟，位于河南省安阳市洹水两岸，是我国第一个有文献记载并为甲骨文和考古发掘所证实的商代都城遗址。从 1928 年由中国学术机构独立主持考古发掘开始，在殷墟先后发现了 110 多座商代宫殿宗庙建筑基址、12 座王陵大墓、洹北商城遗址、2500 多座祭祀坑和众多的族邑聚落遗址、家族墓地群、手工业作坊遗址、甲骨窖穴等，出土了数量惊人的甲骨文、青铜器、玉器、陶器、骨器等精美文物，全面、系统地展现出 3300 年前中国商代都城的风貌。在世界四大古文字体系中，唯有以殷墟甲骨文为代表的中国古汉字体系，历经数千年的演变而承续至今，书写出了一部博大精深的中华文明史。出土的青铜器、玉器、石器可谓琳琅满目，体现出中国青铜时代高超的工艺水平和艺术想象力。学者们认定，殷墟出土的玉器，其原料大都为新疆的和田玉、辽宁岫玉。那么可以这样设想，早在 3000 多年前的商代，就已经有通往新疆的“金石之路”了，这可要比始于公元前 2 世纪的“丝绸之路”早 1200 多年。

这一文化体系进而形成了“黄土－黄河－黄种人”独具中国特色的“黄色文明”。在随后历经千年的王朝发展过程中，黄河文化作为一种主体文化不断吸收北方游牧文化，并向江淮流域和珠江流域持续进行文化输出，融合其他地域文化，最终形成了以黄河文化为核心、多元一体的文化体系——中华文明。中华文明历史表明，黄河流域在中华民族形成过程中发挥着关键的凝聚作用，黄河文化是中华文明最重要的直根系。

（三）黄河文化的传承

唐宋以前，黄河流域作为我国政治、经济和文化中心，以其先进的农业经济、强大的思想力量，对周边地区产生巨大的感召力和同化力。唐宋以后，尽管经济重心南移，但黄河流域也一直居于王朝统治的核心地位。在面临长江流域强大经济优势和北方游牧文化在政治作用下持续输入的双重背景下，黄河文化以开放和包容的姿态，不断吸收和融合其他地域文化，并将自身融入一个更大范围的中华文明之中，积累和传承了丰富的中华民族集体记忆。

远古的燧人氏、伏羲氏、神农氏创造发明人工取火技术以及原始畜牧业、原始农业的发展，拉开了黄河文明的序幕。象征着古代先进物质文明的农业生产技术、天文历法、数理算术、传统医药、灌溉工程、四大发明等均产生于此，以农耕经济为基础的宗法制度、政治制度、社会制度及治理理念、历史习俗等延续至今，对现代文明的影响依然可见，炎黄始祖传说、诸子百家思想、旷世史学、文学巨作、宗教信仰、伦理观念等均诞生于此并影响至今，成为中华文明的精髓，深刻影响中华民族的民族心理与性格。综上，黄河文化成为中华文明发展演变的主轴是当之无愧的。

二、滚滚逝水的长江

大诗人都爱长江。“江畔何人初见月？江月何年初照人？人生代代无穷已，江月年年望相似。”唐代张若虚以“孤篇压全唐”的气魄，描绘了他眼中雄浑壮丽的长江。苏轼语“大江东去，浪淘尽，千古风流人物”，壮怀激越；杜甫言“无边落木萧萧下，不尽长江滚滚来”，凄凉感伤；李白道“天门中断楚江开，碧水东流至此回”，气势磅礴。长江与黄河并列为中国文明的两大源泉。长江文明区域之广，文化遗址数量之多、密度之大，堪称世界之最。长江文明与黄河文明等中国各大古代文明长期相互影响融合，最终形成大一统的绚丽多姿的中华文化，并对周边国家的文化产生深远的影响。

（一）长江文化的自然表征

长江是中国和亚洲第一长河，世界第三长河。它发源于青藏高原唐古拉山主峰各拉丹东雪山，全长 6387 千米，一路上气势磅礴，大小湖泊与干支流众多，最终在上海市崇明岛附近汇入东海。长江干流自西而东横贯中国中部，数百条支流辐辏南北，延伸至贵州、甘肃、陕西、河南、广西、广东、浙江、福建 8 个省、自治区的部分地区，流域面积达 180 万平方千米，约占我国陆地总面积的 1/5。长江流域气候温暖，雨量丰沛，是我国水量最丰富的河流，约占全国河流径流总量的 36%，为黄河的 20 倍。

长江被称为“黄金水道”，长江水系的干流或支流流经区在文化体系上也同出一辙，同属中国南方文化的体系。长江流域幅员辽阔，是中国人口密集、经济繁荣的地区，不仅地质资源丰富，也是中国巨大的粮仓。长江上游水急滩多，有中国十大风景名胜之一、山水壮丽的大峡谷——三峡；中游支流发达，湖泊众多，有“鱼米之仓”鄱阳湖和洞庭湖；下游江口有水流堆积而成的风光美丽的崇明岛。自古以来，长江孕育了异彩纷呈的长江文化，创造了璀璨夺目的长江文明，该区域是以生产力发展水平为基础的归趋性文化体系。

因此，我们可以说，长江文化是一个时空交织的多层次、多维度的文化复合体。

（二）长江文化的根系体现

长江流域为人类居住时间最长的地区之一。约 5000 年前，我国境内最早的国家文明——良渚文化出现于长江流域，其玉礼器系统，可谓开启了后来夏商周时代玉礼器传统的第一页。随后，长江与黄河共同塑造了中华文明早期阶段的多彩场景，为此后广域国家的出现奠定了最深厚、最广博的文化基础。

长江上游除成都平原外，均有遗址发现，其中最著名的属巫山大溪文化遗址。经长江中游的新石器时代遗址几乎遍布江汉地区，尤以江汉平原分布最密。早中晚期文化特征都具备的屈家岭文化，以薄如蛋壳的小型彩陶器、彩陶纺轮、圈足豆等为主要文化特征。长江下游的新石器时代文化序列以河姆渡文化、马家浜文化和良渚文化为代表。河姆渡文化遗址的出土文物中，有成堆的稻谷、稻壳遗存，是目前世界上发现的年代最早的人工栽培稻。

震惊世界的长江上游三星堆遗址隐藏着尚待解开的夏商文化之谜。长江中游距今3500 多年的湖北黄陂盘龙城遗址是已发现的长江流域第一座商代古城；属于商晚期的湖北大冶铜绿山古铜矿是我国现已发现的年代最早、规模最大而且保存最好的古铜矿；江西清江的吴城遗址是长江下游重要的商代遗址……这些遗址对于了解至今仍较为模糊的长江流域商代文化具有很高的科学价值。

相关链接

三星堆遗址

三星堆遗址位于四川省广汉市境内，距今已有 3000 至 5000 年历史，是迄今在西南地区发现的范围最大、延续时间最长、文化内涵最丰富的古蜀文化遗址。三星堆遗址被称为“20 世纪人类最伟大的考古发现之一”，昭示了长江流域与黄河流域一样，同属中华文明的母体，被誉为“长江文明之源”。

目前已发掘的面积只占遗址总面积的 2% 左右。其中出土的文物是宝贵的人类文化遗产，在我国的文物群体中，属最具历史、科学、文化、艺术价值和最富观赏性的文物群体之一。在这批古蜀秘宝中，有高 2.62 米的青铜大立人，有宽 1.38 米的青铜面具，更有高达 3.95 米的青铜神树等，均堪称独一无二的旷世神品。而以金杖为代表的金器，以满饰图案的边璋为代表的玉石器，亦多属前所未见的稀世之珍。

（三）长江文化的传承

春秋战国时期，长江流域最终形成了三个主流文化圈，即上游的巴蜀文化圈、中游的楚文化圈、下游的吴越文化圈。吴人开挖的“邗沟”成为后来中国大运河的滥觞，秦蜀郡守李冰父子创设的“都江堰”造福成都平原2000多年，它们今天都成为享誉世界的文化遗产。楚国的道家思想成为中国古代最为重要的原生态思想，楚国还诞生过伟大的爱国诗人屈原和千古才女王昭君。每年农历五月初五的龙舟赛，就是人民为表达对屈原的崇敬而举行的一种祭祀活动。

长江流域攀登上更高的文化高峰是从六朝时代开始的。三国时代，长江流域上游有蜀汉政权定都成都，中下游有东吴政权定都建业（今南京），从此南京便成为长江下游中心城市，这种格局一直到近代鸦片战争之后上海崛起才被改变。这一时期，横贯东西的长江成为阻挡北方胡马南下，保护中原百万南渡人士及江南土著民族的一道天险，长江流域的中华优秀传统文化在江南大地得以保存和发展。这一时期北方先进的农业、手工业技术与江南传统生产技术相结合，使得江南经济文化迅速繁荣。六朝时代文化成就突出，如王羲之的书法、顾恺之的绘画、南朝石刻、葛洪的医学成就等，皆为当时文化智慧之凝聚。其时，因为长江流域成为中华文化之中心，故而以都城建康（今南京）为代表的文化远播到东亚列国，对日本、韩国、朝鲜一带的文化产生深远影响。

隋唐统一是长江流域的全面崛起之际。韩愈说：“当今赋出于天下，江南居十九。”隋炀帝开挖大运河构建了以大运河为纵轴、长江为横轴，联通整个国土的水运系统。两宋时期的商品经济、文化教育、科学创新均达到中国古代最繁荣的时期，其中太湖地区稻米产量居全国之冠，有“苏湖熟，天下足”之说。这一时期，长江流域教育发达，科技称雄，民间书院兴起，理学兴盛。宋代长江流域名人辈出，古文运动大师欧阳修，名满天下的“三苏”（苏洵、苏轼、苏辙），江西诗派的开创者黄庭坚，北宋改革家王安石，北宋理学大师周敦颐，南宋理学大师朱熹，南宋“四大家”杨万里、范成大、陆游、尤袤，词作大家晏殊、苏东坡、周邦彦、秦少游，爱国诗人文天祥等，皆是长江流域的文化巨子。

明清两代，借助古老的大运河，南京成为沿江规模最大的城市，也一举成为海上丝绸之路的中心城市。在这里，郑和七下西洋，把古老的海上丝绸之路推到了历史的巅峰。明清时代，长江流域整体上处于全国经济的高位，由此推动了文化的发展和思想的创新。例如：在长江下游，形成了以南京、杭州、苏州、徽州等城市为中心的江南文化圈，由教育、科举、出版、藏书、学术、手工技艺、园林建筑、书画艺术、文学创作、戏曲、宗教等文化要素组成，这一文化圈代表了中国古代社会的又一文化高峰。

三、一览众山小的泰山

泰山是黄河流域古代文化的发祥地之一。泰山东望黄海，西襟黄河，前瞻孔孟故里，背依泉城济南，以“拔地通天之势”雄峙于中国东方，以“五岳独尊”的盛名称誉古今。泰山被列入第一批国家级风景名胜区，1987年被列为世界文化与自然双重遗产。从孔子“登泰山而小天下”之语，到司马迁的名言“人固有一死，或重于泰山，或轻于鸿毛”，再到杜甫“会当凌绝顶，一览众山小”的名句，登临泰山成为许多中国人的梦想。几千年来，泰山成为帝王封禅，祭拜天地，祈福苍生，一统天下，国泰民安的“神山”。中华民族几千年的文化历史长河中，气势磅礴的泰山，与长江、黄河齐肩。

（一）泰山文化的自然表征

泰山古称岱山，又称岱宗。位于山东省中部，为五岳（泰山、华山、衡山、嵩山、恒山）之一，因地处东部，故称东岳。泰山山势雄伟壮丽，气势磅礴，居五岳之首，故古时有“五岳之长”“五岳独宗”“五岳独尊”之誉。

泰山具有极其美丽壮观的自然风景，其主要特点为雄、奇、险、秀、幽、奥、旷等。泰山巍峨、雄奇、沉浑、峻峭的自然景观常令世人慨叹，更有数不清的名胜古迹、摩崖碑碣使泰山成了世界少有的历史文化与自然相结合的游览胜地。泰山主峰海拔 1545 米，气势雄伟磅礴。山峰呈放射状分布，由自然景观与人文景观融合而成。泰山山体高大，形象雄伟，尤其是南坡，山势陡峻，主峰突兀，山峦叠起，气势非凡，彰显着雄、奇、险、秀、幽、奥、旷等自然景观特点。泰山人文景观的布局重点是从泰城西南祭地的社首山、嵩里山至告天的玉皇顶。

泰山风景以壮丽著称。重叠的山势，厚重的形体，苍松巨石的烘托，云烟的变化，使它在雄浑中兼有明丽，静穆中透着神奇。“泰山日出”“云海玉盘”“晚霞夕照”“黄河金带”是泰山自然风景中的四大奇观。其中“泰山日出”是泰山最壮观的奇景之一，每当黎明时分，游人站在岱顶举目远眺东方，须臾间金光四射、群峰尽染，蔚然成就壮观而神奇的泰山日出。

（二）泰山文化的根系特征

泰山地区的文化历史几乎与整个中华民族同龄，泰山南麓有大汶口文化遗址，北麓有龙山文化遗址，可以佐证。战国时期，沿泰山山脉直达黄海边修筑的长城遗址也犹存。上古神话传说盘古开天辟地，造就了世界，后人尊其为人类祖先，他的头部就变成了泰山，从此泰山被誉为“天下第一山”，成了五岳之首。传说尧、舜、禹、炎帝、黄帝都曾到泰山封禅祭天，以表达对“天”佑护的谢意。

泰山于春秋战国时期就已成为中国的名山，成为历代帝王封禅祭祀的山岳，这个历史贯穿着整个封建社会，使它具有至高无上的历史地位。从先秦时代到中国封建社会结束，前后数以百代的帝王或代表帝王的使臣朝拜祭礼泰山，实为“国之首山”。帝王封禅形成了最具有代表性的帝王封禅祭礼、百姓朝拜的路线，泰山也渐渐被神化，被称作“东岳大帝泰山神”。泰山宗教发祥久远，著名的泰山经石峪上是北齐人所刻的佛教经典《金刚经》。自秦汉后，泰山道教祠庙林立，尤以碧霞祠影响最大。祠中供奉的碧霞元君是道教中的重要女神，也是中国历史上影响最大的女神之一。泰山也是王母娘娘神话传说中的发祥地。

泰山成为一座神圣的山，也与孔子有关。在帝王封禅的同时，泰山正以它博大的胸怀陶冶着人们不同时代的人文精神。以孔孟为代表的思想家、政治家就曾直接受到过泰山的巨大影响。孔子“登泰山而小天下”的名言，便充分反映了2000年前中国圣贤们“以天下兴亡为己任”，站在泰山般的高度上观察社会与人生，以实现自己理想的崇高精神追求，今天我们仍能看到相关景点，如孔子登临处坊、望吴圣迹坊、孔子小天下处、孔子庙、瞻鲁台、猛虎沟等。因此，泰山是中华民族的象征，是东方文化的缩影，是中华民族精神的家园。

（三）泰山文化的传承

泰山有着深厚的文化内涵。全山有古建筑群20多处，历史文化遗迹2000多处，历代文人雅士吟咏题刻和碑记无数。同时，泰山是佛、道两教兴盛之地，是历代帝王朝拜之山。历代帝王所到之处，建庙塑像，刻石题字，留下了众多文物古迹。历代名人宗师对泰山亦仰慕备至，纷纷到此游览。历代赞颂泰山的诗词、歌赋多达1000余首，如孔子的《邱陵歌》、司马迁的《封禅书》、曹植的《飞龙篇》、李白的《泰山吟》、杜甫的《望岳》等诗文，均为中国的传世名作。天贶殿的宋代壁画、灵岩寺的宋代彩塑罗汉像是稀世珍品。泰山文化有两大亮点：

一是石刻。泰山以石刻（如图8-1所示）众多闻名天下，这些石刻有的是帝王亲自题写的，有的出自名流之手，大都文辞优美、书体高雅、制作精巧。泰山现存有石刻2500多处，分为摩崖石刻和碑刻，既是记载泰山历史的重要资料，又是泰山风景中的精彩去处。泰山的石刻、碑碣，集中国书法艺术之大成，真草隶篆各体俱全，颜柳欧赵各派毕至，是中国历代书法及石刻艺术的博览馆。

图8-1　历经百年沧桑的“五岳独尊”四个字是正楷书体，系清光绪年间（1907年）由泰安府宗室玉构题书。现已成为泰山的标志，并被设计进人民币的背景图案

二是建筑遗迹。泰山的建筑整体呈现了古代自然崇拜的信仰形式，涉及儒家文化建筑形式，皇家祠庙建筑形式，道家文化建筑形式，是中国山岳信仰建筑的最早起源及最具代表性的名山范例。例如：山东泰安市内的岱庙，是泰山最大最完整的古建筑群。岱庙旧称“东岳庙”，是历代帝王举行封禅大典和祭祀泰山神的地方，创建于汉代，后经唐、宋等各代修建，成为一个规模宏伟的建筑群。庙内现有古代建筑和仿古建筑160余间。岱庙建筑形式采用帝王宫殿式，整个建筑群气势宏伟，富丽堂皇。又如：泰山南天门，位于泰山十八盘的尽头，古称“天门关”，它建在飞龙岩与翔凤岭之间，双峰夹峙，仿佛天门自开。红墙点缀，黄色琉璃瓦盖顶，气势雄伟。当年李白登上南天门曾作诗：“天门一长啸，万里清风来。”

第二讲 应天顺人：人文景观的文化象征

中华民族凭借着自己的聪明才智和自强不息的精神创造了灿烂辉煌的古代文明，留下了许多宝贵的物质文化遗产，这些文化遗产闪耀着伟大民族精神的光芒。

一、气势磅礴的巨龙——万里长城

一提到长城（如图 8-2 所示），总让人不由自主想起一句歌词“万里长城永不倒”。长城，又称万里长城，它原只是一道高大、坚固、连绵不断的长垣，用以限隔敌骑行动的中国古代的军事防御工事，但后世已将它作为民族精神的象征。中国的万里长城，是堪与埃及金字塔相媲美的举世无双的伟大建筑工程，作为历史上最伟大的工程之一，早已被列入人类物质文化遗产名录。

图 8-2 居庸关长城。居庸关是京北长城沿线上的著名古关城，地形险要，是长城重要的关隘，也是从北面进入北京的门户，有“一夫当关，万夫莫开”的气势

长城始建于春秋战国时期，一直延续到清代，2000 多年从未停止修筑，它分布于中国北部和中部的广大土地上，总计长度达 5 万多千米，被称为“上下两千多年，纵横十万余里”。如此浩大的工程不仅在中国，哪怕在世界上，也是绝无仅有的。其工程之浩繁，气势之雄伟，堪称世界奇迹。岁月流逝，物是人非，如今当我们登上昔日长城的遗址，不仅能目睹逶迤于群山峻岭之中的长城雄姿，还能领略到中华民族创造历史的大智大勇。

长城是冷兵器战争时代世界上修建时间最长、工程量最大的国家军事性防御工程，凝聚着祖先的血汗和智慧。长城的主体工程是绵延万里的高大城墙，大都建在山岭最高处，沿着山脊将蜿蜒无尽的山势勾画出清晰的轮廓，塑造出奔腾飞跃、气势磅礴的巨龙，从而成为中华民族的象征。在万里城墙上，分布着百座雄关、隘口，成千上万座敌台、烽火台，打破了城墙的单调感，使高低起伏的地形更显雄奇险峻，充满艺术魅力。

长城之所以成为民族精神的骄傲，当然首先是因为它的军事意义。长城并非简单孤立的一线城墙，而是由点到线、由线到面，把沿线的隘口、军堡、关城和军事重镇连接成一张严密的网，形成一个完整的防御体系。这个体系具有战斗、指挥、观察、通信、隐蔽等多种功能，是配置有长驻军队的点线结合防御工程。长城所体现出的军事防御思想，在军事发展史上有重要地位，对于研究古代军事作战思想的形成和发展具有重要意义。

其次是因为它巧夺天工的建筑创造。在 2000 多年的长城修筑过程中，自秦始皇修筑时期就总结出了“因地形，用险制塞”的经验，2000 多年间一直遵循这一原则，成为军事布防上的重要依据。在建筑材料和建筑结构上以“就地取材、因材施用”为原则，创造了许多种结构方法。在今天的甘肃玉门关、阳关和新疆境内还保存了 2000 多年前西汉时期长城的遗迹。

最后是因为它的文化传承与交流。在长城出现后的 2000 多年间，以长城为中心，南北文化的交流始终没有停止过。从战国赵武灵王修建赵长城，号召国人学习“胡服骑射”，到秦汉长城南北文化的对话与交流，以及闻名遐迩的昭君墓等，均是南北文化交流融合的见证。在长城地区的文化带里，遗留下来众多的名胜古迹，如敦煌莫高窟、云冈石窟、麦积山石窟的壁画和雕塑，居庸关云台，卢沟桥等，都记载着中华民族历史上文化的辉煌。古往今来，不知有多少帝王将相、戍边士卒、文人墨客为长城留下了不朽的篇章，如李白的“长风几万里，吹度玉门关”，王昌龄的“秦时明月汉时关，万里长征人未还”，王维的“劝君更尽一杯酒，西出阳关无故人”等名句，千载传诵不绝。

总之，古塞雄关存旧迹，九州形胜壮山河，巍巍万里长城将与神州大地长存，将与世界文明永在。今天国内外游人以“不到长城非好汉”这一诗句来表达一定要亲自登上长城一览中华悠久文明、壮丽河山的心情，是完全可以理解的。

二、务实之魂——京杭大运河

在中国，有两大建筑工程，一个像巨龙，一个像绸带，蔚为壮观。巨龙是长城，绸带即为京杭大运河。

公元前 486 年，吴王夫差为争霸中原，以水路沟通江淮，下令“开邗沟，筑邗城”，从此开启了大运河 2500 多年的航程。京杭大运河（如图 8-3 所示）全长约 1797 千米，南起余杭（今杭州），北到涿郡（今北京），途经今浙江、江苏、山东、河北四省及天津、北京两市，贯通海河、黄河、淮河、长江、钱塘江五大水系，主要水源为微山湖。大运河像一条纵贯南北的大动脉，成为世界独有的活态文化遗产。

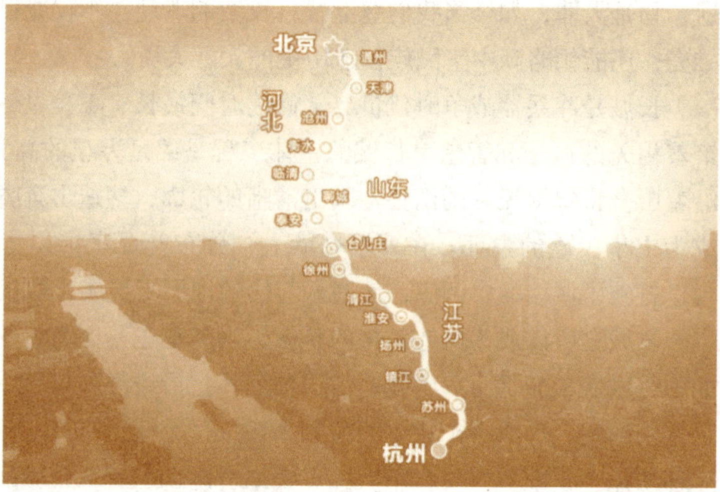

图 8-3　悠悠运河水，传承逾千年。京杭大运河贯通之后以其特有的沟通功能将全国的政治中心与经济重心连接在一起，将不同江河流域的生产区域联系在一起

我们今天所说的大运河开掘于春秋时期，完成于隋朝，繁荣于唐宋，取直于元代，疏通于明清，即从公元

前486年始凿，至1293年全线通航，前后共持续了1779年。在漫长的岁月里，主要经历了三次较大的兴修过程。到了隋朝，隋炀帝动用几百万人，开凿贯通了大运河，这为之后国家的经济文化空前繁荣做出了巨大贡献。隋朝开始，大运河全线贯通，经唐宋发展，最终在元代成为沟通海河、黄河、淮河、长江、钱塘江五大水系，贯通南北的交通大动脉。

京杭大运河是世界上最绵长古老的在用运河，与矗立于崇山峻岭之中的万里长城一起，在中国版图上组成了一个巨大的“人”字形，蕴含了中华民族深厚的智慧和丰厚的文化。

首先是在技术层面的运河文化性。作为中国农业社会体系下农业文明技术的非凡创造作品，京杭大运河历经数代发展，创造发明了各类先进的水利工程技术，通过蓄积和调配水量弥补了河道区间水量的季节性变化和差异，并与自然水系渐渐分离，仅于运河口交汇，最终运河上的各河段成为相对独立的水利工程体系。这些完备且颇具技术含量的工程浓缩了古代人民的心血与智慧，使得中国古代的运河技术一直走在世界前列。

其次是大运河促进了中华文明的发展。自隋朝时期南北大运河的开凿开运，诸如春秋战国时期国家分裂、大小诸侯国分裂而治的历史局面基本没有再次发生，尽管出现了五代十国时期，但持续时间不过数十年，之后国家又重回统一局面。这种持续稳定、相对统一的政治局面，离不开京杭大运河沟通南北、联系东西的纽带作用，它加强了各地区、各民族文化的交流，增进了区域之间的沟通与了解。

最后是形成了运河文化圈。大运河具有明显的区域性和跨区域性，该区域包括北京、天津、河北、山东、江苏、浙江、河南、安徽等行政区域，也跨越了江南、江北自然区域，以及燕赵、齐鲁、中原、江南等不同文化圈。它连接南北，并通过其他东西之河道及交通枢纽相互联结，形成了经济、文化传播的网络。同时，大运河分别在宁波、洛阳与丝绸之路交汇，因此，运河文化本身的历时演变与附着其上的文化脉络编织了一个巨大的文化网络，沟通古今且连接世界。

京杭大运河显示了中国古代水利航运工程技术领先于世界的卓越成就，留下了丰富的历史文化遗存，孕育了一座座璀璨明珠般的名城古镇，积淀了深厚悠久的文化底蕴，凝聚了中国政治、经济、文化、社会诸多领域的庞大信息。大运河与长城同是中华民族文化身份的象征。

三、天府之国的明珠——都江堰

都江堰坐落在成都平原西部的岷江上，始建于公元前3世纪，是蜀郡太守李冰父子组织修建的大型水利工程。2000多年来，都江堰一直发挥着防洪灌溉的作用，使成都平原成为水旱从人、沃野千里的“天府之国”（如图8-4所示），被誉为“独奇千古”的“镇川之宝”。都江堰至今仍发挥巨大效益，是全世界至今为止年代最久、唯一留存、以无坝引水为特征的宏大水利工程，是我国科技史上的一座丰碑。

图 8-4　有了都江堰，才有了富甲一方的成都平原。农业的繁荣，使得成都平原崛起为中华大地上的经济中心之一，也曾让三国时期的蜀国可以一度与吴、魏两国抗衡

都江堰标志着中国古代水利文化的新纪元。都江堰的修建主要源于岷江，岷江是长江上游的一条较大的支流，发源于四川北部高山地区。每当春夏山洪暴发的时候，江水奔腾而下，进入成都平原，由于河道狭窄，古时常常引发洪灾，洪水一退，又是沙石千里。秦国蜀郡太守李冰和他的儿子，吸取前人的治水经验，率领当地人民，主持修建了该工程。都江堰的整体规划是将岷江水流分成两条，其中一条水流引入成都平原，这样既可以分洪减灾，又可以引水灌田、变害为利。主体工程包括鱼嘴分水堤、飞沙堰溢洪道和宝瓶口进水口。

都江堰最伟大之处在于，其以不破坏自然资源、充分利用自然资源为人类服务为前提，变害为利，使人、地、水三者高度协和统一，这一点反映在工程修建、维修、管理和发展的全过程。更令人称奇的是，都江堰水利工程两千多年来经久不衰，沿用至今，是“古为今用”、硕果仅存的奇观，而且发挥着越来越大的效益。

由都江堰而产生的具有强烈地域色彩的都江堰水文化包括水文学、水文物、水神学等，如齐代修建供奉李冰父子雕像的“二王庙”，东汉根据李冰父子“降水龙”而建的“伏龙观”等人文景观，改建鱼嘴挖掘出土的东汉李冰石像和“饮水思源”石刻，歌颂李冰父子“降龙治水”的民间传说和具有一定宗教神学色彩的祭祀活动，以及由此而产生的祭水、祭神、祭人的诗、词、书画的水文学等，形成了独具特色的都江堰水文化。

都江堰源远流长，惠泽后代，其奥秘除了巧夺天工的工程布局外，更主要的是遵循了“乘势利导、因时制宜”的治水指导思想，“岁必一修”的管理制度，“遇湾截角、逢正抽心”的治河原则，以及“砌鱼嘴，立湃阙，深淘滩，低作堰”的引水、防沙、泄洪之管理经验和治堰准则。

都江堰水利工程的创建，是中国水利工程技术划时代的杰作，是中华民族卓越智慧的伟大创造，是科学管理和维护的结晶。都江堰独创的治水经验，被广泛运用于黄河流域和珠江流域的防汛抢险之中。自汉代以来，其在治理突发性洪灾中，发挥了不可替代的作用，这种科学原理至今仍作为先进方法而被广泛运用。

第三讲　人杰地灵：区域文化的保护与传承

一方水土孕育一方文化。地域文化专指中华大地特定区域源远流长、独具特色、传承至今仍发挥作用的文化传统。不同个性特质、各具鲜明特色的地域文化，不仅是源远流长的中华文化的有机组成部分甚至是精华部分，而且是中华民族的宝贵财富。

从古至今，地域文化既是地域经济社会发展不可忽视的重要组成部分，又是地方经济社会发展的窗口和品牌。伴随着知识经济的兴起和经济社会一体化进程的不断加快，中华大地上各具特色的地域文化已经成为增强地域经济竞争能力和推动社会快速发展的重要力量。了解地域文化，充分发掘地域文化中的优秀因子，有助于开发利用好地域文化资源，培育新的经济增长点，推动特定区域经济社会持续、快速、协调发展。

一、中国主要的区域文化

春秋战国时期，区域文化的格局初步形成。地理差别，从环境上促进了文化的区域构成；邦国林立，从政治上强化了文化的区域分野；百家争鸣，从学术上突出了文化的区域特色；上古时代丰富多彩的民风遗俗的流传，形成了风格各异的区域文化氛围。总的来看，中国的区域文化大体有以下几种：

（一）齐鲁文化

春秋时代，今山东省泰山以北地区为齐国，以南为鲁国。周王朝封开国功臣吕尚（即姜太公）为齐侯，建都营丘（今山东临淄北），封周公旦长子伯禽为鲁侯，建都曲阜（今山东曲阜），齐鲁文化自此诞生。春秋时代的齐鲁之地，已成为当时全国的政治文化中心之一。尽管当时天下已处于“礼崩乐坏”的局面，但在鲁国，周礼保存得还相当完整。齐鲁文化因此具备了正统性、伦理性等特征，诞生了一大批文化巨匠，如孔子、孟子、管子、墨子、孙武、邹衍等。相比而言，齐文化比较华丽生动，具有开放创新意识，其思想也较活跃；鲁文化很大程度上体现和反映了周王朝的礼乐文化，显得比较质朴务实。

（二）楚文化

楚文化的分布范围大致在今两湖及河南、安徽、江西的部分地区。这里地处长江中游，有沃野千里的江汉平原，久负“鱼米之乡”的美誉。

专家学者认为，从文化性质来看，楚文化更多地保留了中原姬周文明的特色，同时吸收了少量蛮夷文化的特点。春秋战国时代是楚文化的鼎盛期。宏妙的哲理、奇瑰的文学、精美的手工艺和独特的民俗领异标新，与其他区域文化交相辉映。

楚地是道家的发祥地。老子是道家思想的创始人，“老子者，楚苦县厉乡曲仁里人也”（《史记·老子韩非列传》）。老子探究宇宙、天地之“道”，由此生发、推演出一整套宏妙的哲理体系。

楚文化瑰丽神奇的文学，主要成就体现在屈原的辞赋上，浪漫主义是其特色。屈原品格高洁，其作品情感炽热、想象丰富、结构宏阔，开创了独领楚文化的瑰丽神奇的楚辞体，成为后世浪漫主义作家效仿的楷模。

图 8-5　虎座鸟架鼓，2002 年出土于湖北枣阳九连墩 2 号墓，现藏于湖北省博物馆。此文物由两只昂首卷尾、四肢屈伏、背向踞坐的卧虎为底座，虎背上各立有一只长腿昂首、引吭高歌的凤鸟组成。背向而立的凤鸟中间，一面大鼓，悬挂在凤冠之上。两只小兽，后足蹬在凤鸟背脊，前足托住鼓腔。器身通体髹黑漆，运用红、黄色彩绘，彰显了楚文化的浪漫与神奇

楚文化中精美的工艺品，主要有青铜冶铸、丝织和髹漆。1978 年，湖北随州擂鼓墩出土了一套青铜编钟，形制精确，纹饰细密，音质纯厚，音色优美，表明了楚人已拥有完备的乐理知识和精湛的青铜工艺。楚人缫丝织帛稍晚于吴越，但制造工艺后来居上。1982 年，湖北江陵马山一号楚墓出土了大量丝织品。楚地盛产生漆，楚人将漆涂在木、竹、夹、革、藤制作的胎骨之上，制成各种美观轻巧、经久耐用的漆器（如图 8-5 所示）。

楚文化在民族心理层面的特征是崇火尚凤、亲鬼好巫、天人合一、力求浪漫，与中原文化尚土崇龙、敬鬼远神、天人相分、力主现实形成鲜明对照。此外，楚人尚赤、尚东、尚左也与北方文化有所不同。念祖、忠君、爱国是中原文化和楚文化的共同之处，但中原文化偏重于礼法，楚文化偏重于情感，而且楚文化在念祖、忠君、爱国上比中原文化表现得要更为强烈深沉。

（三）吴越文化

春秋战国时代的吴越，其地理范围指今天的江苏、浙江、上海和安徽、江西的部分地区。春秋晚期，吴国建都姑苏（今江苏苏州），越国建都会稽（今浙江绍兴）。两国之间连绵不断的争霸战争，使得具有近亲关系的远古吴文化（北阴阳营石器文化、湖熟青铜文化）和越文化（河姆渡文化、良渚文化、马桥文化）进一步融合，形成独具特色的东南沿海区域文化。

吴越地区气候温暖、土地肥沃、水网密布、雨量丰沛，故适宜栽种水稻。瓷器最早的制作工艺——釉陶技术也已出现。家蚕很早驯化成功，使吴越地区成为丝绸之乡。此外，

青铜戈剑铸造术相当发达。干将、镆铘的传说，千古流传。1965 年，湖北江陵出土越王勾践剑，纹样精致、装饰华丽，历经四千余年，至今仍寒光闪闪，锋利无比。

在风俗习惯方面，吴越也形成鲜明的区域特点，如崇奉鬼神。相比中原地区，吴越文化的落后是明显的，但就总体性状而言，粗犷中蕴含精雅，是当时吴越文化的显著特征。从近年出土的良渚文化时期的玉器、春秋吴国的玉器、青铜器中可以看出，吴越人已具有从粗犷中追求精雅的审美心理和实践创造力。

相关链接

良渚文化

良渚遗址是人类早期文化遗址之一。2019 年 7 月 6 日，中国良渚古城遗址获准列入世界遗产名录。良渚文化分布的中心地区在钱塘江流域和太湖流域。良渚文化时期稻作农业已相当进步，稻谷有籼稻、粳稻之分，并普遍使用石犁、石镰。良渚文化时期的手工业也有很高的成就，玉石制作、制陶、木作、竹器编织、丝麻纺织都达到较高水平。尤其是琢制的玉器（如图 8-6 所示），其数量之多、品种之丰富、雕琢之精美，均达到史前玉器的高峰。玉器上的纹饰主题为神人兽面纹，是良渚先民“天人合一”观念的体现和信仰，并逐步成为中华传统文化的核心。玉器和陶器上还出现了不少刻划符号，这些符号在形体上已接近商周时期的文字，是良渚文化进入文明时代的重要标志。

图 8-6 良渚玉文化的标志性文物——玉琮

（四）巴蜀文化

春秋战国时代的巴蜀，既是地名，又是族名，还是国名。从地域上讲，巴蜀以今天的四川为中心，包括陕西、鄂西以及云贵的部分地区。这一地区生活着众多的部族，川东一带以巴为盟主，川西一带以蜀为盟主，并以成都平原为中心，创造出天府之国的灿烂文化。文献记载和考古材料表明，春秋战国时代巴蜀地区已经形成了有别于中原地区的自成风格的区域文化。

巴地广种粟稷和燕麦，不仅可以直接食用，还可以用来酿酒。直至今天，川酒还闻名遐迩、香飘万里。蜀地农业更为繁荣，战国时代的蜀守李冰率民治水，更使成都平原免除水害、沃野千里。蜀地还有特产——丝织的蜀锦。为了打通与中原的经济文化交流通道，蜀人开凿了千里栈道，鬼斧神工，令人叹为观止。

巴蜀风俗特点，还表现在葬仪和歌舞上。1976 年，在绵竹曾发现船棺遗存。此外，在川东巴人中，还流行崖葬，或称悬棺葬。巴人能歌善舞，巴歌由一人领唱，多人合唱，众声相和，十分热闹；巴舞雄健刚劲，战争中可以激励士气，汉代文献中就有巴渝舞的记载。

先秦到魏晋南北朝时期，巴蜀文化与以下三方文化有明显的交流与兼容：一为荆楚文化，是耕织结合、自给自足的农村公社的文化，它崇尚自然，奇诡浪漫，以《楚辞》为主臬；二是秦陇文化，讲究耕战和商业；三是中原文化，崇尚周礼，看重历史，以《诗经》为准绳。巴蜀文化兼容了这三种文化：它接受荆楚文化而把《楚辞》发展为汉大赋，接受中原文化而使蜀人史学趋于发达，接受秦陇文化而使“陇蜀多贾”，工商业繁盛。

巴蜀文化又具有很强的辐射能力，除与中原、楚、秦文化相互渗透影响以外，还主要表现在对滇黔夜郎（在西南地区由少数民族的先民建立的国家）文化、昆明夷（秦汉时期西南夷部族）文化、南诏（公元 8 世纪崛起于云南一带的古代王国）文化的辐射，甚至远达东南亚大陆地区，在金属器、墓葬形式等方面对东南亚产生了深刻久远的影响。

（五）秦文化

秦国在统一全国以前，其活动区域在以今天的陕西关中、汉中为中心，东起函谷关，西达陇中，南至秦岭，北抵贺兰山的广阔地带。

春秋时代，秦人被视为不开化的“夷”，但其实，秦文化并不比中原文化落后（如图 8-7 所示）。在渭河流域，农业生产逐渐代替了游牧生产。秦人还掌握了锻铁技术，铁工具的使用，提高了农业生产力，粮食产量大增。秦人擅长养马，也善相马，能识千里马的伯乐及相马专家九方皋，都是秦人。

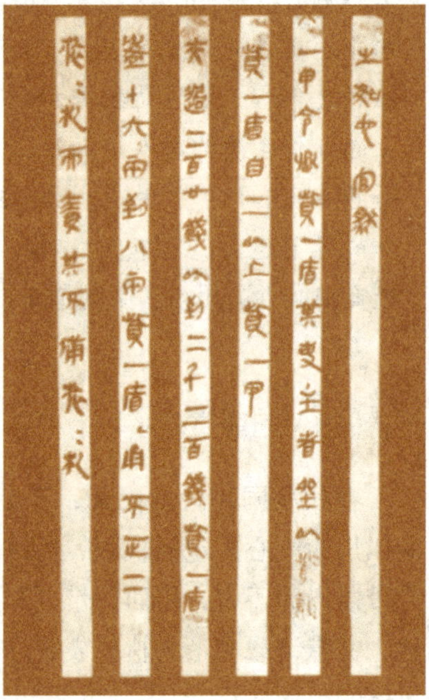

图 8-7　云梦睡虎地秦墓竹简，又称云梦秦简，1975 年出土于湖北云梦县睡虎地秦墓，现为湖北省博物馆镇馆之宝之一。竹简内文为墨书秦隶，写于战国晚期及秦始皇时期，反映了篆书向隶书转变阶段的情况，其内容主要是秦朝时的法律制度、行政文书、医学著作以及关于吉凶时日的占书

从精神文化层面看，秦文化具有明显的功利主义特点，秦人重视的是有关国计民生的农业生产、战争征伐、垦荒拓边等重大问题，对仁义礼乐等哲学、道德等方面要求并不严格。秦国对宗法制要求也很一般，嫡长子继承制在秦史记载中较少，穆公以前九代国君，以长子身份继位的仅武公、宣公二人。这反映出秦人在文化观、政治观上，尊尊、亲亲观念淡漠，这也使大批才华出众而社会地位低下的非秦国籍人士得以进入最高统治集团及决策机构，如百里奚、商鞅、张仪、白起、范雎、吕不韦、李斯、尉缭、王翦、蒙恬等。尤其是卫人商鞅，被孝公委以重任，进行变法，大刀阔斧、厉行改革，为秦国的崛起及后来的最终统一六国做出了巨大贡献。

从出土的秦始皇兵马俑来看，秦国的军事思想、兵器制造、雕塑艺术等都具有相当高的水准。史书中记载的秦都咸阳，已显示出秦国建筑业的发达，而“石鼓文”不仅是我国古老的石刻文字，也是秦国社会的真实记载。

（六）三晋文化

春秋战国时代三晋文化的分布范围，大致相当于今天的山西全境、河南的中北部和河北中南部。三晋文化因晋国以及其被瓜分后形成的韩、赵、魏三国而得名。

三晋文化的渊源可上溯至西周之时的唐国，唐国后改称晋国。“晋”这一国号沿用六百年，直至公元前5世纪，三家分晋，由韩、赵、魏取而代之。公元前3世纪，韩、赵、魏先后被秦国所灭。

三晋地处中原与西北地区之间，也是中华文化的内核区之一。晋国为周族所建，周人以农耕著称于上古。晋国长期称霸，是以其富庶的农业经济为基础的。在耕作技术上，晋人继承周人治田经验，不断用铁制农具翻耕土地，并提高土壤肥力。谷、麦、豆，冬小麦等农产品的种植，也早于秦、齐等地。三家分晋之后，赵国的商业经济十分发达，都城邯郸成为当时的商业中心之一。图8-8为位于山西省太原市的晋祠。

图8-8 晋祠，位于山西省太原市，是为纪念晋国开国诸侯唐叔虞（后被追封为晋王）及母后邑姜而建。其中难老泉、侍女像、周柏被誉为“晋祠三绝”。晋祠是我国现存最早的皇家祭祀园林，是我国古代建筑艺术的集约载体，国内宋、元、明、清至民国本体建筑类型、时代序列完整的孤例，是三晋历史文脉的综合载体，晋文化系统上溯西周封唐建晋至盛唐肇创文脉传承的实证

从学术思想上看，三晋地区是法家学说的主要发源地。法家思想构成三晋文化思想的主题，战国时代著名的法家人物大多出生或活动于三晋地区，如韩国大思想家韩非子，集战国法家理论之大成，著有《韩非子》一书，在先秦文化思想史上占有辉煌地位；赵国也出现了著名法家人物慎到和“授法入儒”的荀子。此外，原籍三晋的吴起、商鞅等人到楚、秦等国推行法治，均取得卓著成效。

三晋还是纵横家辈出的地方。由于三晋是春秋战国时代中原逐鹿以谋取霸主地位的必

争之地，各国之间错综复杂的政治、军事矛盾的焦点始终纠结于此，这为游说权谋的纵横家创造了施展才干的条件。三晋纵横家中最著名的有苏秦、公孙衍、张仪等。苏秦、公孙衍力主各国合纵攻秦，而张仪则策动秦国取连横方略，远交近攻，瓦解合纵阵营，各个击破。他们是当时政治舞台上的风云人物。

值得一提的是，赵武灵王的“胡服骑射”，不仅对三晋文化，而且对整个中华文化都具有重大意义。公元前 3 世纪，赵武灵王为了增强军事实力，决定仿效北方游牧民族，改“博衣大带”的华夏服饰为上衣下裤的“胡服”，废除传统的车战，改为骑射。“胡服骑射”改革取得了显著成效。“胡服骑射”的深远文化意义在于，它以开放的、发展的文化观为指导，从服装样式、作战方式的改革入手，极大地促进了中原文化与北方文化、华夏文化与胡族文化、农耕文化与游牧文化的交流融合，中华文化的发展因此而获得了更加蓬勃旺盛的生命力，这是三晋文化对于中华文化的贡献。

二、科学合理评价中华传统文化

了解中华传统文化及其发展历史、特点，并对其进行科学合理的评价，不仅对推动人类社会不断发展有着积极作用，而且对加速我国现代化进程，建设中国特色的社会主义新文化有着十分重要的现实意义。

中华传统文化是统一性与多样性的对立统一。中华传统文化虽然在秦汉时期开始形成封建的大一统文化，董仲舒倡导的“独尊儒术”更是把这个统一性推向极致，但这并不意味着中华传统文化只有单一的内容。事实上，中华传统文化是多样性的统一。例如：从地域文化发展上看，它们各具特色，又都融合汇聚在华夏大地上。因此，评价中华传统文化，如果仅仅局限于某一领域或方面，往往会出现偏颇。如果我们能正确理解中华传统文化中这种统一性与多样性的对立统一，就可以多方面、多层次、多角度地挖掘其中所蕴含的现代意义，为建设适应社会主义现代化的新文化服务。

中华传统文化也是连续性与变革性的对立统一。中华传统文化的连续性在世界文化发展史上是独一无二的。从远古文化到夏商周的三代文化，从春秋时代孔子创立儒家学说到之后出现的百家争鸣，从西汉董仲舒倡导“独尊儒术”到宋明理学，在这一跨越千年的历史过程中，中华传统文化并未中断自己的传统，而是在继承已有成果的基础上，不断获得发展更新的动力。中华传统文化的延续性是惊人的，但它与变革性并不冲突。事实上，中华传统文化发展的这种连续性本身就是一个在传统的基础上不断创新的变化过程。如就先秦而论，从周人对前人的文化维新，到孔子对周礼的重新阐释，均表现为一个连续性与变革性的统一过程。这一发展规律一方面可以消除我们在理解传统文化时把传统等同于守旧的偏见，另一方面更为我们今天研究传统文化的现代意义提供了方法论的启迪。

中华传统文化又是独立性与融通性的统一。中华传统文化的独立性既指这个文化的创造主体是中国人自己，如我们不仅有着独特的汉字语义和语音体系，还以这种方块汉字为载体独创了自己学术思想体系，形成了中华民族独有的礼仪、风俗习惯和民族性格、民族心理，诞生了独一无二的中医学、戏曲艺术、书画艺术、楹联艺术等文化成果。但中华传统文化与世界文化的发展又不是毫无关联的，它对许多外来文化又有着很强的吸纳和融会贯通性，如唐文化呈现一派胡曲雅乐各放异彩的繁荣景象。几千年来中华传统文化的发展表明，既吸纳和融通外来文化作为本民族文化的组成部分，又保持中华本土文化的主体性地位，正是中华传统文化能不断发展并始终充满活力的奥秘所在。

三、建设有中华民族特色的现代文化

正是遵循着对传统文化科学合理评价的原则，对中华传统文化内容作不同的甄别与归类，中华传统文化才能不断发扬光大，继续发挥其应有的作用。这不仅是民族感情问题，更是十分现实而紧迫的文化建设问题。在这个基础上，可以从以下方面对传统文化的现代意义加以挖掘：

一是坚持特色发展。为什么要建设具有中华民族特色的现代文化呢？总体来说，是出于中华民族生存和发展的需要。任何民族文化不可能没有特色、没有传统，中国特色社会主义文化也不例外。对于中国五千年来形成的传统文化，我们既不能毫无条件地继承，也不能一概而论地否定，而是要坚持其特色发展下去。坚持其特色，就是取其精华、取其优势、取其与时代相辅相成的精神实质。中华传统文化始终注重变革和更新，在继承传统文化的基础上，要积极吸取现代社会所取得的优秀文化成果，为中华传统文化注入新的生命力，使其具有鲜明的时代特点，从而成为既适应本民族历史、现实，又体现世界现代生产方式和现代文明的新文化。在全球化背景下，我们必须充分认识到传统文化的现代化是民族发展的要求，是社会发展的重要任务，我们应该积极开展民族特色文化的现代化建设，为民族的社会主义现代化建设提供充分的精神保障。

二是坚持新时代民族文化自信。我们为什么要坚持文化自信？建设中华民族的现代文化，首先要继承中华民族优秀的传统文化，这是文化建设必然规律的要求。中华民族传统文化是中华民族智慧的结晶，是用以建设现代文化的宝贵而丰富的文化遗产。中华传统文化历经五千多年而不衰，而且影响越来越深广，成为世界文化史上的一大奇迹。仅此，就足以令我们感到中华民族传统文化的珍贵并为之自豪。建设民族现代文化，我们有责任和义务继承中华民族优秀的文化传统，并将之发扬光大。对传统文化有所尊重和继承，才能对传统文化进行变革和创新，才是符合规律的文化建设。图 8-9 为中国非物质文化遗产标识。

图 8-9　中国非物质文化遗产标识

三是建设具有世界性的中华民族现代文化。社会发展到今天，社会化的大生产使得各民族之间的联系和交往更加频繁和紧密，人们的生产和消费已经具有真正意义上的世界性的特征。所以，中华民族的现代文化必须是世界性的文化。建设中华民族的现代文化，必须有世界性的眼光，认真研究和发现世界上已经取得的最先进的人类文化成果，以开放的、世界性的胸襟，积极地将其吸收到我们的文化体系中来。建设中华民族的现代文化，不可能照搬照抄现成的东西，需要依据国情和社会发展的要求来创造，将那些外国文化中的精华融入民族文化体系中来。在经济全球化深刻地改变着当代生活和世界格局的时候，中华民族要抓住这个变革创新的机遇，在走向世界中发展自己，凸显中华民族在世界民族之林中的存在价值。只有在新的历史条件下，在坚持民族文化特色的前提下，积极吸收先进的世界文化成果，才能创造出中华民族的现代文化。

相关链接

阅读方式的变化

数字阅读最早的传播方式便是网络。作为最基础的网络终端，计算机毫无疑问地成为最早的电子阅读终端。最早的计算机是个庞然大物，而如今，已经能买到10.1英寸的上网本了，但算上电池后，它的重量也在2千克左右，作为随身设备来说并不轻巧。想用电脑阅读电子书，基本上只能是静坐在家或者办公室才会比较适合。电脑、手机、平板电脑统称为“电子屏终端”，其中，手机和平板电脑作为数字阅读终端是在近几年兴起的，越来越多的用户已经习惯在乘车、等车甚至走路时的零碎时间里用手机或者平板电脑阅读。阅读方式的改变其实就是传统文化现代化进程的体现。随着现代化的发展，中华传统文化一定会融入更多的现代化元素，不断被丰富，最终实现和现代化的完美融合。

本章小结

中华文化之博大精深，不仅在于其历史悠久、源远流长，更在于中国土地广袤，地域文化多元发展、各具特色。长江、黄河孕育了璀璨的中华文明，泰山之巅彰显着远大的理想气魄。自然风光不仅怡情养性，更是因为对文明的滋养而别具意味。

万里长城、京杭大运河、都江堰……这些伟大的工程，不仅是中国古代技术工艺水平的代表，在当时甚至现在仍发挥着重要功能，还对中国各民族文化的交流、融合、发展起着重要作用。

在几千年的文明发展中，中华大地上诞生了许多各具风格与特色的地域文化，它们共同组成了中华文明的基因，使得中华文化兼容并蓄、丰富多彩。在当代，要将中华优秀传统文化传承起来、调用起来、发展起来，并始终坚持特色发展，增强文化自信，培养世界眼光，令中华传统文化在当代焕发出强大生机。

拓展延伸

夸父逐日[①]

夸父与日逐走，入日[②]；渴，欲得饮，饮于河、渭[③]；河、渭不足，北饮大泽[④]。未至，道渴而死。弃其杖，化为邓林[⑤]。

【注释】

①本文出自《山海经》。②入：《说文解字》对其解释是“象从上俱下也”，意思是整体向下，在这里应当是使动用法，意为“使……落下”。③河、渭：黄河和渭河。渭河是黄河最大的支流。④大泽：大湖。⑤邓林：桃林。

愚公移山

太行、王屋二山，方七百里，高万仞，本在冀州之南，河阳之北。

北山愚公者，年且九十，面山而居。惩山北之塞，出入之迂也，聚室而谋曰：“吾与汝毕力平险，指[①]通豫南，达于汉阴，可乎？”杂然相许。其妻献疑曰：“以君之力，曾[②]不能损魁父之丘，如太行、王屋何？且焉置土石？”杂曰：“投诸渤海之尾，隐土之北。”遂率子孙荷担者三夫，叩石垦壤，箕畚运于渤海之尾。邻人京城氏之孀妻有遗男，始龀，跳往助之。寒暑易节，始一反焉。

河曲智叟笑而止之曰：“甚矣，汝之不惠！以残年余力，曾不能毁山之一毛[③]，其如土石何？”北山愚公长息[④]曰：“汝心之固，固不可彻，曾不若孀妻弱子。虽[⑤]我之死，有子存焉；子又生孙，孙又生子；子又有子，子又有孙；子子孙孙无穷匮也，而山不加增，何苦而不平？”河曲智叟亡以应。

操蛇之神闻之，惧其不已[⑥]也，告之于帝。帝感其诚，命夸娥氏二子负二山，一厝朔东，一厝雍南。自此，冀之南，汉之阴，无陇断焉。

【注释】

①指：通“直”，一直。②曾：连……都。③毛：草木。④息：叹气。⑤虽：即使。⑥已：停止。

作者简介：列子，战国前期道家代表人物，先秦天下十豪之一，著名的道学家、思想家、哲学家、文学家、教育家。对后世哲学、美学、文学、科技、养生、乐曲、宗教影响非常深远。著有《列子》，全书含民间故事、寓言、神话传说等134则，题材广泛，有些颇富教育意义。上文出自《列子·汤问》。

经典领航

讲好“黄河故事”

我曾经提出，治理黄河，重在保护，要在治理。要坚持山水林田湖草综合治理、系统治理、源头治理，统筹推进各项工作，加强协同配合，推动黄河流域高质量发展。要坚持绿水青山就是金山银山的理念，坚持生态优先、绿色发展，以水而定、量水而行，因地制宜、分类施策，上下游、干支流、左右岸统筹谋划，共同抓好大保护，协同推进大治理，着力加强生态保护治理、保障黄河长治久安、促进全流域高质量发展、改善人民群众生活、保护传承弘扬黄河文化，让黄河成为造福人民的幸福河。

黄河文化是中华文明的重要组成部分，是中华民族的根和魂。要推进黄河文化遗产的系统保护，守好老祖宗留给我们的宝贵遗产。要深入挖掘黄河文化蕴含的时代价值，讲好“黄河故事”，延续历史文脉，坚定文化自信，为实现中华民族伟大复兴的中国梦凝聚精神力量。

——摘自习近平总书记《在黄河流域生态保护和高质量发展座谈会上的讲话》

■ 解读

“黄河宁，天下平。”浩浩汤汤的黄河水，从青藏高原奔腾而下，东流入海，浇灌出华夏五千年文明，滋养着一代又一代中华儿女。然而，历史上，黄河水患频仍，曾给流域内的百姓带来了深重灾难。新中国成立后，党领导人民开创了治黄事业新篇章，创造了黄河岁岁安澜的历史奇迹，不仅解决了“三年两决口，百年一改道”难题，还在 20 世纪末化解了“一年几断流、黄河入海难”的生态危机，至今已实现 70 年岁岁安澜，连续 20 年不断流，为维护社会稳定和经济发展作出了巨大贡献，也为世界大河治理与保护提供了成功典范。

黄河，是中华文明的摇篮，凝聚着中华民族百折不挠的精神气质，彰显着中华民族坚毅不屈的禀赋性格。黄河流域是我国重要的生态屏障和重要的经济地带，是打赢脱贫攻坚战的重要区域，在我国经济社会发展和生态安全方面具有十分重要的地位。新时代新征程上，让我们传承黄河之精神，强健黄河之体魄，让这条“母亲河”成为造福人民的幸福河，让中华民族的根脉生生不息，为实现中华民族伟大复兴的中国梦凝聚精神力量。

资料来源：毛同辉．让黄河更好造福人民 [EB/OL].[2019-09-19]. http://www.xinhuanet.com/2019-09/19/c_1125015771.htm.

学思之窗

活动设计

活动主题：辩证统一地看待中华传统文化。

开展形式：课堂汇报讨论。

组织形式：请按6人一组开展资料收集活动。活动结束后撰写分析报告，每组派出一名代表以PPT形式汇报分析结果，学会科学合理地分析中华传统文化的特性，增强对民族传统文化的自信心与自豪感。

观点搜索

1. 习近平总书记说："金山银山，不如绿水青山，而且绿水青山就是金山银山。"请结合上述话题查阅相关评论材料，谈谈我们在利用自然资源的时候，应该如何处理人与自然的关系。

2. 有人说，愚公移山的行为是不讲方法的蛮干；还有人说，愚公移山破坏了生态平衡。因此，他们从根本上否定愚公移山的精神。对此，你怎么看？请写出你的观点及理由。

3. 黄河、长江两大流域都有多处震惊世界的考古发现，如黄河流域的殷墟遗址、长江流域的三星堆遗址等。请查询黄河、长江流域内重大考古发现的相关资料，谈谈历史上地域文化的特色与交流。

阅读推荐

1. 请观看纪录片《长城：中国的故事》，从长城诞生、兴盛与衰落的故事中，解读古老的长城是如何成为今天中华民族精神象征的。

2. 阅读《史记》中的《五帝本纪》《夏本纪》《殷本纪》《周本纪》，思考中华文化为什么历经五千年从未间断发展。

参考文献

书籍论文

[1] 北京市艺术研究所，上海艺术研究所.中国京剧史[M].北京：中国戏剧出版社，1999.

[2] 陈滢巧.图解文化研究[M].台北：易博士出版社，2006.

[3] 陈波.中国饮食文化[M].北京：电子工业出版社，2010.

[4] 程裕祯.中国文化要略[M].3版.北京：外语教学与研究出版社，2011.

[5] 丁守和.中华文化辞典[M].广州：广东人民出版社，1989.

[6] 丹增.中国少数民族节日[M].北京：中国画报出版社，2004.

[7] 方克.中国辩证法思想史[M].北京：人民出版社，1985.

[8] 方立天.中国佛教哲学要义[M].北京：中国人民大学出版社，2002.

[9] 冯友兰.中国哲学简史[M].北京：北京大学出版社，1985.

[10] 高兴，江柏安，姚军.大学音乐[M].武汉：华中理工大学出版社，1997.

[11] 郭朋.中国佛教简史[M].福州：福建人民出版社，1990.

[12] 胡起望，项美珍.中国少数民族节日[M].北京：商务印书馆，1996.

[13] 黄心川，戴康生，等.世界三大宗教[M].北京：生活·读书·新知三联书店，1979.

[14] 姜义华.中国文化读本[M].上海：上海人民出版社，2009.

[15] 姜越.婚冠丧祭：传统婚丧民俗解析[M].北京：现代出版社，2010.

[16] 金元浦.美学与艺术鉴赏[M].北京：首都师范大学出版社，1999.

[17] 孔繁洲.中国音乐艺术赏析[M].太原：山西人民出版社，1991.

[18] 孔庆明，陈秀平.中国儒家文化[M].长春：长春出版社，2011.

[19] 李耳，庄周.老子·庄子[M].北京：北京出版社，2006.

[20] 李洪明.艺术鉴赏[M].北京：东方出版社，1997.

[21] 李少林.中国文化史[M].呼和浩特：内蒙古人民出版社，2006.

[22] 李史峰.二十四史[M].上海：上海辞书出版社，2006.

[23] [英]李约瑟.中国科学技术史[M].北京：科学出版社，1975.

[24] 李泽厚.美学三书[M].天津：天津社会科学院出版社，2003.

[25] 梁思成.中国雕塑史[M].北京：生活·读书·新知三联书店，2011.

[26] 刘恒.中国书法史[M].南京：江苏教育出版社，2009.

[27] 刘蕙孙.中国文化史述[M].北京：文化艺术出版社，1997.

[28] 刘守安.全彩中国书法艺术史[M].银川：宁夏人民出版社，2003.

[29] 龙文懋，崔永东.传统文化的沉思[M].呼和浩特：内蒙古人民出版社，2001.
[30] 楼庆西.中国古建筑二十讲[M].北京：生活·读书·新知三联书店，2004.
[31] 陆挺，徐宏.人文通识讲演录[M].北京：文化艺术出版社，2007.
[32] 马敏.中国文化教程[M].武汉：华中师范大学出版社，1995.
[33] 马少波，等.中国京剧史[M].北京：中国戏剧出版社，2005.
[34] 门岿.中华民族优秀传统汇典[M].天津：天津社会科学出版社，1991.
[35] 南京中医学院.中医学概论[M].北京：人民卫生出版社，1958.
[36] 钮骠.中国戏曲史教程[M].北京：文化艺术出版社，2004.
[37] 庞朴.文化的民族性与时代性[M].北京：中国和平出版社，1988.
[38] 庞朴.中国文化十一讲[M].北京：中华书局，2008.
[39] 庞朴，刘泽华.经典常读：代表中国传统文化精神的三十本书[M].桂林：广西师范大学出版社，2006.
[40] 钱穆.中国文化史导论（修订本）[M].北京：商务印书馆，1994.
[41] 秦永洲.中国社会风俗史[M].济南：山东人民出版社，2001.
[42] 乔淑英.中国饮食文化概论[M].北京：北京理工大学出版社，2011.
[43] 任继愈.中国哲学史[M].北京：人民出版社，1996.
[44] 尚斌，任鹏，李明珠.中国儒学发展史[M].兰州：兰州大学出版社，2008.
[45] 商聚德，刘荣兴，李振纲.中国传统文化导论[M].保定：河北大学出版社，1996.
[46] 沈从文，王㐨.中国古代服饰史[M].西安：陕西师范大学出版社，2004.
[47] 史良昭.元曲三百首[M].上海：上海古籍出版社，2000.
[48] 施宣圆，王有为，丁凤麟，吴根梁.中国文化辞典[M].上海：上海社会科学院出版社，1987.
[49] 四川眉山三苏博物馆.三苏祠匾联墨迹大观[M].眉山：四川眉山三苏博物馆，2003.
[50] 司马云杰.文化社会学[M].太原：山西教育出版社，2007.
[51] 宋定国.国学三部曲：国学纵横[M].北京：首都师范大学出版社，2013.
[52] 隋树森.古诗十九首集释[M].北京：中华书局，1955.
[53] 谭家健.中国文化史概要[M].北京：高等教育出版社，1988.
[54] 汤一介.汤一介集[M].北京：中国人民大学出版社，2014.
[55] 汤志钧.章太炎年谱长编（上册）[M].北京：中华书局，1979.
[56] 田广林.中国传统文化概论[M].2版.北京：高等教育出版社，2011.
[57] 万丽华，蓝旭.孟子[M].北京：中华书局，2006.
[58] 王国维.人间词话[M].上海：上海古籍出版社，2009.
[59] 王国维.宋元戏曲考[M].北京：朝华出版社，2018.
[60] 王霁.中国传统文化[M].北京：清华大学出版社，2014.
[61] 王玉哲.中国古代物质文化[M].北京：高等教育出版社，1990.

[62] 王子云 . 中国雕塑艺术史 [M]. 北京：人民美术出版社，1988.
[63] 吴钊，刘东升 . 中国音乐史略 [M]. 北京：人民音乐出版社，1983.
[64] 肖萐父，李锦全 . 中国哲学史 [M]. 北京：人民出版社，1982.
[65] 隆荫培，徐尔充，欧建平 . 舞蹈知识手册 [M]. 上海：上海音乐出版社，1999.
[66] 徐志刚 . 论语通译 [M]. 北京：人民文学出版社，2001.
[67] 徐书城 . 中国绘画艺术史 [M]. 北京：人民美术出版社，2001.
[68] 杨宪邦 . 中国哲学通史 [M]. 北京：中国人民大学出版社，1990.
[69] 杨朝明 . 儒家文化面面观 [M]. 济南：齐鲁书社，2005.
[70] 叶朗，费振刚，王天有 . 中国文化导读 [M]. 北京：生活・读书・新知三联书店，2007.
[71] [加] 叶嘉莹 . 人间词话七讲 [M]. 北京：北京大学出版社，2014.
[72] 俞剑华 . 中国绘画史 [M]. 南京：东南大学出版社，2009.
[73] 余秋雨 . 中国戏剧史 [M]. 上海：上海教育出版社，2006.
[74] 袁行霈 . 中国文学史 [M]. 北京：高等教育出版社，2004.
[75] 袁行霈，等 . 中华文明史 [M]. 北京：北京大学出版社，2006.
[76] 袁行霈 . 中国诗歌艺术研究 [M]. 北京：北京大学出版社，1987.
[77] 张大可，贾东瀛 . 影响世界历史 100 名人 [M]. 北京：民族出版社，2002.
[78] 张岱年，等 . 中国文化概论 [M]. 北京：北京师范大学出版社，2004.
[79] 张海鹏，臧宏 . 中国传统文化论纲 [M]. 合肥：安徽教育出版社，1996.
[80] 张岂之 . 中国传统文化 [M]. 北京：高等教育出版社，1994.
[81] 张彦远 . 历代名画记 [M]. 北京：中华书局，1985.
[82] 张志春 . 中国服饰文化 [M]. 2 版 . 北京：中国纺织出版社，2009.
[83] 张志伟，干春松 . 在人大听国学：中国人民大学国学讲座精粹 [M]. 南昌：江西人民出版社，2009.
[84] 赵吉惠 . 中国传统文化导论 [M]. 南京：江苏教育出版社，2007.
[85] 赵永新 . 艺文神韵 [M]. 北京：北京语言学院出版社，1993.
[86] 周立升，颜炳罡，等 . 儒家文化与当代社会 [M]. 济南：山东大学出版社，2002.
[87] 周汝昌，等 . 唐宋词鉴赏辞典（唐・五代・北宋）[M]. 上海：上海辞书出版社，2011.
[88] 周锡保 . 中国古代服饰史 [M]. 北京：中国戏剧出版社，1984.
[89] 朱高正 . 易传通解 [M]. 上海：华东师范大学出版社，2015.
[90] 朱和平，郭孟良 . 中国书画史会要 [M]. 郑州：中州古籍出版社，2009.
[91] 朱启新，朱筱新 . 中国古代的汉族节日风情 [M]. 北京：中共中央党校出版社，1991.
[92] 朱启新 . 文物与语文 [M]. 北京：东方出版社，1999.
[93] 朱启新 . 看得见的古人生活 [M]. 北京：中华书局，2011.
[94] 朱筱新 . 中国古代的礼仪制度 [M]. 北京：商务印书馆，1997.

[95] 朱筱新 . 文物讲读历史 [M]. 北京：学苑出版社，2006.

[96] 左丘明，等 . 左传 · 吕氏春秋 · 战国策 [M]. 北京：北京出版社，2006.

[97] 程静 . 关于雕塑中的线 [J]. 艺术百家，2011，27（06）：273-275.

[98] 陈辽 . 中国书画美学历史发展的规律与建构 [J]. 中国社会科学，1999（06）：194-196.

[99] 陈龙海 . 建构飞动之美——试论中国古代雕塑的“线条”语汇 [J]. 文艺争鸣，2010（22）：67-70.

[100] [日] 池泽滋子 . 苏东坡与陶渊明的无弦琴——苏轼与琴之一 [J]. 中国典籍与文化，1998（01）：36-41.

[101] 崔大华 . 中国传统文化的中原之根 [J]. 许昌师专学报，2001（06）：71-73.

[102] 丁守和 . 中国传统文化试论 [J]. 求索，1987（04）：77-86.

[103] 窦坤，刘新科 . 中国传统文化的当代价值及其传承 [J]. 西北农林科技大学学报（社会科学版），2010，10（03）：115-119.

[104] 杜悦 . 什么是国学 什么是传统文化 [N]. 中国教育报，2007-05-23（005）.

[105] 高译 . 老子哲学思想与中国书画艺术审美 [J]. 北京大学学报（哲学社会科学版），2018，55（01）：151-158.

[106] 高译 . 浅析庄子美学与中国书画艺术的关系 [J]. 福建论坛（人文社会科学版），2017（04）：34-38.

[107] 高益荣 . 论元曲反传统观念的思想特征及其成因 [J]. 文史哲，2003（05）：87-95.

[108] 郭大兴 . 庄子形、神、德的审美意识对中国书画美学的影响 [J]. 艺术百家，2017，33（04）：146-149.

[109] 韩进廉 .“为有源头活水来”——试论元曲产生的文艺传统和社会基础 [J]. 河北师范大学学报（哲学社会科学版），1985（04）：57-64.

[110] 黄泽昌 . 实处俱灵 断处俱续——浅析中国书画艺术中的虚实关系和美学特征 [J]. 临沂师范学院学报，2001（01）：104-106.

[111] 金鑫荣 . 明清讽刺小说研究的艺术范畴和价值依归 [J]. 明清小说研究，2008（02）：21-30.

[112] 金民卿 . 文学对日常生活的批判——明清世情小说的文化透视 [J]. 求是学刊，1996（03）：11-14.

[113] 蒋绍愚 . 唐宋诗词的意象和意境 [J]. 文艺研究，2021（05）：46-56.

[114] 李新 . 传神写意与当代情怀——中国写意雕塑论 [J]. 民族艺术研究，2016，29（02）：228-233.

[115] 林刚 . 元杂剧悲剧精神的文化阐释 [J]. 重庆师院学报（哲学社会科学版），2000（01）：3-12.

[116] 刘纲纪 . 略论中国民族精神 [J]. 武汉大学学报（哲学社会科学版），1985（01）：36-41.

[117] 刘梦溪．国学与传统文化 [N]. 九江日报，2008-05-09（A01）.
[118] 梅敬忠．唐诗宋词赏析——中国古典诗歌的鉴赏艺术 [J]. 领导科学论坛，2018（16）：63-78.
[119] 潘深亮．明代书画鉴识 [J]. 收藏界，2009（04）：90-94.
[120] 阙真．元代四大悲剧的审美特征及其价值 [J]. 广西师范大学学报（哲学社会科学版），1991（04）：72-78.
[121] 宋绪富．超越与坚守——对中国传统文化的几点省思 [J]. 滨州学院学报，2013，29（04）：35-39.
[122] 王富仁．悲剧意识与悲剧精神（下篇）[J]. 江苏社会科学，2001（02）：91-103.
[123] 王吉祥．中国书画的文化传承与审美价值研究 [J]. 连云港职业技术学院学报，2010，23（04）：44-46.
[124] 吴为山．我看中国雕塑艺术的风格特质 [J]. 文艺研究，2005（06）：122-126.
[125] 翁玉玲．略论唐诗宋词中意象与意境的关系 [J]. 电影评介，2007（17）：88-90.
[126] 许金榜．元杂剧的语言风格 [J]. 山东师大学报（哲学社会科学版），1982（04）：61-68.
[127] 徐子方．元代艺术与中国艺术 [J]. 艺术百家，2009，25（05）：120-125.
[128] 杨先艺．论中国古代雕塑的特征 [J]. 雕塑，2003（01）：7-9.
[129] 易存国．中国传统“雕塑论”何以匮乏？——兼论敦煌艺术“塑绘不分”现象 [J]. 文艺研究，2008（10）：107-114.
[130] 张胜林．创作解放与元曲的自然本色美 [J]. 华侨大学学报（哲学社会科学版），1997（04）：77-81+130.
[131] 张淑贤．才子佳人小说研究的历史与现状 [J]. 中国文化研究，2007（02）：206-212.
[132] 赵兴勤．江苏地域文化生态与明清小说之发展 [J]. 明清小说研究，2017（02）：4-21.
[133] 郑霞．龙门石窟对中国佛教雕塑艺术的影响 [J]. 文物世界，2009（06）：36-38.
[134] 周涛平．中国书画的文化传承与审美价值研究 [J]. 戏剧之家，2015（19）：170.
[135] 朱恒夫．论明清时事剧与时事小说 [J]. 明清小说研究，2002（02）：15-36.

电子资源

[1] 百度，https://www.baidu.com.
[2] 百度百科，http://baike.baidu.com.
[3] 凤凰网，https://www.ifeng.com.
[4] 国学导航网，http://www.guoxue123.com.
[5] 古诗文网，https://www.gushiwen.org.

[6] 华夏经纬，http://www.huaxia.com.
[7] 强国论坛，http://bbs1.people.com.cn/board/1.html.
[8] 腾讯网，https://www.qq.com.
[9] 维基百科，https://en.wikipedia.beta.wmflabs.org/wiki/Main_Page.
[10] 新华网，http://www.xinhuanet.com.
[11] 语文学科网，https://yw.zxxk.com.
[12] 正义网，http://www.jcrb.com.
[13] 中国共产党新闻网，http://cpc.people.com.cn.

图书在版编目（CIP）数据

中华优秀传统文化 / 王春编著. -- 北京：中国人民大学出版社，2022.2
ISBN 978-7-300-30173-0

Ⅰ. ①中… Ⅱ. ①王… Ⅲ. ①中华文化－高等职业教育－教材 Ⅳ. ①K203

中国版本图书馆 CIP 数据核字（2022）第 002366 号

教育部职业院校文化素质教育指导委员会组织编写
中华优秀传统文化
王 春 编著
Zhonghua Youxiu Chuantong Wenhua

出版发行	中国人民大学出版社		
社　　址	北京中关村大街 31 号	**邮政编码**	100080
电　　话	010-62511242（总编室）		010-62511770（质管部）
	010-82501766（邮购部）		010-62514148（门市部）
	010-62515195（发行公司）		010-62515275（盗版举报）
网　　址	http: // www. crup. com. cn		
经　　销	新华书店		
印　　刷	天津鑫丰华印务有限公司		
规　　格	185 mm × 260 mm 16 开本	**版　　次**	2022 年 2 月第 1 版
印　　张	15 插页 1	**印　　次**	2023 年 2 月第 3 次印刷
字　　数	315 000	**定　　价**	42.50 元